加丛书名

统 计 学

主 编 李军红

李茹捷

黄 河 水 利 出 版 社

内 容 提 要

本书详细阐明了统计的基本概念,系统介绍了统计调查和统计整理的方法,统计的主要指标以及综合指标法、动态数列法、指数法、抽样法等统计分析方法。资料翔实,实例丰富,具有很强的实用性。

本书适合综合性大学管理类、经济类专业及成人教育的教学之用,同时也是企业界人士、统计实际工作者、统计爱好者学习参考之书。

图书在版编目(CIP)数据

统计学/李军红主编. —郑州:黄河水利出版社,2009.1
ISBN 978-7-80734-547-3 (2012.12 重印)

Ⅰ.统… Ⅱ.李… Ⅲ.统计学-教材 Ⅳ.C8

中国版本图书馆 CIP 数据核字(2008)第 192505 号

出 版 社:黄河水利出版社
地址:河南省郑州市金水路 11 号 邮政编码:450003
发行单位:黄河水利出版社
发行部电话:0371-66026940、66020550、66028024、66022620(传真)
E-mail:hhslcbs@126.com
承印单位:黄河水利委员会印刷厂
开本:787 mm×1 092 mm 1/16
印张:15.25
字数:352 千字 印数:3 501—7 000
版次:2009 年 1 月第 1 版 印次:2012 年 12 月第 2 次印刷

定价:26.00 元

前 言

本书是以适应大中专院校经济管理专业教学的需要而编写的。经济管理是现代科学化管理的范畴,《统计学》所提供的基本理论和方法已成为社会、经济、管理工作者必须具备的知识。本书在编写过程中,从经济管理专业的角度出发,系统地介绍了统计学的一般基本知识和分析方法,力求简洁、实用、易懂,可供大中专院校经济管理专业学生及统计工作者、自学者学习之用。由于统计学理论性强,同时又有大量计算,因此在学习过程中,必须通过做习题来进一步理解概念和计算公式,从而深化对统计学的知识。所以,每章均配有习题,可供学习者练习之用。

本书由郑州轻工业学院经济与管理学院李军红主编;王宏雷对本教材进行了审阅,并提出了宝贵意见。具体编写分工如下:李军红编写第一章至第四章,邹建编写第五章,李珊编写第六章,王煦中编写了第七章和第八章。为使读者了解统计学的背景知识,增加对统计学的学习兴趣,本书在各章后面均配有相关阅读材料。最后全部章节由李军红修改定稿。

由于作者水平有限,本书中如有错误与欠缺之处,恳请读者提出批评和建议,以便修订和完善。

在编写过程中,参考了国内外一些著名学者编写的教材,以及刊登在杂志和官方网站上的文章,在此对他们表示衷心感谢!

编 者

2009 年 1 月

目 录

第一章 统计学概述

教学目的和要求 通过本章的学习,重点在于从总体上对统计学有一个基本的认识,要求了解统计学的产生和发展、统计学的性质、研究对象的特点和统计研究的基本方法;重点掌握统计学常用的基本概念。

关键词 统计学 统计指标 统计资料

引导案例

历史故事 草船借箭

三国时期,周瑜看到诸葛亮挺有才干,心里很妒忌。有一天,周瑜请诸葛亮商议军事,周瑜说:"我们就要跟曹军交战。水上交战,用什么兵器最好?"诸葛亮说:"用弓箭最好。"周瑜说:"对,先生跟我想的一样。现在军中缺箭,想请先生负责赶造十万支。这是公事,希望先生不要推却。"诸葛亮说:"都督委托,当然照办。不知道这十万支箭什么时候用?"周瑜问:"十天造得好吗?"诸葛亮说:"既然就要交战,十天造好,必然误了大事。"周瑜问:"先生预计几天可以造好?"诸葛亮说:"只要三天。"周瑜说:"军情紧急,可不能开玩笑。"诸葛亮说:"怎么敢跟都督开玩笑。我愿意立下军令状,三天造不好,甘受惩罚。"周瑜很高兴,叫诸葛亮当面立下军令状,又摆了酒席招待他。诸葛亮说:"今天来不及了。从明天起,到第三天,请派五百个军士到江边来搬箭。"诸葛亮喝了几杯酒就走了。

鲁肃对周瑜说:"十万支箭,三天怎么造得成呢?诸葛亮说的是假话吧?"周瑜说:"是他自己说的,我可没逼他。我得吩咐军匠们,叫他们故意迟延,造箭用的材料,不给他准备齐全。到时候造不成,定他的罪,他就没话可说了。你去探听探听,看他怎么打算,回来报告我。"

鲁肃见了诸葛亮。诸葛亮说:"三天之内要造十万支箭,得请你帮帮我的忙。"鲁肃说:"都是你自己找的,我怎么帮得了你的忙?"诸葛亮说:"你借给我二十条船,每条船上要三十名军士。船用青布幔子遮起来,还要一千多个草把子,排在船的两边。我自有妙用。第三天管保有十万支箭。不过不能让都督知道。他要是知道了,我的计划就完了。"

鲁肃答应了。他不知道诸葛亮借了船有什么用,回来报告周瑜,果然不提借船的事,只说诸葛亮不用竹子、翎毛、胶漆这些材料。周瑜疑惑起来,说:"到了第三天,看他怎么办!"

鲁肃私自拨了二十只快船,每只船上配三十名军士,照诸葛亮说的,布置好青布幔子和草把子,等诸葛亮调度。第一天,不见诸葛亮有什么动静;第二天,仍然不见诸葛亮有什么动静;直到第三天四更时候,诸葛亮秘密地把鲁肃请到船里。鲁肃问他:"你叫我来做什么?"诸葛亮说:"请你一起去取箭。"鲁肃问:"哪里去取?"诸葛亮说:"不用问,去了就知道。"诸葛亮吩咐把二十只船用绳索连接起来,朝北岸开去。

这时候大雾漫天,江上连面对面都看不清。天还没亮,船已经靠近曹军的水寨。诸葛亮下令把船尾朝东,一字儿摆开,又叫船上的军士一边擂鼓,一边大声呐喊。鲁肃吃惊地说:"如果曹兵出来,怎么办?"诸葛亮笑着说:"雾这样大,曹操一定不敢派兵出来。我们只管饮酒取乐,天亮了就回去。”

曹操听到鼓声和呐喊声,就下令说:“江上雾很大,敌人忽然来攻,我们看不清虚实,不要轻易出动。只叫弓弩手朝他们射箭,不让他们近前。”他派人去营寨调来六千名弓弩手,到江边支援水军。一万多名弓弩手一齐朝江中放箭,箭好像下雨一样。诸葛亮又下令把船掉过来,船头朝东,船尾朝西,仍旧擂鼓呐喊,逼近曹军水寨去受箭。

天渐渐亮了,雾还没有散。这时候,船两边的草把子上都插满了箭。诸葛亮吩咐军士们齐声高喊:“谢谢曹丞相的箭!”接着叫二十只船驶回南岸。曹操知道上了当,可是这边的船顺风顺水,已经飞一样地驶出二十多里,要追也来不及了。

二十只船靠岸的时候,周瑜派来的五百个军士正好来到江边搬箭。每只船有五六千支箭,二十只船总共有十万多支。鲁肃见了周瑜,告诉他借箭的经过。周瑜长叹一声,说:“诸葛亮神机妙算,我真比不上他!”

历史故事分析　草船借箭包括好几门学问,短一样儿,箭也借不成。它们是天文学、地理学、心理学,最重要的是算学。算学要是不好,决不能成功。诸葛亮得交给周瑜十万支箭,只许多不许少。除去损坏的十万出头。那坏了的得去三分之一,至少总数也得够十五六万支。再一支箭按四两计算,这十六万支得多少斤哪!这船是在水里,对着敌人方面的草人中箭了,背着敌人这一面没有箭。如果十六万支箭全放在一面的话,这船就沉了。故此把算术得掌握好了。这方面够八万支了,传令调头。够十六万支了才能成功。这个算学怎么算呢?诸葛亮在船舱和鲁肃喝酒的时候,这个账就算了。他给鲁肃斟了一杯酒,鲁肃害怕,一点儿也没喝,趴在桌子上装睡觉。就以这杯酒当做测量的标准,酒斟了七成满,外边,对着敌人这一面,草人上中箭越来越多,船也越来越偏,这船一偏,杯中酒也就偏了,等里边的酒偏到杯边上,这八万支箭就够了。再多了这酒就洒出来了,酒一流出来,那水也就进船了,到这时传令船只拨头。带箭的这一面到背面来了。空草人面对敌人了。空草人中箭越来越多,酒杯也越来越端正了。直到杯中酒完全平了,十六万支够数儿了。天亮雾收,传令回去。

(选自 Google 网　张寿臣)

故事启示　诸葛亮不是神仙,是人才。他对数据的精确计算,使他成功地完成了草船借箭的任务。因此,调查数据、研究分析数据对认识客观现象的发展规律起重要作用。掌握统计数据的方法是每个大学生必备的技能之一。

第一节　统计概述

一、统计的产生与发展

(一)统计的产生

社会经济统计是适应社会发展和国家管理的需要而产生和发展的。社会经济统计作为一种社会实践活动,已有四五千年的历史,早在原始社会末期,人类就有了计数的概念和原始的计量方法。这可以说是统计的初步萌芽。我国是世界四大文明古国之一,在统计实践和统计思想方面都有杰出的贡献。据《尚书》记载，公元前两千多年之前，在国家所进行的天文观测和居民生活条件的调查、贡赋制度和劳役制度中，已有“四极”调查点的选择和年、季、月、“二分二至”与365日的划分；已有“九州”地理区划、“九山九水”治理方案和“上中下三等九级”贡赋标准，数量和分组概念已经形成。在封建社会时代，据《商君书》记载，我国公元前三百多年前，已有了全国规模的人口调查登记制度和人口的按年龄、按职业分组；已有了调查研究中的各种数量对比分析，并把掌握反映基本国情国力的“十三数”定为富国强兵的重要手段。到17世纪中叶，随着社会经济统计的发展，“统计”一词已约定俗成，在《清文献通考》中有明文记载。在历史长河中，我国历代出现过不少杰出的具有统计思想的人物。例如，古代的李悝、管仲、商鞅、范蠡等，封建社会时代的王安石、张居正、顾炎武等，他们都对中国统计的思想和业绩有极大的贡献。

在古代埃及、希腊、罗马的历史中，有关国情国力的调查研究中，统计发展同样十分发达。资本主义最早产生于欧洲，在17世纪和18世纪资本主义上升时期，由于生产发展的需要，社会经济统计有了很大发展，包括人口、工业和农业的“国情普查”，逐渐形成了制度。畜业、工业、农业、海关、外贸、物价等方面的统计，先后都得到了发展。为了适应经济活动和统计实践的需要，一门新兴的统计科学便应运而生了。

（二）统计学的产生与发展

人类的统计实践是随着计数活动而产生的。因此，对统计发展的历史可追溯到原始社会。但是，使人类的统计实践上升到理论予以总结和概括成为一门系统的科学——统计学，却是近代的事情，距今只有300多年的历史。回顾一下统计科学的渊源及其发展过程，对于我们了解统计学的研究对象和性质，学习统计学的理论和方法，提高我们的统计实践和理论水平，都是十分必要的。

从统计学的产生和发展过程来看，大致可以划分为三个时期：统计学的萌芽期、统计学的近代期和统计学的现代期。

1. 第一个时期：统计学的萌芽期

统计学初创于17世纪中叶至18世纪，当时主要有国势学派和政治算术学派。

1）国势学派

国势学派产生于17世纪的德国，代表人物是康令（H. Conring）、阿亨瓦尔（G. Achenwall），代表作是《近代欧洲各国国情学概论》，他们在大学中开设了一门新课程，最初叫做国势学。他们所做的工作主要是对国家重要事项的记录，因此又被称为记述学派。这些记录记载着关于国家、人口、军队、领土、居民职业以及资源财产等事项，偏重于事件的叙述，而忽视量的分析。严格地说，这一学派的研究对象和研究方法都不符合统计学的要求，只是登记了一些记述性材料，藉以说明管理国家的方法。

当然，国势学派对统计学的创立和发展还是作了不少贡献的：首先，国势学派为统计学这门新兴的学科起了一个至今仍为世界公认的名词“统计学”（statistics），并提出了至今仍为统计学者所采用的一些术语，如“统计数字资料”、“数字对比”等。国势学派建立的最重要的概念就是“显著事项”，它事实上是建立统计指标和使统计对象数量化的重要前提；其次，国势学派在研究各国的显著事项时，主要是系统地运用对比的方法来研究各国实力的强弱，统计图表实际上也是“对比”思想的形象化的产物。

2）政治算术学派

该学派起源于17世纪的英国，在英国，当时从事统计研究的人被称为政治算术学派。虽然政治算术学派与国势学派的研究，都与各国的国情、国力这一内容有关，但国势学派主要采用文字记述的方法，而政治算术学派则采用数量分析的方法。因此，从严格意义上来说，政治算术学派作为统计学的开端更为合适，主要代表人物是威廉·配第（W. Petty，1623～1687年）和约翰·格朗特（J. Graunt，1620～1674年）。17世纪的英国学者威廉·配第在他所著的《政治算术》（1676年）一书中，对当时的英国、荷兰、法国之间的“国富和力量”进行数量上的计算和比较，做了前人没有做过的从数量方面来研究社会经济现象的工作。正是在这个意义上，马克思称配第是“政治经济学之父，在某种程度上也可以说是统计学的创始人”。

配第的朋友约翰·格朗特，通过对伦敦市50多年的人口出生和死亡资料的计算，写出了第一本关于人口统计的著作《对死亡表的自然观察和政治观察》（1662年）。从此，统计的含义从记述转变为专指在“量”的方面来说明国家的重要事项。这就为统计学作为一种从数量方面认识事物的科学方法，开辟了广阔的发展前景。

政治算术学派在统计发展史上有着重要的地位。首先，它并不仅满足于社会经济现象的数量登记、列表、汇总、记述等过程，还要求把这些统计经验加以全面系统地总结，并从中提炼出某些理论原则。这个学派在收集资料方面，较明确地提出了大量观察法、典型调查、定期调查等思想；在处理资料方面，较为广泛地运用了分类、制表及各种指标来浓缩与显现数量资料的内含信息。其次，政治算术学派第一次运用可度量的方法，力求把自己的论证建立在具体的、有说服力的数字上面，依靠数字来解释与说明社会经济生活。然而，政治算术学派毕竟还处于统计发展的初创阶段，它只是用简单的、粗略的算术方法对社会经济现象进行计量和比较。

2. 第二个时期：统计学的近代期

统计学的近代期是18世纪末至19世纪末，这时期的统计学主要有数理统计学派和社会统计学派。

1）数理统计学派

最初的统计方法是随着社会政治和经济的需要而初步得到发展的，直到概率论被引进之后，才逐渐形成为一门成熟的科学。在统计发展史上，最初把古典概率论引进统计学领域的是法国天文学家、数学家、统计学家拉普拉斯（P. Laplace）。他发展了对概率论的研究，阐明了统计学的大数法则，并进行了大样本推断的尝试。

随着资本主义经济的发展，统计被应用于社会经济的各个方面，统计学逐步走向昌盛。比利时统计学家、数学家、天文学家凯特勒（A. Quetelet）完成了统计学和概率论的结合。从此，统计学开始进入更为丰富发展的新阶段。国际统计学界有人称凯特勒为“统计学之父”，就在于他发现了大量现象的统计规律性并开创性地应用了许多统计方法。凯特勒把统计学发展中的三个主要源泉，即德国的国势学派、英国的政治算术派和意大利、法国的古典概率派加以统一、改造并融合成具有近代意义的统计学，促使统计学向新的境界发展。可以说，凯特勒是古典统计学的完成者，又是近代统计学的先驱者，在统计发展史上具有承上启下、继往开来的地位。

同时,凯特勒也是数理统计学派的奠基人,因为数理统计就是在概率论的基础上发展起来的。随着统计学的发展,对概率论的运用逐步增加;同时,自然科学的迅速发展和技术的不断进步,对数理统计方法又提出了进一步的要求。这样,数理统计学就从统计学中分离出来自成一派。由于这一学派主要在英美等国发展起来,故又称英美数理统计学派。

2)社会统计学派

自凯特勒后,统计学的发展开始变得丰富而复杂起来。由于在社会领域和自然领域统计学被运用的对象不同,统计学的发展呈现出不同的方向和特色。19 世纪后半叶,正当致力于自然领域研究的英美数理统计学派刚开始发展的时候,在德国竟异军突起,兴起了与之不同的社会统计学派。这个学派是近代各种统计学派中比较独特的一派。由于它在理论上比政治算术学派更加完善,在时间上比数理统计学派提前成熟,因此它很快占领了"市场",对国际统计学界影响较大,流传较广。

社会统计学派由德国大学教授尼斯首创,主要代表人物为恩格尔(C. L E. Engel)和梅尔(G. V. Mayr)。他们认为,统计学的研究对象是社会现象,目的在于明确社会现象内部的联系和相互关系;统计应当包括资料的搜集、整理,以及对其分析研究。他们认为,在社会统计中,全面调查,包括人口普查和工农业调查,居于重要地位;以概率论为理论基础的抽样调查,在一定的范围内具有实际意义和作用。

3. 第三个时期:统计学的现代期

统计学的现代期是自 20 世纪初到现在的数理统计时期。20 世纪 20 年代以来,数理统计学发展的主流从描述统计学转向推断统计学。19 世纪末和 20 世纪初的统计学主要是关于描述统计学中的一些基本概念,资料的收集、整理、图示和分析等,后来逐步增加概率论和推断统计的内容。直到 20 世纪 30 年代,R·费希尔的推断统计学才促使数理统计进入现代范畴。

现在,数理统计学的丰富程度完全可以独立成为一门学科,但它也不可能完全代替一般统计方法论。传统的统计方法虽然比较简单,但在实际统计工作中运用仍然极广,正如四则运算与高等数学的关系一样。不仅如此,数理统计学主要涉及资料的分析和推断方面,而统计学还包括各种统计调查、统计工作制度和核算体系的方法理论、统计学与各专业相结合的一般方法理论等。由于统计学比数理统计在内容上更为广泛,因此数理统计学相对于统计学来说不是一门并列的学科,而是统计学的重要组成部分。

从世界范围看,自 20 世纪 60 年代以后,统计学的发展有几个明显的趋势:第一,随着数学的发展,统计学依赖和吸收的数学方法越来越多;第二,向其他学科领域渗透,或者说,以统计学为基础的边缘学科不断形成;第三,随着统计学应用日益广泛和深入,特别是借助电子计算机后,统计学所发挥的功效日益增强;第四,统计学的作用与功能已从描述事物现状、反映事物规律,向抽样推断、预测未来变化方向发展。它已从一门实质性的社会性学科,发展成为方法论的综合性学科。

二、统计的含义

统计的产生已经有几千年的历史。不过在早期还没有出现"统计"这样的用语。统计语源最早出现于中世纪拉丁语的 Status,意思指各种现象的状态和状况。由这一语根组成意大利语 Stato，表示“国家”的概念，也含有国家结构和国情知识的意思。根据这一语根，最早作为学名使用的“统计”，是在 17 世纪德国政治学教授阿亨瓦尔（G. Achenwall）在 1749 年所著《近代欧洲各国国情学概论》一书绪言中，把国家学名定为“Statistika”（统计）这个词。原意是指“国家显著事项的比较和记述”或“国势学”，认为统计是关于国家应注意事项的学问。此后，各国相继沿用“统计”这个词，并把这个词译成各国的文字，法国译为 Statistique，意大利译为 Statistica，英国译为 Statistics，日本最初译为“政表”、“政算”、“国势”、“形势”等，直到 1880 年在太政官中设立了统计院，才确定以“统计”二字正名。1903 年（清光绪二十九年）由钮永建、林卓南等翻译了四本横山雅南所著的《统计讲义录》一书，把“统计”这个词从日本传到我国。1907 年（清光绪三十三年）彭祖植编写的《统计学》在日本出版，同时在国内发行，这是我国最早的一本“统计学”书籍。“统计”一词就成了记述国家和社会状况的数量关系的总称。

今天，“统计”一词已被人们赋予多种含义，因此很难给出一个简单的定义。在不同场合，统计一词可以具有不同的含义。它可以是指统计数据的收集活动，即统计工作；也可以是指统计活动的结果，即统计数据资料；还可以是指分析统计数据的方法和技术，即统计学。

（一）统计是统计工作

统计工作，是收集、整理、分析和研究统计数据资料的工作过程。统计工作在人类历史上出现比较早。随着历史的发展，统计工作逐渐发展和完善起来，使统计成为国家、部门、事业和企业、公司和个人及科研单位认识与改造客观世界和主观世界的一种有力工具。统计工作，可以简称为统计。

（二）统计是统计数据资料

统计数据资料，是统计工作活动进行收集、整理、分析和研究的主体及最终成果。不管是个人、集体和社会，还是国家、部门和事业、企业、公司及科研机构，都离不开统计数据资料。个人要进行学习、工作和家政管理，需要对有关的统计数据资料进行收集和分析，以指导自己的学习、工作和生活；公司和企业要管理好生产和销售，必须进行市场调研、生产控制、质量管理、人员培训、成本评估等，这就需要对有关的生产资料、市场资料、成本资料、人员资料、质量数据等进行收集、整理、分析和研究；国家要进行经济建设和社会发展，更离不开有关国民经济和社会发展的统计资料。国家统计局编辑、中国统计出版社出版的每年一册的《中国统计年鉴》以及国家统计局每年初公布的《国民经济与社会发展统计公报》等即是统计数据资料。

（三）统计是统计学

统计学是对研究对象的数据资料进行收集、整理、分析和研究，以显示其总体的特征和规律性的学科。统计学的研究对象是客观事物的数量特征和数据资料。统计学是以收集、整理、分析和研究等统计技术为手段，对所研究对象的总体数量关系和数据资料去伪存真、去粗取精，从而达到显示、描述和推断被研究对象的特征、趋势和规律性的目的。

统计数据的收集是取得统计数据的过程，它是进行统计分析的基础。离开了统计数据，统计方法就失去了用武之地。如何取得所需的统计数据是统计学研究的内容之一。统计数据的整理是对统计数据的加工处理过程，目的是使统计数据系统化、条理化，符合统计分析的需要。数据整理是介于数据收集与数据分析之间的一个必要环节。统计数据的分析是统计学的核心内容,它是通过统计描述和统计推断的方法探索数据内在规律的过程。

可见,统计学是一门有关统计数据的科学,统计学与统计数据有着密不可分的关系。在英文中,“statistics”一词有两个含义:当它以单数名词出现时,表示作为一门科学的统计学;当它以复数名词出现时,表示统计数据或统计资料。从中可以看出,统计学与统计数据之间有着密不可分的关系。统计学是由一套收集和处理统计数据的方法所组成的,这些方法来源于对统计数据的研究,目的也在于对统计数据的研究。首先,统计数据不用统计方法去分析也仅仅是一堆数据而已,无法得出任何有益的结论。其次,统计数据不是指单个的数字,而是由多个数据构成的数据集。单个的数据显然用不着统计方法进行分析,仅凭一个数据点,我们也不可能得出事物的规律,只有经过对同一事物进行多次观察或计量得到大量数据,才能利用统计方法探索出内在的规律性。

第二节　统计学的研究对象与方法

一、统计学的研究对象

统计学的研究对象是自然、社会客观现象总体的数量关系。不论是自然领域,还是社会经济领域,客观现象总体的数量方面,都是统计学所要分析和研究的。

统计学研究对象的特点有如下几点。

(一)数量性

统计学的研究对象是自然、社会经济领域中现象的数量方面,这一特点是统计学(定量分析学科)与其他定性分析学科的分界线。数量性是统计学研究对象的基本特点,因为数字是统计的语言,数据资料是统计的原料。一切客观事物都有质和量两个方面,事物的质与量总是密切联系、共同规定着事物的性质。没有无量的质,也没有无质的量。一定的质规定着一定的量,一定的量也表现为一定的质。但在认识的角度上,质和量是可以区分的,可以在一定的质的情况下,单独地研究数量方面,通过认识事物的量进而认识事物的质。因此,事物的数量是我们认识客观现实的重要方面,通过分析研究统计数据资料,研究和掌握统计规律性,就可以达到我们统计分析研究的目的。

(二)总体性

统计学的研究对象是自然、社会经济领域中现象总体的数量方面,即统计的数量研究是对总体普遍存在着的事实进行大量观察和综合分析,得出反映现象总体的数量特征和资料规律性。自然、社会经济现象的数据资料和数量对比关系等一般是在一系列复杂因素的影响下形成的。在这些因素当中,有起着决定和普遍作用的主要因素,也有起着偶然和局部作用的次要因素。由于种种原因,在不同的个体中,它们相互结合的方式和实际发生的作用都不可能完全相同。所以,对于每个个体来说,就具有一定的随机性质,而对于有足够多数个体的总体来说又具有相对稳定的共同趋势,显示出一定的规律性。

(三)具体性

统计研究对象是自然、社会经济领域中具体现象的数量方面。即它不是纯数量的研究，是具有明确的现实含义的，这一特点是统计学与数学的分水岭。数学是研究事物的抽象空间和抽象数量的科学，而统计学研究的数量是客观存在的、具体实在的数量表现。统计研究对象的这一特点，也正是统计工作必须遵循的基本原则。正因为统计的数量是客观存在的、具体实在的数量表现，它才能独立于客观世界，不以人们的主观意志为转移。只有如实地反映具体的已经发生的客观事实，才能为我们进行统计分析研究提供可靠的基础，才能分析、探索和掌握事物的统计规律性。否则，虚假的统计数据资料是不能成为统计数据资料的，因为它违背了统计研究对象的这一特点。

（四）变异性

统计研究对象的变异性是指构成统计研究对象的总体各单位，除在某一方面必须是同质的以外，在其他方面又要有差异，而且这些差异并不是由某种特定的原因事先给定的。就是说，总体各单位除必须有某一共同标志表现作为它们形成统计总体的客观依据以外，还必须要在所要研究的标志上存在变异的表现；否则，就没有必要进行统计分析研究了。

二、统计学的研究方法

统计学根据研究对象的性质和特点，形成了它自己专门的研究方法，这些基本方法是大量观察法、统计描述法、统计推断法、实验设计法等。

（一）大量观察法

大量观察法是统计学所特有的方法。所谓大量观察法，是指对所研究的事物的全部或足够数量进行观察的方法。社会现象或自然现象都受各种社会规律或自然规律相互交错作用的影响。在现象总体中，个别单位往往受偶然因素的影响，如果任选其中之一进行观察，其结果不足以代表总体的一般特征；只有观察全部或足够的单位并加以综合，影响个别单位的偶然因素才会相互抵消，现象的一般特征才能显示出来。大量观察的意义在于可使个体与总体之间在数量上的偏误相互抵消。

例如，当我们观察个别家庭或少数家庭的婴儿出生时，生男生女的比例极为参差不齐，有的是生男不生女，有的是生女不生男，有的是女多男少，有的是男多女少，然而经过大量观察，男婴、女婴的出生数则趋向均衡。也就是说，观察的次数愈多，离差的差距就愈小，或者说频率出现了稳定性。这就表明，同质的大量现象是有规律的，尽管个别现象受偶然性因素的影响出现偏差，但观察数量达到一定程度就呈现出规律性。

（二）统计描述法

统计描述是指对由实验或调查而得到的数据进行登记、审核、整理、归类、计算，得出各种能反映总体数量特征的综合指标，加以分析并从中抽取有用的信息，用表格或图像把它们表示出来。它通过对分散无序的原始资料的整理、归纳，运用分组法、综合指标法和统计模型法得到现象总体的数量特征，揭露客观事物内在数量规律性，达到认识的目的。

分组法是研究总体内部差异的重要方法，通过分组可以研究总体中不同类型的性质以及它们的分布情况，如产业的经济类型及其行业分布情况。可以研究总体中的构成和比例关系，如三次产业的构成、生产要素的比例等。可以研究总体中现象之间的相关依存关系，如企业经营规模和利润率之间的关系等。

综合指标法是指运用各种统计指标来反映和研究客观总体现象的一般数量特征与数量关系的方法。通过综合指标的计算可以显示出现象在具体时间、具体地点条件下的总量规模、相对水平、集中趋势、变异程度，并进一步从动态上研究现象的发展趋势和变化规律。

统计模型法则是综合指标法的扩展。它是根据一定的理论和假定条件，用数学方程去模拟客观现象相互关系的一种研究方法，利用这种方法，可以对客观现象和过程中存在的数量关系进行比较完整而全面的描述，凸显所研究的综合指标之间的关系，从而简化了客观存在的复杂的其他关系，以便利用模型对所关心的现象变化进行评估和预测。

（三）统计推断法

统计在研究现象的总体数量关系时，需要了解的总体对象的范围往往是很大的，有时甚至是无限的，而由于经费、时间和精力等各种原因，以致有时在客观上只能从中观察部分单位或有限单位进行计算和分析，根据局部观察结果来推断总体。例如，要说明一批灯泡的平均使用寿命，只能从该批灯泡中抽取一小部分进行检验，推断这一批灯泡的平均使用寿命，并给出这种推断的置信程度。这种在一定置信程度下，根据样本资料的特征，对总体的特征做出估计和预测的方法称为统计推断法。统计推断法是现代统计学的基本方法，在统计研究中得到了极为广泛的应用，它既可以用于对总体参数的估计，也可以用作对总体某些分布特征的假设检验。从这种意义上来说，统计学是在不确定条件下做出决策或推断的一种方法。

（四）实验设计法

统计是要分析数据的，但首先需要考察的是，数据的来源是否合适，实验采集的数据是否符合分析的目的和要求。由于安排不科学，使实验数据不能反映现象的真实情况，或不能用以估计总体的数量特征，那么接着一系列分析工作也就白费工夫了。例如，要比较某农作物 A 品种和 B 品种的收获率高低，分别在两地段播种 A 品种和 B 品种，结果获得 A 品种单位面积产量高于 B 品种的数据。如果根据这个数据判断 A 品种优于 B 品种，这个结论就太不可靠了。原因是影响收获率高低的因素不但有种籽品种的差异，还有土地区位、肥沃程度等差异，所以，我们需要事先做出安排，从实验结果数据的差异中排除可控因素（土地）的差异，而显示不可控因素（品种）的差异。所谓实验的统计设计，是指设计实验的合理程序，使得收集得到的数据符合统计分析方法的要求，以便得出有效的客观的结论。它主要适用于自然科学研究和工程技术领域的统计数据收集。

第三节　统计的职能

一、统计的职能

随着社会主义市场经济体制的逐步建立和完善，统计职能将越来越重要。统计已由单纯的统计信息收集整理职能转变为信息、咨询、监督三大职能。统计部门已成为社会经济信息的主体部门和国民经济核算的中心，成为国家重要的咨询和监督机构。

（1）信息职能。是指系统地收集、整理、贮存和提供大量的以数量描述为基本特征的社会经济信息资源。

(2)咨询职能。是利用已掌握的丰富的信息资源,运用科学方法进行综合分析,为科学决策和管理提供情况和咨询建议。

(3)监督职能。是利用统计信息,对社会经济的运行状态进行定量检查、监测和预警,揭示社会经济运行中出现的偏差,提出矫正意见,预警可能出现的问题,提出对策,以促使社会经济持续、健康的发展。

信息、咨询、监督三大职能是相互作用、相辅相成的,共同构成了统计的整体功能。其中,信息功能是最基本的,咨询、监督功能是统计信息功能的延续。发挥统计整体功能是我国长期统计工作,特别是改革开放以来统计实践经验的总结,是国家科学管理和宏观调控的客观需要。

统计的作用主要体现在信息、咨询、监督三大功能上。具体表现在:为党和政府各级领导机构决策和宏观调控提供资料;为企业、事业单位经营管理提供依据;为社会公众了解情况、参与社会经济活动提供资料;为科学研究提供资料;为国际交往提供资料。

二、统计工作过程

一项完整的统计工作可分为三个阶段,即统计调查、统计整理和统计分析。

(1)统计调查,是根据统计研究的对象和目的要求,根据统计设计的内容、指标和指标体系的要求,有计划、有目的、有组织地收集统计原始资料的工作过程,是统计认识过程的第二个阶段,是定量认识的阶段。统计用数字说话,而各种统计数字都直接来自于统计调查,管理者和决策者都需要根据大量翔实的统计信息进行管理和决策,科研工作者也需要根据统计调查得到的资料进行科学研究。调查是统计的基础,没有调查,就没有发言权。调查的方式方法主要有统计报表制度、普查、抽样调查、典型调查、重点调查等。

(2)统计整理,是指根据统计研究的目的,将统计调查得到的原始资料(或次级资料)进行科学的分类和汇总,使其条理化、系统化的工作过程,是统计认识过程的第三阶段。这个阶段的主要任务就是为统计分析阶段准备能在一定程度上说明总体特征的统计资料。但在实际工作中,统计整理与统计调查和统计分析并非总是截然分开的,而是相互交织在一起的,它是统计调查的继续,也是统计分析的开始。统计调查和统计整理都是一种定量认识活动。

(3)统计分析,是统计认识过程的最后阶段,是在统计整理的基础上,根据研究目的和任务,利用科学的统计分析方法,对统计研究对象的数量方面进行计算、分析的工作过程。统计认识的结论要从分析中得出,因此这一阶段虽然是对统计资料的计算分析,但其目的却是要揭示统计研究的对象的状况、特点、问题、规律性等,所以这是统计认识的定性阶段。

因此,从认识的顺序来看统计调查、统计整理和统计分析这三个阶段,是从定性认识开始,经过定量认识,再到定性认识的循环往复的过程,即定性认识(统计设计)→定量认识(统计调查和统计整理)→定性认识(在定量认识的基础上进行的统计分析)的过程。

三、统计组织

统计工作是一项组织严密的科学活动，必须有一套完整的组织制度和管理体制。我国统计工作的组织原则是集中统一。依据这一原则，我国的统计工作体系由以下三部分组成。

（一）政府综合统计系统

政府综合统计系统由国家统计局和地方各级政府的统计机构组成。国家统计局负责组织领导和协调全国统计工作；地方各级政府统计局负责组织领导和协调本地区的统计工作，受同级政府和上级统计局的双重领导，统计业务以上级统计局的领导为主。

（二）部门专业统计系统

部门专业统计系统由国务院和地方各级政府所属业务部门的统计机构组成，负责组织和协调本部门的统计工作和所管辖的企、事业单位的统计工作。其统计业务受国家统计局或同级政府统计机构的指导。

（三）基层单位统计机构

基层单位统计机构包括企、事业单位的统计机构和乡镇统计机构。它们负责组织、协调本单位的统计工作，完成国家、部门和地方所交给的统计工作任务，同时为本单位的生产经营和管理服务。

四、统计法规

统计法是调整国家机关、社会团体、各种经济组织以及公民在统计活动中所形成的社会关系的各种法律规范的总称，是进行统计活动的行为准则。它具体规定了统计工作的性质、任务、管理体制、工作制度、机构设置，有关当事人的职责、权利、义务以及应承担的各种法律责任。统计法是国家法律的一个组成部分。

统计法可分别从广义和狭义两个角度去理解。狭义的统计法是指 1983 年 12 月公布的《中华人民共和国统计法》。其中规定："中国境内所有政府机关、社会团体、企事业单位及个体工商户都必须依照本法和国家规定，提供统计资料。不得虚报、瞒报、拒报、迟报，不得伪造篡改。"广义的统计法既包括《中华人民共和国统计法》，还包括《中华人民共和国统计法实施细则》、国务院发布的关于统计活动的命令、条例和决议，以及地方性统计法规等。加强、完善统计法制，对于有效地组织统计工作、保障统计活动顺利开展具有重要意义。

第四节　统计学中的几个基本概念

一、总体与总体单位

统计总体简称总体，是指客观存在的、在同一性质基础上结合起来的许多个别单位的整体。构成总体的这些个别单位称为总体单位。例如，所有的工业企业就是一个总体，这是因为在性质上每个工业企业的经济职能是相同的，即都是从事工业生产活动的基本单位，这就是说，它们是同性质的。这些工业企业的集合就构成了统计总体。对于该总体来说，每一个工业企业就是一个总体单位。

统计总体一般具有以下特征：

(1)同质性。它是指总体中的各个单位必须具有某种共同的属性或标志数值。如国有企业总体中每个企业共同标志属性是国家所有。同质性是总体的根本特征，只有个体单位是同质的，统计才能通过对个体特征的观察研究，归纳和揭示出总体的综合特征和规律性。

(2)大量性。它是指总体中包括的总体单位有足够多的数量。总体是由许多个体在某一相同性质基础上结合起来的整体，个别或很少几个单位不能构成总体。总体的大量性，可使个别单位某些偶然因素的影响——表现在数量上的偏高、偏低的差异相互抵消，从而显示出总体的本质和规律性。

(3)差异性(或称变异性)。它是指总体的各单位之间有一个或若干个可变的品质标志或数量标志，从而表现出的差异。例如，某领域的职工总体中各单位间有男、女的性别属性差异，有20岁、21岁、22岁、23岁、24岁、25岁、26岁等年龄标志数值的差异。

总体可以分为有限总体和无限总体。总体所包含的单位数是有限的，称为有限总体，如人口数、企业数、商店数等。总体所包含的单位数是无限的，称为无限总体，如连续生产的某种产品的生产数量、大海里的鱼资源数等。对有限总体可以进行全面调查，也可以进行非全面调查。但对无限总体只能抽取一部分单位进行非全面调查，据以推断总体。

确定总体与总体单位，必须注意两个方面：

(1)构成总体的单位必须是同质的，不能把不同质的单位混在总体之中。例如，研究工人的工资水平，就只能将靠工资收入的职工列入统计总体的范围；同时，也只能对职工的工资收入进行考察，对职工由其他方面取得的收入就要加以排除，这样才能正确反映职工的工资水平。

(2)总体与总体单位具有相对性，随着研究任务的改变而改变。同一单位可以是总体也可以是总体单位。例如，要了解全国工业企业职工的工资收入情况，那么全部工厂是总体，各个工厂是总体单位。如果旨在了解某个企业职工的工资收入情况，则该企业就成了总体，每位职工的工资就是总体单位了。

二、标志与标志表现

(一)标志和标志表现

统计标志简称标志，是指统计总体各单位所具有的共同特征的名称。从不同角度考察，每个总体单位可以有许多特征。如每个职工可以有性别、年龄、民族、工种等特征。这些都是职工的标志。

标志表现是标志特征在各单位的具体体现。职工的性别是女，年龄为32岁，民族为汉族等，这里“女”、“32岁”、“汉族”就是性别、年龄、民族的具体体现，即标志表现。

(二)标志的分类

(1)标志按变异情况可分为不变标志和变异标志。当一个标志在各个单位的具体表现都相同时，这个标志称为不变标志；当一个标志在各个单位的具体表现有可能不同时，这个标志称为可变标志或变异标志。如中国第五次人口普查规定:“人口普查的对象是具有中华人民共和国国籍并在中华人民共和国国境内常住的人。”按照这一规定,在作为调查对象的人口总体中,国籍和在国境内居住是不变标志,而性别、年龄、民族、职业等则是变异标志。不变标志是构成统计总体的基础,因为至少必须有一个不变标志将各总体单位联结在一起,才能使它具有“同质性”,从而构成一个总体。变异标志是统计研究的主要内容,因为如果标志在各总体单位之间的表现都相同,那就没有进行统计分析研究的必要了。

(2)标志按其性质可以分为品质标志和数量标志。品质标志表示事物的质的特性,是不能用数值表示的,如职工的性别、民族、工种等。数量标志表示事物的量的特性,是可以用数值表示的,如职工年龄、工资、工龄等。品质标志主要用于分组,将性质不相同的总体单位划分开来,便于计算各组的总体单位数、计算结构和比例指标。数量标志既可用于分组,也可用于计算标志总量以及其他各种质量指标。

三、指标与指标体系

(一)统计指标及其构成要素

对统计指标的含义,一般有两种理解和两种使用方法:

(1)统计指标是指反映总体现象数量特征的概念。如人口数、商品销售额、劳动生产率等。它包括三个构成要素,即指标名称、计量单位、计算方法。这是统计理论与统计设计上所使用的统计指标含义。

(2)统计指标是反映总体现象数量特征的概念和具体数值。例如,第五次全国人口普查,在2000年11月1日人口普查日中国人口总数是129 533万人。这个概念含义中包括了指标数值。按照这种理解,统计指标除了包括上述三个构成要素外,还包括时间限制、空间限制、指标数值。这是统计实际工作中经常使用的统计指标的含义。

一般认为,对统计指标的这两种理解都是成立的。在做一般性统计设计时,只能设计统计指标的名称、内容、口径、计量单位和方法,这是不包括数值的统计指标。然后经过收集资料、汇总整理、加工计算可以得到统计指标的具体数值,用来说明总体现象的实际数量状况及其发展变化的情况。从不包括数值的统计指标到包括数值的统计指标,在一定意义上反映了统计工作的过程。

(二)统计指标的特点

(1)数量性。即所有的统计指标都是可以用数值来表现的。这是统计指标最基本的特点。统计指标所反映的就是客观现象的数量特征,这种数量特征是统计指标存在的形式,没有数量特征的统计指标是不存在的。正因为统计指标具有数量性的特点,它才能对客观总体进行量的描述,才使统计研究运用数学方法和现代计算技术成为可能。

(2)综合性。这是指统计指标既是同质总体大量个别单位的总计,又是大量个别单位标志差异的综合,是许多个体现象数量综合的结果。例如,某人的年龄、某人的存款额不能叫做统计指标,人的平均年龄、人的储蓄总额、人均储蓄才叫做统计指标。统计指标的形成都必须经过从个体到总体的过程,它是通过个别单位数量差异的抽象化来体现总体综合数量的特点的。

(3)具体性。统计指标的具体性有两个方面的含义:一是统计指标不是抽象的概念和数字,而是一定的具体的社会经济现象的量的反映,是在质的基础上的量的集合;二是统计指标说明的是客观存在的、已经发生的事实,它反映了社会经济现象在具体地点、时间和条件下的数量变化。

(三)标志与指标的区别和联系

标志与指标的主要区别是:

第一,标志是说明总体单位特征的,指标是说明总体特征的。例如,一个工人的工资是数量标志,全体工人的工资总额是统计指标。

第二,标志有用文字表示的品质标志和用数值表示的数量标志,指标则都是用数值表示的,没有不能用数值表示的指标。

标志与指标的主要联系是:

第一,统计指标的数值多是由总体单位的数量标志值综合汇总而来的。例如工资总额是各个职工的工资之和,工业总产值是各个工业企业的工业总产值之和。

第二,标志与指标之间存在着变换关系:如果由于统计研究目的的变化,原来的统计总体变成总体单位了,则相对应的统计指标也就变成了数量标志。反过来,如果原来的总体单位变成总体了,则相对应的数量标志也就变成了统计指标。

(四)统计指标的种类

(1)统计指标按其说明总体内容的不同,分为数量指标和质量指标。

数量指标,即说明总体外延规模的统计指标。例如,人口数、企业数、工资总额、商品销售额等。数量指标所反映的是总体的绝对数量,具有实物的或货币的计量单位,其数值的大小,随着总体范围的变化而变化,它是认识总体现象的基础指标。

质量指标,即说明总体内部数量关系和总体单位水平的统计指标。例如,人口的年龄构成、性别比例、农业、轻工业、重工业比例、平均单产、平均工资等。它通常是用相对数和平均数的形式表现的,其数值的大小与范围的变化没有直接关系。

(2)统计指标按其作用和表现形式的不同,可分为总量指标、相对指标和平均指标。总量指标又分为实物指标、劳动指标和价值指标三种。这些统计指标的含义、内容、计算方法和作用各不相同,将在第四章中叙述。

(五)统计指标体系

由于现象的复杂多样性,各种现象之间相互联系的性质,只用个别统计指标来反映是不够的,需要采用指标体系来进行描述。

(1)统计指标体系就是各种相互联系的统计指标所构成的一个有机整体,用来说明所研究现象各个方面相互依存和相互制约的关系。统计指标体系因各种现象本身联系的多样性和统计研究的目的不同而分为不同的类别。

(2)根据所研究问题的范围大小,可以建立宏观统计指标体系和微观统计指标体系。宏观统计指标体系就是反映整个现象大范围的统计指标体系,如:反映整个国民经济和社会发展的统计指标体系。微观统计指标体系就是反映现象较小范围的统计指标体系,如:反映企业或事业单位的统计指标体系。介于这两者之间的可以称为中观统计指标体系,如:反映各地区或各部门的统计指标体系。

(3)根据所反映现象的范围内容不同,统计指标体系可以分为综合性统计指标体系和专题性统计指标体系。综合性统计指标体系是较全面地反映总系统及其各个子系统的综合情况的统计指标体系,如:国民经济和社会发展统计指标体系。专题性统计指标体系则是反映某一个方面或问题的统计指标体系,如:经济效益指标体系就是专题性统计指标体系。

(4)根据统计指标体系表现形式的不同,统计指标体系可分为两种形式:一种是平行排列式,即将各种统计指标平行排列组成的指标体系;一种是将若干个统计指标之间的联系表现为一个方程关系式。例如,工资总额=平均工资×职工人数,商品销售额=商品销售量×商品销售价格,等等。统计指标体系对于统计分析和研究具有重要的意义。通过一个设计科学的统计指标体系,可以描述现象的全貌和发展的全过程,分析和研究现象总体存在的矛盾以及各种因素对现象总体变动结果的方向和程度,也可以对未来的指标进行计算和预测,对未来现象发展变化的趋势进行预测。

四、变异、变量和变量值

(一)变异

统计中的标志和指标都是可变的,如:人的性别有男女之分,各时期、各地区、各部门的工业总产值各有不同,这种差别叫做变异。变异就是有差别的意思,包括质的差别和量的差别。变异是统计的前提条件。

(二)变量与变量值

变量就是可以取不同值的量,这是数学上的一个名词。在社会经济统计中,变量包括各种数量标志和全部统计指标,它都是以数值表示的,不包括品质标志。变量就是数量标志的名称或指标的名称,变量的具体数值表现则称为变量值。例如,职工人数是一个变量,某工厂职工人数10 000人,就是变量值。要注意区分变量和变量值。

(三)变量分类

(1)变量值按是否连续可分为连续变量与离散变量两种。在一定区间内可任意取值的变量叫连续变量,其数值是连续不断的,相邻两个数值可作无限分割,即可取无限个数值。例如,生产零件的规格尺寸、人体测量的身高、体重、胸围等为连续变量,其数值只能用测量或计量的方法取得。可按一定顺序一一列举其数值的变量叫离散变量,其数值表现为断开的。例如,企业个数、职工人数、设备台数、学校数、医院数等,都只能按计量单位数计数,这种变量的数值一般用计数方法取得。

(2)变量按影响变量值的因素是否确定还可以分为确定性变量和随机性变量。确定性变量是指变量值的变化受某种或某几种确定性因素的影响,其变化是沿着一定的方向呈上升或下降的变动。例如,随着医疗卫生条件的改善,人们的寿命普遍增长了,一些传染病的流行受到了控制,甚至完全消失了。随机性变量是指变量值的变化受某种或某几种不确定性因素的影响,其变化不是沿着一定的方向发展,而带有很大的偶然性。例如:影响某种机械产品零件的质量波动有种种原因,若抽取一部分零件检验其尺寸是否符合规定,则带有一定的偶然性,这里的零件尺寸就是一个随机性变量。

本章知识结构图如下：

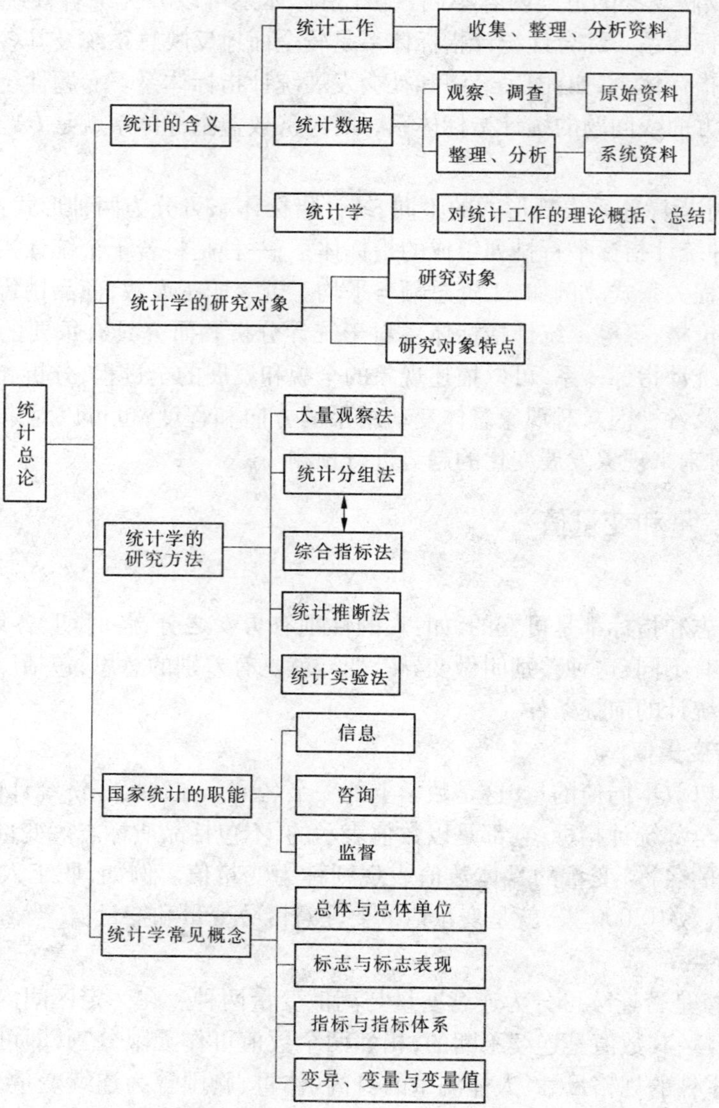

阅读材料 1

近代统计学之父——凯特勒

阿道夫·凯特勒(Lambert Adolphe Jacques Quetelet,1796～1874),比利时统计学家、数学家和天文学家。出身于比利时甘特市的一个小商人家庭。1819 年毕业于甘特大学,因数学成绩出类拔萃,在布鲁塞尔雅典娜学校从事数学教学工作。1823 年赴法国巴黎学习天文学。1828 年任布鲁塞尔大学教授,讲授天文学、测量学,研究气象学和统计学。1834 年任比利时科学院秘书。1841 年任比利时中央统计委员会会长。1851 年积极筹备国际统计学会组织,并任第一届国际统计会议主席。在此之后,先后被选为英国科学促进会统计学部常务委员、欧洲各国科学院的院士。

凯特勒被统计学界称为"近代统计学之父"、"国际统计会议之父"。他一生著作颇丰,其中有关统计学方面的就有65种之多。影响最大的有:《论人及其才能的发展》(1835年)(再版时改名为《社会物理学》)、《关于应用于道德科学、政治科学的概率论的书简》(1846年)、《社会制度及其支配规律》(1848年)和《社会物理学》(1869年)。

自文艺复兴以后,人们已经注意到在各种玩纸牌、掷骰子的赌博活动大量进行之后,会有某种类型的规则性出现。概率论最早就是研究这种规则性的产物。经过17世纪法国的帕斯卡、瑞士的贝努利,18世纪法国的莫阿弗尔和拉普拉斯、英国的贝叶斯,19世纪德国的高斯等数学家的研究,作为研究随机现象规律性的古典"概率论"到了19世纪已经形成。

由于历史的原因,概率论的产生和形成在16至18世纪与统计学关联性不大;统计学也很少将概率论应用到自己的领域。统计学成为近代意义上的科学的统计学,本来是从引进概率论开始的,它的奠基人正是凯特勒。因此,将统计学与概率论真正结合起来的,则是19世纪凯特勒的功绩。故人们称他为"近代统计学之父"。

1819年凯特勒大学毕业后,主要从事数学教学工作。1823年为筹建天文台,他被政府派往巴黎学习天文学。在学习期间,凯特勒与拉普拉斯、油松、傅里叶等概率论专家学者相识,从他们那里学到了较高水平的概率理论。同时他还受到法国盛行的力学自然观,特别是拉普拉斯机械唯物论思想方法的影响。1827年他赴伦敦学习,又大量接触了政治算术学派的经济统计学和人口统计学的思想方法。回国后,凯特勒任布鲁塞尔大学教授,讲授天文学、测量学。1828年他编写了《比利时综合统计手册》与《概率计算入门》。1829年他协助制订了荷兰人口调查计划。1829年至1830年期间,他先后到德国、意大利、瑞士等国从事地磁测量研究。在德国他拜见了高斯。在国外期间,他还接触到人寿保险业务上的实际统计问题,增加了对从事统计学研究的兴趣。1831年,比利时从荷兰分离出来后,凯特勒参与主持新建比利时统计总局的工作。在此后的5年中,他开始从事有关人口和犯罪问题的统计学研究。

在这种研究中,凯特勒发现以往被人们认为从个体来说具有偶然性、从整体来说具有杂乱无章性的社会犯罪现象,也具有一定的规律性。他根据英国、法国、俄国等的统计资料,作出了很多统计分析,结果发现如果一连观察几年的犯罪数字,如凶杀案件、行凶方法、犯罪形式、判罪比例等的数目,逐年都在同一范围内变动,呈一定的规律性。

此外,凯特勒在作有关人类的自杀统计、人口统计、婚姻统计、神经病患者统计时,均发现与上述雷同的现象。于是,凯特勒确认那些表面上似乎杂乱无章的、偶然性占统治地位的社会现象,如同自然现象一样也具有一定的规律性。他认为统计学不仅要记述各国的国情,研究社会现象的静态,而且要研究社会生活的动态,研究社会现象背后的规律性。凯特勒的这一思想为近代统计学的科学化奠定了基础。他还认为社会现象背后的这种规律性是社会内在固有的,而不是"神定秩序";人们可以通过计算统计指标来揭示这些规律。凯特勒的这些思想给后世统计学家以深刻的影响。

犯罪统计中所呈现出来的规律性,竟使凯特勒联想到司法机构的经费预算问题。1829年他说:"可预想每年有同一犯罪以同一序列重复出现。监狱和法院的预算,与国家每年收入几乎同样确定。"1835年他在《论人类》一书中又说:"世界上,人们每年按某一惊人的常例来确定用于监狱、徒刑场和断头台等开支的预算。虽然人们想尽力节约这笔开支,但只要仔细考察这些开支数目,却不幸每年都中了我的预言。”对于凯特勒的上述成就,马克思曾给以充分的肯定:“凯特勒先生在1829年发表的对可能出现的罪行的估计,不仅以惊人的准确性预算出了后来1830年法国发生的犯罪行为的总数,而且预算出了罪行的种类。”

凯特勒还从实际出发,不顾当时统治阶级的偏见,提出犯罪与贫穷之间并不存在着必然联系。他根据统计资料得出结论:鉴于最贫穷地区的犯罪数目不及经济发达地区的犯罪数目大,因此犯罪反而与经济(走向)富裕有关。凯特勒的上述工作,处处闪烁着他社会统计规律性思想的光辉,给后人以极大的启迪。

从1831年开始,凯特勒收集了大量关于人体生理测量的数据,如体重、身高与胸围等。经分析研究后,认为这些生理特征都围绕着一个平均值而上下波动,呈现出概率论中所述的正态分布。他以5 738名苏格兰士兵的胸围为例进行观察,得出这种分布规律和在射击时枪弹围着靶子中心分布的规律一样,都是以大数律为主要内容的概率论所揭示的正态分布规律。凯特勒还进一步运用这个规律,检查出自己国家新兵身高频率曲线与理论正态分布曲线不相吻合的不正常情况,推测这可能是征兵工作中出了问题。调查结果发现,果真有几个征兵机关从中作弊。凯特勒上述统计工作实际上是拉普拉斯等人概率论中正态分布曲线、误差法则等理论的运用。

凯特勒运用概率论的方法进一步研究了社会道德中的大量统计资料,发现了以下基本原则:“在我们对于多数人进行观察的时候,人的意志就平均化起来,并且不留任何显著的痕迹。所有部分意志的作用,和纯粹受偶然原因所制约的各种现象一样,它们即被中和或抵消了。”这就是凯特勒著名的“平均人”思想。他认为“不应当注意个别的人,而应当把个别的人当作种族的一部分来考察。只有把人的个性去掉之后,我们才能把存在于人们中间的所有偶然的东西摒弃殆尽。这样,那种对于大量现象仅起极小作用的或完全不起作用的个别特殊性,就自然会平均化起来,从而我们就能把握住综合的结果”。同时他还认为对社会上偏离“平均人”的差异性,也要研究其发生的原因。据他研究,社会上所有的人同“平均人”的偏差愈小,社会上的矛盾也就愈缓和。而文化上的正面引导,则可以减少每个人与“平均人”的偏差,从而减少犯罪的发生。凯特勒的“平均人”思想在历史上影响很大。马克思在其《资本论》一书中也曾运用过这种思想。

凯特勒就是这样在自己的研究工作中,把统计学与概率论结合起来。他首次在社会科学的范畴内提出了他的大数律思想,并把统计学的理论建立在大数律的基础上,认为一切社会现象也受到大数律的支配。他的这种统计思想曾盛行一时,至今还有影响。

1857年凯特勒在第三次国际统计会议上,论证了概率论方法对于统计价值测定的必要性。1867年他在第六次国际统计会议上,又提出希望能建立一个特别小组委员会来处理直接与概率论有关的统计问题。凯特勒不仅把概率统计的方法引入到人口、领土、政治、农业、工业、商业、道德等社会领域,还把概率统计的方法引入到天文、气象、地理、动物、植物等自然领域。他的这种关于概率统计的方法是应用于任何事物数量研究的最一般方法的思想,对以后统计学的发展具有重大意义。

(选自 MBA 智库百科(http://wiki.mbalib.com/))

阅读材料 2

现代计算机之父——查尔斯·巴贝奇(Charles Babbage)的故事

巴贝奇是一位富有的银行家的儿子,1792 年出生在英格兰西南部的托特纳斯,后来继承了相当丰厚的遗产,但他把金钱都用于了科学研究。童年时代的巴贝奇显示出极高的数学天赋,考入剑桥大学后,他发现自己掌握的代数知识甚至超过了教师 。毕业留校,24 岁的年青人荣幸受聘担任剑桥大学"路卡辛讲座"的数学教授。这是一个很少有人能够获得的殊荣,牛顿的老师巴罗是第一名,牛顿是第二名。在教学之余,巴贝奇完成了大量发明创造,如运用运筹学理论率先提出"一便士邮资"制度,发明了供火车使用的速度计和排障器等。假若巴贝奇继续在数学理论和科技发明领域耕耘,他本来是可以走上鲜花铺就的坦途的。然而,这位旷世奇才却选择了一条无人敢于攀登的崎岖险路。

事情还得从法国讲起。18 世纪末,法兰西发起了一项宏大的计算工程——人工编制《数学用表》,这在没有先进计算工具的当时,是件极其艰巨的工作。法国数学界调集大批数学家,组成了人工手算的流水线,算得天昏地暗,才完成了 17 卷大部头书稿。即便如此,计算出的数学用表仍然存在大量错误。

据说有一天,巴贝奇与著名的天文学家赫舍尔凑在一起,对两大部头的天文数表评头论足,翻一页就是一个错,翻两页就有好几处错。面对错误百出的数学表,巴贝奇目瞪口呆,他甚至喊出声来:"天哪,这些计算错误已经充斥弥漫了整个宇宙!"

这件事也许就是巴贝奇萌生研制计算机构想的起因。巴贝奇的第一个目标是制作一台"差分机"。所谓"差分"的含义,是把函数表的复杂算式转化为差分运算,用简单的加法代替平方运算。那一年,刚满 20 岁的巴贝奇从法国人杰卡德发明的提花编织机上获得了灵感,差分机设计闪烁出了程序控制的灵光——它能够按照设计者的旨意,自动处理不同函数的计算过程。

巴贝奇耗费了整整十年光阴,于 1822 年完成了第一台差分机,它可以处理 3 个不同的 5 位数,计算精度达到 6 位小数,当即就演算出好几种函数表。由于当时工业技术水平极低,第一台差分机从设计绘图到机械零件加工,都是巴贝奇亲自动手完成的。当他看着自己的机器制作出准确无误的《数学用表》,高兴地对人讲:"哪怕我的机器出了故障,比如齿轮被卡住不能动,那也毫无关系。你看,每个轮子上都有数字标记,它不会欺骗任何人。"以后实际运用证明,这种机器非常适合于编制航海和天文方面的数学用表。

成功的喜悦激励着巴贝奇,他连夜奋笔上书皇家学会,要求政府资助他建造第二台运算精度为 20 位的大型差分机。英国政府看到巴贝奇的研究有利可图,破天荒地与科学家签订了第一个合同,财政部慷慨地为这台大型差分机提供出 1.7 万英镑的资助。巴贝奇自己也贴进去 1.3 万英镑巨款,用以弥补研制经费的不足。在当年,这笔款项的数额无异于天文数字——有资料介绍说,1831 年约翰·布尔制造一台蒸汽机车的费用才 784 英磅。

然而,第二台差分机在机械制造工厂里触上了"暗礁"。第二台差分机大约有 25 000 个零件,主要零件的误差不得超过每英寸千分之一,即使用现在的加工设备和技术,要想造出这种高精度的机械也绝非易事。巴贝奇把差分机交给了英国最著名的机械工程师约瑟夫·克莱门特所属的工厂制造,但工程进度十分缓慢。10 年过去后,巴贝奇依然望着那些不能运转的机器发愁，全部零件亦只完成不足一半数量。参加试验的同事们再也坚持不下去，纷纷离他而去。巴贝奇独自苦苦支撑了第三个10年，终于感到无力回天。在痛苦的煎熬中，他无计可施，只得把全部设计图纸和已完成的部分零件送进伦敦皇家学院博物馆供人观赏。

1842年，在巴贝奇的一生中是极不平常的一年。英国政府宣布断绝对他的一切资助，连科学界的友人都用一种怪异的目光看着他。英国首相讥讽道："这部机器的唯一用途，就是花掉大笔金钱！"同行们讥笑他是"愚笨的巴贝奇"。皇家学院的权威人士，包括著名天文学家艾瑞等人，都公开宣称他的差分机毫无任何价值……

就在痛苦艰难的时刻，孤独苦闷的巴贝奇意外地收到一封来信，写信人不仅对他表示理解而且还希望与他共同工作。娟秀字体的签名，表明了她不凡的身份——伯爵夫人。接到信函后不久，巴贝奇实验室门口走进来一位年轻的女士。女士落落大方地作了自我介绍，正是那位写信人。

原来，伯爵夫人本名叫阿达·奥古斯塔(Ada Augusta)，是英国著名诗人拜伦的独生女，1815年出生。阿达自小命运多舛，来到人世的第二年，父亲拜伦因性格不合与她的母亲离异，从此别离英国。小阿达没有继承到父亲诗一般的浪漫热情，却继承了母亲的数学才能和毅力。还是在阿达的少女时代，母亲的一位朋友领着她们去参观巴贝奇的差分机。其他女孩子围着差分机叽叽喳喳乱发议论，摸不着头脑。只有阿达看得非常仔细，她十分理解并且深知巴贝奇这项发明的重大意义。或许是这个小女孩特殊的气质，在巴贝奇的记忆里打下了较深的印记。他赶紧请阿达入座，并欣然同意与这位小有名气的数学才女共同研制新的计算机器。

就这样，在阿达27岁时，她成为巴贝奇科学研究上的合作伙伴，迷上这项常人不可理喻的"怪诞"研究。

30年的困难和挫折并没有使巴贝奇屈服，阿达的友情援助更坚定了他的决心。还在大型差分机进军受挫的1834年，巴贝奇就已经提出了一项新的更大胆的设计。他最后冲刺的目标，不是仅仅能够制表的差分机，而是一种通用的数学计算机。巴贝奇把这种新的设计叫做"分析机"，它能够自动解算有100个变量的复杂算题，每个数可达25位，速度可达每秒钟运算一次。

由于巴贝奇晚年因喉疾几乎不能说话，介绍分析机的文字主要由阿达替他完成。阿达在一篇文章里介绍说："这台机器不论在可能完成的计算范围、简便程度以及可靠性与精确度方面，或者是计算时完全不用人参与这方面，都超过了以前的机器。"巴贝奇把分析机设计得那样精巧，他打算用蒸汽机为动力，驱动大量的齿轮机构运转。巴贝奇的分析机大体上有三大部分：其一是齿轮式的"存贮库"，巴贝奇称它为"仓库"(Store)，每个齿轮可贮存10个数，齿轮组成的阵列总共能够储存1 000个50位数。分析机的第二个部件是所谓"运算室"，它被巴贝奇命名为"作坊"(Mill)，其基本原理与帕斯卡的转轮相似，用齿轮间的啮合、旋转、平移等方式进行数字运算。为了加快运算速度，他改进了进位装置，使得50位数加50位数的运算可完成于一次转轮之中。第三部分巴贝奇没有为它具体命名，其功能是以杰卡德穿孔卡中的"0"和"1"来控制运算操作的顺序，类似于电脑里的控制器。他甚至还考虑到如何使这台机器处理依条件转移的动作，比如，第一步运算结果若是“1”，就接着做乘法，若是“0”就进行除法运算。此外，巴贝奇也构思了送入和取出数据的机构，以及在“仓库”和“作坊”之间不断往返运输数据的部件。于是，为分析机编制一批函数计算程序的重担，落到了数学才女的肩头。阿达开天辟地第一次为计算机编出了程序，其中包括计算三角函数的程序、级数相乘程序、伯努利函数程序等。阿达编制的这些程序，即使到了今天，电脑软件界的后辈仍然不敢轻易改动一条指令。人们公认她是世界上第一位软件工程师。

众所周知，美国国防部据说是花了250亿美元和10年的光阴，把它所需要软件的全部功能混合在一种计算机语言中，希望它能成为军方数千种电脑的标准。1981年，这种语言被正式命名为ADA(阿达)语言，使阿达的英名流传至今。

由于得不到任何资助，巴贝奇为把分析机的图纸变成现实，耗尽了自己全部财产，弄得一贫如洗。他只好暂时放下手头的活，和阿达商量设法赚一些钱，如制作国际象棋玩具、赛马游戏机等。为筹措科研经费，他们不得不“下海”搞“创收”。最后，两人陷入了惶惶不可终日的窘境。阿达忍痛两次把丈夫家中祖传的珍宝送进当铺，以维持日常开销，而这些财宝又两次被她母亲出资赎了回来。

贫困交加，无休止的脑力劳动，使阿达的健康状况急剧恶化。1852年，怀着对分析机成功的美好梦想，软件才女英年早逝，死时年仅36岁。阿达去世后，巴贝奇又默默地独自坚持了近20年。晚年的他已经不能准确地发音，甚至不能有条理地表达自己的意思，但是他仍然百折不挠地坚持工作。1871年，为计算机事业贡献毕生精力的先驱者巴贝奇，终于满怀着对分析机无言的悲怅，孤独地离开了人世。有人把他的大脑用盐渍着保存起来，想经过若干年后，有更先进技术来研究他大脑保存的精神。

分析机终于没能造出来，巴贝奇和阿达失败了。巴贝奇和阿达的失败是因为他们看得太远，分析机的设想超出了他们所处时代至少一个世纪！社会发展的需求和科学技术发展的可能，使得他们注定要成为的悲剧人物。尽管如此，巴贝奇和阿达为电脑科学留下了一份极其珍贵的精神遗产，包括30种不同设计方案，近2 000张组装图和50 000张零件图……更包括那种在逆境中自强不息、为追求理想奋不顾身的拼搏精神。世界上第1台计算机虽然没有制成，但其基本原理于1992年后被应用于巴勒式会计计算机。

(选自MBA智库百科(http://wiki.mbalib.com/))

习 题

一、填空题

1. 社会经济统计学来源于__________；产生于__________；至今有__________的历史。

2. 统计学派主要有__________、__________、__________、__________；创始人分别是__________、__________、__________、__________。

3. 社会经济统计学的研究对象是__________，它具有__________、__________、__________和__________的特点。

4. 社会经济统计学的研究方法是______、______、______和______。

5. 一个完整的统计过程包括______、______、______三个阶段。

6. 总体是______,可分为______和______。它具有______、______、______的特征。

7. 标志表现是______。

8. 变量按变量值是否连续可分为______和______。

9. 统计指标是______,包括______、______、______、______、______、______六个构成要素。

10. 统计指标根据说明现象的内容不同可分为______和______;根据表现形式不同可分为______、______和______。

11. 统计指标具有______、______和______三个特点。

12. 数量指标是______;质量指标是______。

二、单项选择题

1. 最早的统计活动是(　　)。

①人口和土地的统计活动　②原始的调查和登记

③狩猎品和野果的计量　④简单的计算

2. 统计学之父是(　　)。

①凯特勒　②威廉·配弟

③海门尔·康令　④约翰·格朗特

3. "统计学"这个学科名称是(　　)命名的。

①数理统计学派　②政治算术学派

③国势学派　④社会统计学派

4. 把法国的古典概率引入统计学的是(　　)。

①韦特斯坦　②约翰·格朗特

③梅尔　④凯特勒

5. 从某班50名学生中抽取45名学生的统计作业进行检查,这种方法在统计中叫做(　　)。

①统计分组法　②综合指标法

③归纳推断法　④大量观察法

6. 要了解50名学生的统计课学习情况,则总体单位是(　　)。

①50名学生　②每一名学生

③50名学生的统计课成绩　④每一名学生的统计课成绩

7. 要了解某地区国营企业的劳动生产率状况,则总体是(　　)。

①该地区所有的国营企业

②该地区每一个国营企业

③该地区所有国营企业的劳动生产率

④该地区每一个国营企业的劳动生产率

8. 某单位要研究所有职工提出的合理化建议,则总体单位是(　　)。

①所有职工　　②所有合理化建议

③每一个职工　　④每一条合理化建议

9. 总体与总体单位之间的关系表现为(　　)。

①二者是固定不变的

②总体是总体单位数量标志的总和

③在一定条件下,二者是可以转化的

④总体只是由存在的数量标志的总体单位构成的

10. 三个企业的总产值分别是:10 万元、15 万元、20 万元;这三个数字是(　　)。

①指标　　②变量值

③变量　　④标志

11. 把统计指标含义理解为社会经济现象总体数量特征的概念,这是(　　)。

①不正确的理解　　②狭义的理解

③广义的理解　　④唯一的理解

12. 2004 年末,我国总人口数为 129 988 万人,这是(　　)。

①统计指标　　②数量标志

③连续变量　　④变量值

三、多项选择题

1. 要调查某市零售商店的情况,属于品质标志的有(　　)。

①所有制性质　　②营业性质

③日零售额　　④从业人员数

2. 要调查某市零售商店的情况,属于数量标志的有(　　)。

①健康状况　　②文化程度

③工龄　　④劳动生产率

3. 要调查某市零售商店的情况,属于标志表现的有(　　)。

①文化程度　　②年龄　　③30 岁

④大学　　⑤住址　　⑥女

4. 变量就是(　　)。

①品质标志　　②变异

③数量标志　　④统计指标

5. 变量值是(　　)。

①标志表现　　②数量标志的表现

③品质标志的表现　　④统计指标的数值

6. 属于连续变量的有(　　)。

①产值　　②职工人数

③职工收入　　④设备数

7. 属于连续变量的有(　　)。

①企业数　　②身高

③考试成绩　　　　　　④年龄

8. 以某市工业企业为总体，属于统计指标的有(　　　)。

①某市工业企业数　　　②某市工业总产值

③某市工人工资总额　　④某市工业劳动生产率

⑤某市企业所有制形式　⑥某市工业企业职工人数

9. 形成总体的必要条件是(　　　)。

①差异性　　　　　　　②同质性

③社会性　　　　　　　④综合性

四、判断题

1. 统计起源追溯到原始社会末期。(　　　)

2. 国势学派特点是以运用大量数字来说话为主。(　　　)

3. 社会经济统计的研究对象是社会经济现象数量多少的方面。(　　　)

4. 社会经济统计属于对社会经济现象的定量认识，但这种定量认识是以定性认识为基础的。(　　　)

5. 社会经济统计对社会经济现象总体数量方面的认识，是以对个体数量方面认识为基础的。(　　　)

6. 用100件产品的合格率推断全部产品的合格率，这种方法属于综合指标法。(　　　)

7. 人口总数、土地数都是无限总体。(　　　)

8. 数量标志可以用数值表示，也可以用文字叙述。(　　　)

9. 属性变异只限于品质标志，数值变异则限于数量标志和统计指标。(　　　)

10. 没有变异就没有统计的必要。(　　　)

11. 离散型变量只能取整数，不可能有小数。(　　　)

12. 凡是统计指标都可以用数值表示，若不能用数值表示的就不叫统计指标。(　　　)

13. 统计指标可以用数值表示，所以它同数学中的数值没有区别。(　　　)

14. 数量指标和质量指标的根本区别在于数量大小不同。(　　　)

15. 数量指标多以绝对数形式表现，质量指标多以相对数、平均数形式表现。(　　　)

16. 在研究总体时，要用质量指标了解总体的绝对数量大小及其发展变化，还要用数量指标了解总体内部数量关系及其发展变化。(　　　)

17. 变量与变量值的主要区别是变量不能相加平均，而变量值则可以相加平均。(　　　)

18. 某工厂作为个体时，则该工厂工业总产值是数量标志；若该工厂作为总体时，则该工厂工业总产值是统计指标。(　　　)

19. 某商店作为个体时，则该商店零售额是统计指标；若该商店作为总体时，则该商店零售额是数量标志。(　　　)

五、问答题

1. 什么是统计？

2. 标志同指标有什么区别和联系？

3. 什么是统计指标体系？它的形式和作用是什么？

第二章　统计调查

教学目的和要求　通过本章学习，要理解统计调查的概念和要求，明确统计调查的各种分类；重点掌握统计调查的主要方法、特点以及适用场合；掌握问卷设计的基本技术，能设计比较简单的调查表；掌握设计统计调查方案的步骤及其方法。

关键词　统计调查　抽样调查　统计报表

引导案例

历史故事　河中石兽

沧州的南面，有座寺庙紧靠河边，山门崩塌在河里，两只石兽也一道沉下去了。过了十多年，和尚募集了一些钱，要重新修理山门，便派人到河里去打捞那两只石兽，竟然找不到影子。人们以为石兽顺着河水流到下游去了，驾着好几只小船，拖着铁钯，寻找了十多里，也不见踪迹。

有个教书的在庙里设馆讲学，听到人们寻找石兽的情况，就笑着说："你们不会推求事物的道理。这石兽又不是木片儿，难道能被暴涨的洪水带走么？石头的质地坚硬沉重，沙性松浮，石兽湮没在沙地上，自然越沉越深啦。沿着河岸往下寻找，不是很可笑么？"大家都相信这种说法是正确的。

有位老河兵听见了，就笑着说："大凡掉到河里的石头，都应当到上游去寻找。因为石头的质地坚硬沉重，而沙性松浮，河水冲不动石头；它的反冲力一定会在石头下面迎水的地方，把沙土冲成陷坑，越冲越深，冲到石头半截空着时，石头必定翻过来落在陷坑里。像这样河水再次把沙冲成陷坑，石头又再次转翻过来，转翻不停，石头就反而逆流而上了。到河的下游寻找石兽，固然可笑；到地下寻找，不是更可笑么？"人们按照老兵的话去寻找，果然在几里外的上游找到了这两只石兽。

历史故事分析　石兽沉在什么地方，过了十几年，还是到什么地方去寻找，这是把复杂的问题设想得太简单了。对于石兽、流水、河沙三者的性质以及它们之间的相互关系没有考虑到。到下游去找，流水这个因素考虑到了，但是石头、河沙这两个因素没有考虑到。有些东西是可以顺流而下的，这是一般的规律，但是像石兽这样沉重的东西，能不能顺流而下，就没有具体分析。讲学家想到了流水不能直接冲动石头，但没有认识到流水的"反激之力"能够冲动河沙，在他看来，石兽沉落在"暴涨"的河水中，同沉落在死水潭里是一样的，这样，他就得出了石兽越沉越深的错误结论。老河兵则找出了石兽在河中的运动规律，也就是石兽、河沙、流水三者的性质以及它们在运动中相互作用的微妙的客观规律，因此真正解决了问题，找到了石兽。

（选自 Google 网络文章）

故事启示　没有调查就没有发言权，主观臆断，只能得出错误结论；在调查研究中，一定要找出事物的发展规律，并运用客观规律来指导自己的行动。因此，学习掌握统计调查的方法对认识社会经济现象的发展规律具有重要意义。

第一节 统计调查概述

一、统计调查的含义

统计调查就是根据调查的任务和要求，采取科学的调查方法，有目的、有计划、有组织地及时收集各项反映社会经济活动和科学试验成果的统计资料的过程。对统计资料的收集既可以是对原始资料的收集，也可以对次级资料进行调查。

原始资料是指对调查单位收集的没有经过汇总整理，需要由个体过渡到总体的统计资料。次级资料是对原始资料进行了一定加工、整理的资料。

统计调查在统计工作的整个过程中，担负着提供基础资料的任务，所有的统计计算和统计研究都是在原始资料收集的基础上建立起来的。因此，统计调查是统计工作的基础环节，是统计分析的前提。只有搞好统计调查，才能保证统计工作达到对于客观事物规律性的认识。并从而预测未来，统计资料还是制定政策的依据，并据此检查和监督政策的贯彻执行情况。

二、统计调查的基本要求

根据统计制度方法的统一规定，统计调查必须达到准确、及时、全面的基本要求，做到数字准确、全面；数据反映及时。

(一)准确性

统计调查的准确性是指提供的统计资料必须符合客观实际情况，保证各项统计资料真实可靠。实事求是是统计工作的生命线。

(二)及时性

统计调查的及时性是指要及时上报已完成的各项统计调查资料，从时间上满足各部门对统计资料的需求。各项调查资料不但要求准确，而且需要及时，这是显而易见的，因为过时的资料落在了形势发展的后面，失去时效起不到统计的作用。

(三)确定全面性

统计调查的全面性是指所收集的原始资料内容全面、完整，能反映总体的全貌，具体要求各个调查单位不得遗漏和各报告单位应填报的项目不得遗漏。

第二节 统计调查方案的设计

在统计调查工作正式开始之前，应当事先设计一个切实可行、周密细致的数据收集方案，以指导整个调查工作，使调查得以顺利地实施和完成。数据收集方案又称调查方案，它是指导整个调查过程的纲领性文件，其内容主要包括以下几个方面。

(一)调查目的

在调查方案中首先明确本次调查的目的、任务和意义。调查目的是调查所要达到的具体目标，它所回答的是“为什么调查”，要解决什么样的问题，具有什么样的社会经济意义等。这些问题明确之后，我们才能确定向谁调查、调查什么以及采用什么方法进行调查。

（二）确定调查对象和调查单位

确定调查对象和调查单位就是要确定“向谁调查”，由谁来提供所需数据的问题。所谓调查对象是根据调查的目的确定的调查研究总体。所谓调查单位是指所要调查的具体单位，即构成调查单位中的每一个单位，它是调查项目、标志承担体和载体，是我们收集数据、分析数据的基本单位。

（三）确定调查项目和调查表

调查项目是调查的具体内容，它可以是调查单位的数量特征。如一个人的年龄、收入，一家企业的产量、产值等；也可以是调查单位的某种属性或品质特性，如一个人的性别、职业，一家企业所属的行业类别等。

调查表又称问卷或询问表，是以问题的形式系统地记载调查内容的一种表格。问卷可以是表格式、卡片式或簿记式。设计问卷是询问调查的关键。完美的问卷必须具备两个功能，即能将问题传达给被问的人和使被问者乐于回答。要完成这两个功能，问卷设计时应当遵循一定的原则和程序，运用一定的技巧。

（四）确定调查时间

统计调查时间包括两种含义，即调查时间和调查期限。调查时间是指调查资料所属的时间，在统计调查中，如果所调查的是时间现象，就要明确规定调查资料所反映的起始和截至时间。调查期限是指进行调查工作的时限，包括收集资料和报送资料工作所需的时间，应尽可能缩短。

（五）制订调查工作的组织设施计划

制订调查工作的组织设施计划包括：调查人员的选择、组织和培训；调查表格、问卷、调查员平时的印刷、必备工具的准备等；调查经费来源和开支预算等。

第三节　统计调查的种类

一、按调查对象包括的范围不同分类

统计调查按调查对象包括的范围不同，可分为全面调查和非全面调查。

（1）全面调查：对构成总体的所有单位进行的调查。如：普查。

（2）非全面调查：对构成总体的一部分单位进行的调查。如：典型调查、重点调查、抽样调查。

二、按调查的组织形式不同分类

统计调查按调查的组织形式不同，可分为统计报表和专门调查。

（1）统计报表：按照一定的表式和要求，自上而下地统一布置，自下而上地提供统计资料的一种定期的调查方式。如：农业统计报表制度、工业统计报表制度。

（2）专门调查：为研究某些专门问题而由调查单位组织的多属一次性调查。如：普查、抽样调查、典型调查、重点调查。

三、按调查登记的时间是否连续分类

统计按调查登记的时间是否连续可分为经常性调查和一次性调查。

(1)经常性调查:随着现象的不断变化而连续不断地进行登记。如:产品产量、原材料消耗量等。其数值变动很大。

(2)一次性调查:间隔一定时间(一般为一年以上)对现象进行调查登记。如:人口数、固定资产总值、生产设备数等。其数值变动不大。

四、按收集资料的方法不同分类

统计按收集资料的方法不同,可分为直接观察法、报告法、采访法、问卷法。

(一)直接观察法

直接观察法也称实地观察法,是由调查人员亲自到达现场,对调查对象直接进行观察、检验、数量、点数,以取得所需要的统计资料的一种调查方法。如:商业企业的盘点工作。直接观察法,可以获得大量真实的第一手资料,是获得感性认识和发现问题的重要途径,能够保证所收集资料的准确性。但在某些情况下,这种方法也有局限性。如:对宏观情况的调查;对历史资料的收集,就不能采用直接观察法。

(二)报告法

报告法是由被调查单位利用各种记录和核算资料,按照统一的要求和表格形式,向有关部门提供统计资料的方法。各企业、事业单位所填报的统计报表,就属于这种调查方法。

(三)采访法

采访法是由调查人员向被调查者提出所要了解的问题,然后根据被调查者的答复来取得统计资料的一种调查方法。其具体形式有开调查会和个别深度访问两种。

(1)调查会,也称集体访谈法,它是将一组受访者集中在调查现场,让他们对调查的主题(如一种产品、一项服务或其他话题等)发表意见,从而获取调查资料的一种方法。通过座谈会,研究人员可以从一组受访者那里获得所需的定性资料,这些受访者与研究主题有某种程度上的关系。为获得此类资料,研究人员通过严格的甄别程序选取少数受访者,围绕研究主题以一种非正式的、比较自由的方式进行讨论。参加座谈会的人数不宜太多,通常有 6 至 10 人,通过小组讨论,在彼此间交流的环境里,各个受访者之间相互影响、相互启发、相互补充,并在座谈过程中不断修正自己的观点,从而有利于取得较为广泛、深入的想法和意见。座谈会的另一个优点是不会因为问卷过长遭到拒访。

(2)个别深度访问。深度访问是一次只有一名受访者参加的特殊的定性研究。“深访”这一术语也暗示着要不断深入受访者的思想当中,努力发掘其行为的真实动机的意思。调查人员运用大量的追问技巧,尽可能让受访者自由发挥,表达他的想法和感受。深度访问常用于动机研究,如消费者购买某种产品的动机等,以发掘受访者非表面化的深层意见。这一方法最宜于研究较隐秘的问题,如个人隐私问题,或较敏感的问题,如政治性的问题。

（四）问卷法

问卷法是调查者运用统一设计的问卷向被调查者了解情况、收集资料的一种调查方式。它可以是由被调查者按调查项目自己填写调查表。也可以是调查者按调查表项目向被调查者提问，然后根据调查者的回答填写调查表。其具体形式有以下几种。

1. 访问调查

访问调查又称派员调查，它是调查者与被调查者通过面对面地交谈从而得到所需资料的调查方法。访问调查的方式有标准式访问和非标准式访问两种。标准式访问又称结构式访问，它是按照调查人员事先设计好的、有固定格式的标准化问卷，有顺序地依次提问，并由受访者做出回答；非标准式访问又称非结构式访问，它事先不制作统一的问卷或表格，没有统一的提问顺序，调查人员只是给一个题目或提纲，由调查人员和受访者自由交谈，以获得所需的资料。

2. 邮寄调查

邮寄调查是通过邮寄或其他方式将调查问卷送至被调查者，由被调查者填写，然后将问卷寄回或投放到指定收集点的一种调查方法。邮寄调查是一种标准化调查，其特点是调查人员和被调查者没有直接的语言交流，信息的传递完全依赖于问卷。邮寄调查的问卷发放方式有邮寄、宣传媒介传送、专门场所分发三种。

邮寄调查的基本程序是：在设计好问卷的基础上，先在小范围内进行预调查，以检查问卷设计中是否存在问题，以便纠正，然后选择一定的方式将问卷发放下去，进行正式的调查，再将问卷按预定的方式收回，并对问卷进行处理和分析。

3. 电话调查

电话调查是调查人员利用电话同受访者进行语言交流，从而获得信息的一种调查方式。电话调查具有时效快、费用低等特点。随着电话的普及，电话调查的应用也越来越广泛。电话调查可以按照事先设计好的问卷进行，也可以针对某一专门问题进行电话采访。用于电话调查的问题要明确，问题数量不宜过多。

4. 网上调查

网上调查在20世纪90年代开始热门起来，发展也很迅速，其优点表现在以下几个方面：

（1）速度快。由于省略了印制、邮寄和数据录入后过程，问卷的制作、发放及数据的回收速度均得以提高，可以短时间内完成问卷并统计结果及报表。

（2）费用低。印刷、邮寄、录入及调研员的费用都被节省下来，易获得连续性数据。随着网上固定样本调研的出现，调研员能够通过跟踪受访者的态度、行为和时间进行纵向调研。复杂的跟踪软件能够做到根据上一次的回答情况进行本次问卷的筛选，而且还能填补落选项目；调研内容设置灵活；调研群体大。网上可以接触很多人。

（3）可视性强。即它们在视觉效果上能够吸引人，互联网的图文及超文本特征可以用来展示产品或介绍服务内容。

但是网上调查也有以下缺点：

（1）代表性问题。就是上网的人不能代表所有人口。使用者性别、教育水平、技术水平、收入水平各不相同。

（2）安全性问题。现在很多使用者为私人信息的安全性担忧，提高安全性仍是互联网有待解决的重要问题。

（3）无限制样本问题。是指网上的任何人都能填写问卷。它完全是自我决定的，很有可能除网虫外并不代表任何人。如果同一个人重复填写问卷的话，问题就变得复杂了。

第四节 统计调查的组织形式

一、统计报表

统计报表是一种以全面调查为主的调查方式，它是由政府主管部门根据统计调查的目的，以统计表格形式和行政手段自上而下布置，然后由企、事业单位自下而上层层汇总上报，逐级提供基本统计数据的一种调查方式。它的任务是经常地、定期地收集反映国民经济和社会发展基本情况的资料，为各级政府和有关部门制订国民经济和社会发展计划，以及检查计划执行情况服务。

统计报表按其性质和要求不同，有如下几种分类。

（1）按报表内容和实施范围不同，分为国家统计报表、部门统计报表和地方统计报表。

国家统计报表是国民经济基本统计报表，由国家统计部门统一制发，用以收集全国性的经济和社会基本情况，包括农业、工业、基建、物资、商业、外贸、劳动工资、财政等方面最基本的统计资料。部门统计报表是为了适应各部门业务管理需要而制定的专业技术报表。地方统计报表是针对地区特点而补充制定的地区性统计报表，是为本地区的计划和管理服务的。

（2）按报送周期长短不同，分为日报、旬报、季报、半年报和年报。周期短的，要求资料上报迅速，填报的项目比较少；周期长的，内容要求全面一些；年报具有年末总结的性质，反映当年中央政府的方针、政策和计划贯彻执行情况，内容要求更全面和详尽。

（3）按填报单位不同，分为基层统计报表和综合统计报表。基层统计报表是由基层企、事业单位填报的报表；综合统计报表是由主管部门或部门根据基层报表逐级汇总填报的报表。

统计报表具有以下三个显著的优点：

（1）统计报表是根据国民经济和社会发展宏观管理的需要而周密设计的统计信息系统，从基层单位日常业务的原始记录和台账（即原始记录分门别类的系统积累和总结）到包含一系列登记项目和指标，都可以力求规范和完善，使调查资料具有可靠的基础，保证资料的统一性，便于在全国范围内汇总、综合。

（2）统计报表是依靠行政手段执行的报表制度，要求严格按照规定的时间和程序上报，因此具有100%的回收率；而且填报的项目和指标具有相对的稳定性，可以完整地积累形成时间序列资料，便于进行历史对比和社会经济发展变化规律的系统分析。

（3）统计报表既可以越级汇总，也可以层层上报、逐级汇总，以便满足各级管理部门对主管系统和区域统计资料的需要。

统计报表是以生产资料公有制为基础，适应政府管理职能的需要而产生和发展起来的，曾经是高度集中的计划经济体制不可分割的组成部分。作为一种全面的基本情况的调查方式，经过调整和改进，同样也是社会主义市场经济体制下国家对国民经济和社会发展进行计划管理和宏观调控的重要工具，是政府统计执行其“信息、咨询和监督”基本职能的主要手段。

统计报表的资料来源于基层单位的原始记录。原始记录是基层单位以一定表格、凭证、账册对本单位经济活动的具体内容及状况所作的直接记录。所谓直接记录，是指“第一次记录”，凡是转录和推算、估计的资料均不视为原始记录。表2-1为工业生产、销售总量及主要产品产量月报表。

表2-1　工业生产、销售总量及主要产品产量月报　　年　月

企业名称______________
企业代码□□□□□□□□□□□□□□
经济类型______________
是否乡办企业______________
主管机关______________
工业行业小类______________
轻工业或重工业______________
是否大中型企业______________

表　　号:国工定基02表
制表机关:国家统计局
文　　号:统制字(　　)号

指标名称	计量单位	本月	本年本月止累计	去年同月止累计
甲	乙	1	2	3
工业总产值(按不变价格计算)	万元			
工业总产值(按现行价格计算)	万元			
工业销售产值(按不变价格计算)	万元			
工业销售产值(按现行价格计算)	万元			
其中:出口交货值	万元			
自行车	辆			
⋮				

企业负责人签章________　主管部门负责人签章________　填表人签章________　日期:　年　月　日

原始记录记载着基层单位生产和经营活动的最初资料，各种基层统计表的指标数值都依据有关原始记录计算获得。因此，原始记录的质量直接决定着统计报表数字的准确性。基层单位实行经济核算所需要的资料，无论是统计核算、会计核算还是业务核算的资料都来源于原始记录。可见，建立和健全原始记录是贯彻执行统计报表制度的重要条件。

原始记录的范围十分广泛，形式、内容也不相同。按其内容原始记录可以概括为两类：一类是生产活动的原始记录，加工业的成品入库单、出库单、下料单、设备变动记录及工人的考勤表、工时表等；另一类是反映经营活动状况的记录，如物资企业的验收入库单、销货票、物资调拨单、物资盘点表及各类账、卡、册等。

利用原始记录编制统计报表或积累统计资料，通常需要设置统计台账。所谓统计台账，是按照统计报表和统计核算工作的需要，以一定表格形式，将分散的原始记录资料按

时间顺序进行经济登记和整理的一种表册。统计台账可以使原始记录系统化、条理化、档案化。基层企业科学地设置统计台账,按时间顺序(旬、月、季)分类登记可以提高统计报表的准确性、及时性;可以保持资料的完整性、系统性;可以系统积累统计资料,并随时更正差错;还可以随时为各级领导提供日常经营活动、生产活动需用的资料。统计台账种类很多,可分班组、车间、企业、公司和局统计台账,也可分专业和综合台账。表2-2就是一种台账。

表2-2　车间工时利用情况台账

车间:　　　　　　　　　　　　年　月　　　　　　　　　　　　单位:工时

日期	出勤			缺勤					停工						加班加点	实际工作	备注
	小计	甲班	乙班	小计	病	伤	事		小计	设备损坏	待料	无动力	开会				
合计																	

利用统计台账,将原始记录每旬汇总记录在台账内,把编制报表的很大部分工作分散在平时进行,便于期末汇总编表,提高统计报表的及时性。

厂内报表是基层单位统计人员为适应本单位管理需要而编制的反映本企业内部生产、管理等活动的统计表。所以,统计报表资料来源于企业原始记录、统计台账和厂内报表这三个方面。

二、普查

普查是为了某种特定的目的而专门组织的一次性的全面调查,用以收集重要国情国力和资源状况的全面资料,为政府制定规划、方针政策提供依据,如人口普查、科技人员普查、工业普查、物资库存普查等。普查多半是在全国范围内进行的,而且所要收集的是经常的、定期的统计报表所不能提供的更为详细的资料,特别是诸如人口、物资等时点的数据。

普查的组织方式一般有两种:一种是建立专门的普查机构,配备大量的普查人员,对调查单位进行直接的登记,如人口普查等;另一种是利用调查单位的原始记录和核算资料,颁发调查表,由登记单位填报,如物资库存普查等。这种方式比第一种简便,适用于内容比较单一、涉及范围较小的情况,特别是为了满足某种紧迫需要而进行的"快速普查",就可以采用这种方式,它由登记单位将填报的表格越过中间一些环节直接报送到最高一级机构集中汇总。例如,我国采取第一种方式普查的有:1953年第一次全国人口普查,1995年私营商业及饮食业普查,1964年第二次全国科技售货员普查,1977年全民所有制单位实际用工人数普查,1978年全国科技人员普查,1982年第三次全国人口普查,1990年全国第四次人口普查,2000年第五次人口普查等。采取上述第二种方式普查的有:1954年黑色金属、有色金属和木材库存普查,1954年以后所进行的多次物资库存普查,1985年第二次全国工业普查等。

普查作为一种特殊的数据收集方式，具有以下几个特点：

(1)普查通常是一次性的或周期性的。由于普查涉及面广、调查单位多，需要耗费大量的人力、物力和财力，通常需要间隔较长的时间，一般每隔10年进行一次。如我国的人口普查从1953年至2000年共进行了五次。今后，我国的普查将规范化、制度化，即每逢末尾数字为"0"的年份进行人口普查，每逢"3"的年份进行第三产业普查，每逢"5"的年份进行工业普查，每逢"7"的年份进行农业普查，每逢"1"或"6"的年份进行统计基本单位普查。

(2)规定统一的标准时点。标准时点是指对被调查对象登记时所依据的统一时点。调查资料必须反映调查对象的这一时点上的状况，以避免调查时因情况变动而产生重复登记或遗漏现象。例如，我国第五次人口普查的标准时点为2000年11月1日0时，就是要反映这一时点上我国人口的实际状况；农业普查的标准时点定为普查年份的1月1日0时。

(3)规定统一的普查期限。在普查范围内各调查单位或调查点尽可能同时进行登记，并在最短的期限内完成，以便在方法和步调上保持一致，保证资料的准确性和时效性。

(4)规定普查的项目和指标。普查时必须按统一规定的项目和指标进行登记，不准任意改变或增减，以免影响汇总和综合，降低资料质量。同一种普查，每次调查的项目和指标应力求一致，以便进行历次调查资料的对比分析和观察社会经济现象发展变化情况。

(5)普查的数据一般比较准确，规范化程度也较高，因此它可以为抽样调查或其他调查提供基本依据。

(6)普查的使用范围比较窄，只能调查一些最基本及特定的现象。

三、重点调查

重点调查是专门组织的一种非全面调查，它是在总体中选择个别的或部分重点单位进行调查，以了解总体的基本情况。所谓重点单位，是指在总体中具有举足轻重地位的单位。这些单位虽然少，但它们调查的标志值在总体标志总量中占有绝大比重，通过对这些单位的调查，就能掌握总体的基本情况。例如，鞍钢、武钢、首钢、包钢和宝钢等特大型钢铁企业，虽然在全国钢铁企业中只是少数，但它们的产量却占全国钢铁产量的绝大比重。对这些重大企业进行调查，便能省时省力而且及时地了解全国钢铁生产的基本情况，满足调查任务的要求。

重点调查的优点在于调查单位少，可以调查较多的项目的指标，了解较详细的情况，取得及时的资料，使用较少的人力和时间，取得较好的效果，当调查任务只要求掌握总体的基本情况，而且总体中确实存在重点单位时，采用重点调查是比较适宜的。但必须指出，由于重点单位与一般单位的差别较大，通常不能由重点调查的结果来推算整个调查对象的总体指标。

重点调查的关键问题是确定重点单位，首先重点多少，要根据调查任务确定。一般来说，选出的单位应尽可能少些，而其标志值在总体中所占比重应尽可能大些，其基本标准是所选出的重点单位的标志必须能够反映研究总体的基本情况。其次选择重点单位时，要注意重点是可以变动的，即要看到，一个单位在某一问题上是重点，而在另一问题上不一定是重点；在某一调查总体上是重点，在另一调查总体中不一定是重点；在这个时期是重点，在另一时期不一定是重点。因此，对不同问题的重点调查，或同一问题不同的重点调查,要随着情况的变化而随时调整重点单位。当然,选中的单位应是管理健全、统计基础工作较好的单位,以有利于统计调查的实施。

重点调查主要采取专门调查的组织形式,有时也可以颁发定期统计报表,由调查的重点单位填报,定期观察这些重点单位的主要技术经济指标的完成情况及其变动,重点调查收集资料的方法,主要指用以企事业单位的原始资料为依据的报告法。

四、典型调查

典型调查也是专门组织的一种非全面调查,它是根据调查研究的目的和要求,在对总体进行全面分析的基础上,有意识地选择其中有代表性的典型单位进行深入细致的调查,借以认识事物的本质特征、因果关系和发展变化的趋势。所谓有代表性的典型单位,是指那些最充分、最集中地体现总体某方面共性的单位。只要客观地、正确地选择典型单位,通过对典型单位的深入细致的调查,既收集详细的第一手数字资料,又掌握生动具体的情况,就可以获得对总体本质特征的深刻认识,特别是对一些复杂的社会经济问题的研究,典型调查可以了解得更深入、更具体、更详尽。

典型调查具有以下两个突出的作用。

(1)研究尚未充分发展、处于萌芽状况的新生事物或某种倾向性的社会问题。通过对典型单位深入细致的调查,可以及时发现新情况、新问题,探测事物发展变化的趋势,形成科学的预见。

(2)分析事物的不同类型,研究它们之间的差别和相互关系。例如,通过调查可以区别先进事物与落后事物,分别总结它们的经验教训,进一步进行对策研究,促进事物的转化与发展。

典型调查的中心问题是如何正确选择典型单位。选择典型单位必须依据正确的理论进行全面的分析,切忌主观片面性和随意性;它不仅要求调查者有客观的、正确的态度,而且要有科学的方法。根据不同的研究目的和要求,有以下三种选典方法。

(1)“解剖麻雀”的方法。这种选典方法适用于总体内各单位差别不太大的情况。通过对个别代表性单位的调查,即可估计总体的一般情况。

(2)“划类选典”的方法。总体内部差异明显,但可以划分为若干个类型组,使各类型组内部差异较小。从各类型组中分别抽选一两个具有代表性的单位进行调查,即称为划类选典。这种调查既可用于分析总体内部各类型特征,以及它们的差异和联系,也可综合各种类型对总体情况做出大致的估计。

(3)“抓两头”的方法。从社会经济组织管理和指导工作的需要出发,可以分别从先进单位和落后单位中选择典型,以便总结经验和教训,带动中间状态的单位,推动整体的发展。

五、抽样调查

抽样调查是实际中应用最广泛的一种调查方法,它是从调查对象的总体中随机抽取一部分单位作为样本进行调查,并根据样本调查结果来推断总体数量特征的一种非全面调查方法。详细内容在第七章介绍。

第五节 统计调查误差

一、统计调查误差的种类

统计数据的准确性是统计工作的生命，提高统计数据质量是统计工作的重中之重。然而，由于各种原因均会造成统计数据的不准确，从而产生统计误差。所谓统计误差，是指统计数据与客观现象的真实数量之间的离差。

（一）按产生的原因分类

统计误差按产生的原因不同，可分为登记性误差和代表性误差两种。

（1）登记性误差，是指在统计活动过程中，由于各种主观原因和客观原因引起的诸如测量错误、记录错误、汇总错误、计算错误、过录错误等而发生的统计误差。登记性误差又分为故意性登记误差和非故意性登记误差。人为误差是统计误差中产生因素最多的一类，它又分为度量性误差、知识性误差、态度性误差和干扰性误差。度量性误差是指统计指标因计量或者从生产量到价值量换算所产生的误差；知识性误差是指统计人员因统计知识不够，对统计指标的含义不理解或错误理解所产生的误差；态度性误差是指统计人员因对统计工作不负责而随意填报统计数据而产生的误差，包括乱报、漏填或不按规定的计量单位填报等；干扰性误差是指统计对象或统计部门受某种利益驱动而虚报、漏报或者捏造统计数据所形成的误差。

（2）代表性误差，是指总体中部分单位的特征不足以代表总体全部单位的特征而产生的统计误差。代表性误差也有两种，即系统性误差和偶然性误差。系统性误差又称为偏差，它是由于调查时没有遵循随机原则而产生的代表性误差。偶然性误差又称随机误差，是指在遵循随机原则条件下，由于抽中的样本各单位被研究标志的特征与总体有些出入而造成的代表性误差。

（二）按工作环节分类

统计误差按工作环节不同，可分为源头误差、中间环节误差和最终误差三种。

（1）源头误差，是指起报单位或申报者所产生的误差；

（2）中间环节误差，是指统计调查数据在逐级上报过程中所产生的误差，包括加工整理、汇总和推算等环节；

（3）最终误差，是指下级各基层数据汇总数或规范的方法得到的推算数与最终使用数之间的差异值。按工作环节划分的统计误差类别是相对的，中间环节误差在不同的场合有可能是源头误差，也可能是最终误差。

二、统计调查误差的防范方法

从微观方面，为了消除登记误差，可以加强对调查人员的业务培训，提高其素质；合理设计调查表，不使被调查者产生误解；采用合适的调查组织形式，尽量避免人为因素的干扰。代表性误差是不可避免的，但可以通过按随机原则抽取样本，或适当扩大样本容量的方法加以控制。从宏观方面，要建立必要的指标体系和评价方法，要广泛使用数理统计中的假设检验方法，完善统计指标体系及其计算方法；在统计体制上必须进行彻底的变革。加大统计执法力度，保证源头数据的准确性。对弄虚作假的单位要坚决严肃查处，在立法上罚款数额应该大幅增加，严重的甚至追究刑事责任，以威慑统计违法者，逐步建立全社会的统计诚信体系。

本章知识结构图如下：

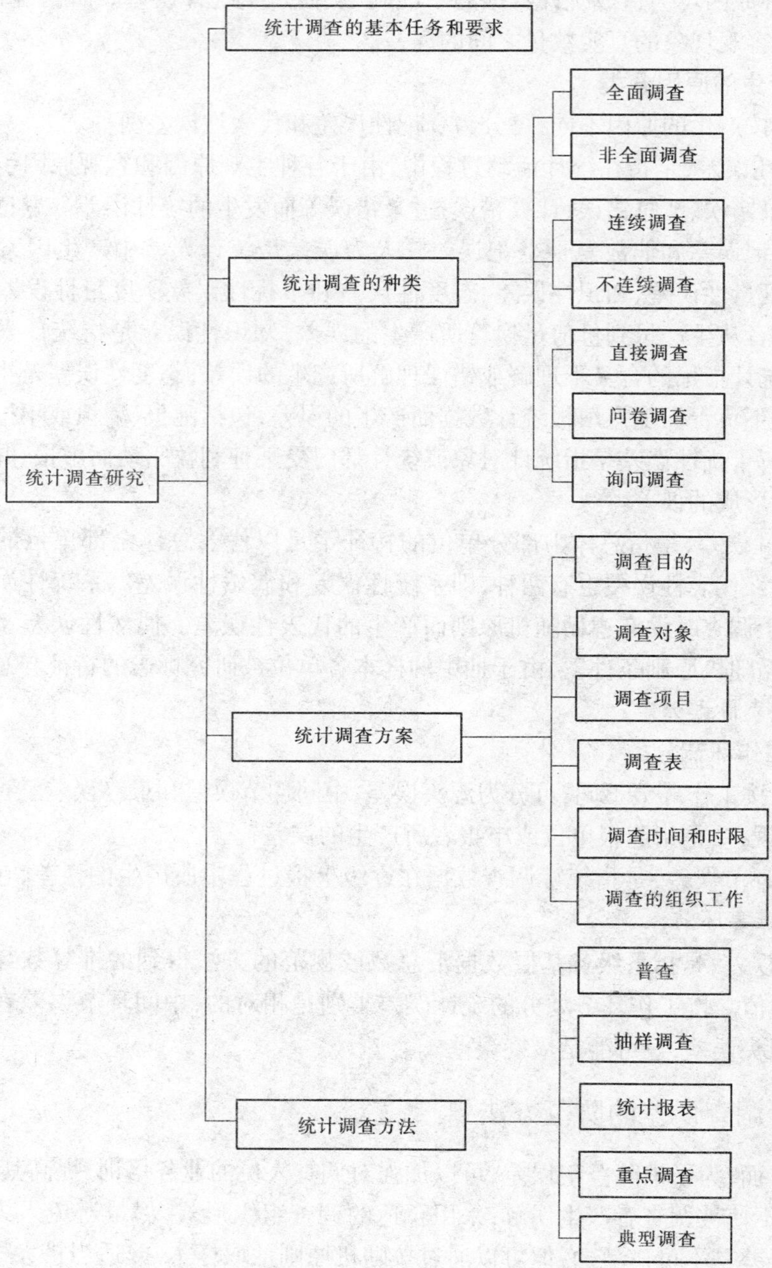

阅读材料1

调查问卷的设计

问卷又称调查表或询问表,是以问题的形式系统地记载调查内容的一种印件。设计问卷是询问调查的关键。完美的问卷必须具备两个功能,即能将问题传达给被问的人和使被问者乐于回答。要完成这两个功能,问卷设计时应当遵循一定的原则和程序,运用一定的技巧。

一、问卷设计的原则

(1)有明确的主题。根据调查主题,从实际出发拟题,问题目的明确,重点突出,没有可有可无的问题。

(2)结构合理,逻辑性强。问题的排列应有一定的逻辑顺序,符合应答者的思维程序。一般是先易后难、先简后繁、先具体后抽象。

(3)通俗易懂。问卷应使应答者一目了然,并愿意如实回答。问卷中语气要亲切,符合应答者的理解能力和认识能力,避免使用专业术语。对敏感性问题采取一定的技巧调查,使问卷具有合理性和可答性,避免主观性和暗示性,以免答案失真。

(4)控制问卷的长度。回答问卷的时间控制在20分钟左右,问卷中既不浪费一个问句,也不遗漏一个问句。

(5)便于资料的校验、整理和统计。

二、问卷设计的程序

(1)确定主题和资料范围。根据调查目的的要求,研究调查内容、所需收集的资料及资料来源、调查范围等,酝酿问卷的整体构思,将所需要的资料一一列出,分析哪些是主要资料,哪些是次要资料,哪些是可要可不要的资料,淘汰那些不需要的资料,再分析哪些资料需要通过问卷取得、需要向谁调查等,并确定调查地点、时间及对象。

(2)分析样本特征。分析了解各类调查对象的社会阶层、社会环境、行为规范、观念习俗等社会特征,需求动机、潜在欲望等心理特征,理解能力、文化程序、知识水平等学识特征,以便针对其特征来拟题。

(3)拟定并编排问题。首先构想每项资料需要用什么样的句型来提问,尽量详尽地列出问题,然后对问题进行检查、筛选,看它有无多余的问题,有无遗漏的问题,有无不适当的问句,以便进行删、补、换。

(4)进行试问试答。站在调查者的立场上试行提问,看看问题是否清楚明白,是否便于资料的记录、整理;站在应答者的立场上试行回答,看看是否能答和愿意回答所有的问题,问题的顺序是否符合思维逻辑。估计回答时间是否合乎要求。有必要在小范围进行实地试答,以检查问卷的质量。

(5)修改、付印。根据试答情况,进行修改,再试答,再修改,直到完全合格以后才定稿付印,制成正式问卷。

三、问题的形式

(一)开放式

开放式问题又称无结构的问答题。在采用开放式问题时，应答者可以用自己的语言自由地发表意见，在问卷上没有已拟定的答案。

例如：您抽香烟多久了？您喜欢看哪一类的电视节目？

显然，应答者可以自由回答以上的问题，并不需要按照问卷上已拟定的答案加以选择，因此应答者可以充分地表达自己的看法和理由，并且比较深入，有时还可获得研究者始料未及的答案。通常而言，问卷上的第一个问题采用自由式问题，让应答者有机会尽量发表意见，这样可制造有利的调查气氛，缩短调查者与应答者之间的距离。

然而，开放式问题亦有其缺点。例如调查者的偏见，因记录应答者答案是由调查者执笔，极可能失真，或并非应答者原来的意思。如果调查者按照他自己的理解来记录，就有出现偏见的可能。但这些不足可运用录音机来弥补。开放式问题的第二个主要缺点是资料整理与分析的困难。由于各种应答者的答案可能不同，所用字眼各异，因此在答案分类时难免出现困难，整个过程相当耗费时间，而且免不了夹杂整理者个人的偏见。因此，开放式问题在探索性调研中是很有帮助的，但在大规模的抽样调查中，它就弊大于利了。

(二)封闭式

封闭式问题又称有结构的问答题。封闭式问题与开放式问题相反，它规定了一组可供选择的答案和固定的回答格式。

例如：你购买“立白”牌洗衣粉的主要原因是(选择最主要两种)：

(1)洗衣较洁白；

(2)售价较廉；

(3)任何商店都有出售；

(4)不伤手；

(5)价格与已有的牌子相同，但分量较多；

(6)朋友介绍。

封闭式问题的优点包括以下几个方面：

(1)答案是标准化的，对答案进行编码和分析都比较容易；

(2)回答者易于作答，有利于提高问卷的回收率；

(3)问题的含义比较清楚。因为所提供的答案有助于理解题意，这样就可以避免回答者由于不理解题意而拒绝回答。

封闭式问题也存在一些缺点：

(1)回答者对题目不正确理解的，难以觉察出来；

(2)可能产生“顺序偏差”或“位置偏差”，即被调查者选择答案可能与该答案的排列位置有关。研究表明，对陈述性答案被调查者趋向于选第一个或最后一个答案，特别是第一个答案。而对一组数字(数量或价格)则趋向于取中间位置的。为了减少顺序偏差，可以准备几种形式的问卷，每种形式的问卷答案排列的顺序都不同。

四、问卷调查设计技巧

(一)事实性问题

事实性问题主要是要求应答者回答一些有关事实的问题。例如:你通常什么时候看电视?

事实性问题的主要目的在于求取事实资料,因此问题中的字眼定义必须清楚,让应答者了解后能正确回答。

市场调查中,许多问题均属事实性问题,例如应答者个人的资料:职业、收入、家庭状况、居住环境、教育程度等。这些问题又称为分类性问题,因为可根据所获得的资料而将应答者分类。在问卷之中,通常将事实性问题放在后边,以免应答者在回答有关个人的问题时有所顾忌,因而影响以后的答案。如果抽样方法是采用配额抽样,则分类性问题应置于问卷之首,否则不知道应答者是否符合样本所规定的条件。

(二)意见性问题

在问卷中,往往会询问应答者一些有关意见或态度的问题。

例如:你是否喜欢××电视节目?

意见性问题事实上即态度调查问题。应答者是否愿意表达他真正的态度,固然要考虑,而态度强度亦有不同,如何从答案中衡量其强弱,显然也是一个需要克服的问题。通常而言,应答者会受到问题所用字眼和问题次序的影响,即不同反应,因而答案也有所不同。对于事实性问题,可将答案与已知资料加以比较。但在意见性问题方面则较难作比较工作,因应答者对同样问题所作的反应各不相同。因此,意见性问题的设计远较事实性问题困难。这种问题通常有两种处理方法:其一是对意见性问题的答案只用百分比表示,例如有的应答者同意某一看法等。另一方法则旨在衡量应答者的态度,故可将答案化成分数。

(三)困窘性问题

困窘性问题是指应答者不愿在调查员面前作答的某些问题,比如关于私人的问题,或不为一般社会道德所接纳的行为、态度,或属有碍声誉的问题。例如:如果你的汽车是分期购买的,一共分多少期?你是否向银行抵押借款购股票?除了你工作收入外,尚有其他收入吗?

如果一定想要获得困窘性问题的答案,又避免应答作不真实回答,可采用以下方法:

(1)间接问题法。不直接询问应答者对某事项的观点,而改问他认为其他该事项的看法如何。

例如:用间接问题旨在套取应答者回答认为是旁人的观点。所以在他回答后,应立即再加上问题:“你同他们的看法是否一样?”

(2)卡片整理法。将困窘性问题的答案分为“是”与“否”两类,调查员可暂时走开,让应答者自己取卡片投入箱中,以减低困窘气氛。应答者在无调查员看见的情况下,选取正确答案的可能性会提高不少。

(3)随机反应法。根据随机反应法,可估计出回答困窘问题的人数。

(4)断定性问题。有些问题是先假定应答者已有该种态度或行为。

例如:你每天抽多少支香烟?

事实上该应答者极可能根本不抽烟,这种问题则为断定性问题。正确处理这种问题的方法是在断定性问题之前加一条“过滤”问题。

例如:你抽烟吗?

如果应答者回答“是”,用断定问题继续问下去才有意义,否则在过滤问题后就应停止。

(5)假设性问题。有许多问题是先假定一种情况,然后询问应答者在该种情况下,他会采取什么行动。

例如:如果××晚报涨价至2元,你是否将改看另一种未涨价的晚报?

如果××牌洗衣粉跌价1元,你是否愿意用它?

你是否愿意加薪?

你是否赞成公共汽车公司改善服务?

以上皆属假设性问题,应答者对这种问题多数会答“是”。这种探测应答者未来行为的问题,应答者的答案事实上没有多大意义,因为多数人都愿意尝试一种新东西,或获得一些新经验。

五、问卷的结构

调查问卷一般可以看成是由三大部分组成:卷首语(开场白)、正文和结尾。

(一)卷首语

问卷的卷首语或开场白是致被调查者的信或问候语。其内容一般包括下列几个方面:

(1)称呼、问候。如“××先生、女士:您好”。

(2)调查人员自我说明调查的主办单位和个人的身份。

(3)简要地说明调查的内容、目的、填写方法。

(4)说明作答的意义或重要性。

(5)说明所需时间。

(6)保证作答对被调查者无负面作用,并替他保守秘密。

(7)表示真诚的感谢,或说明将赠送小礼品。

信的语气应该是亲切、诚恳而礼貌的,简明扼要。问卷的开头是十分重要的。大量的实践表明,几乎所有拒绝合作的人都是在开始接触的前几秒钟内就表示不愿参与的。如果潜在的调查对象在听取介绍调查来意的一开始就愿意参与的话,那么绝大部分都会合作,而且一旦开始回答,就几乎都会继续并完成,除非在非常特殊的情况下才会中止。

(二)正文

问卷的正文实际上也包含了三大部分。

第一部分包括向被调查者了解最一般的问题。这些问题应该是适用于所有的被调查者,并能很快很容易回答的问题。在这一部分不应有任何难答的或敏感的问题,以免被调查者不满意。

第二部分是主要的内容,包括涉及调查的主题的实质和细节的大量的题目。这一部分的结构组织安排要符合逻辑性并对被调查者来说应是有意义的。

第三部分一般包括两部分的内容,一是敏感性或复杂的问题,以及测量被调查者的态度或特性的问题;二是人口基本状况、经济状况等。

(三)结尾

问卷的结尾一般可以加上1~2道开放式题目,给被调查者一个自由发表意见的机会。然后,对被调查者的合作表示感谢。在问卷最后,一般应附上一个"调查情况记录"。这个记录一般包括:

(1)调查人员(访问员)姓名、编号;

(2)受访者的姓名、地址、电话号码等;

(3)问卷编号;

(4)访问时间。

六、问卷设计应注意的问题

(一)问卷的开场白

问卷的开场白,必须慎重对待,要以亲切的口吻询问,措词应精心切磋,做到言简意明,亲切诚恳,使被查者自愿与之合作,认真填好问卷。

(二)问题的语言

由于不同的语言会对被调查者产生不同的影响,因此往往看起来差不多的相同的问题,会因所用字眼不同,而使应答者作不同的反应,做出不同的回答。故问题所用的字眼必须小心,以免影响答案的准确性。一般来说,在设计问题时应留意以下几个原则:

(1)避免一般性问题。如果问题的本来目的是在求取某种特定资料,但由于问题过于一般化,使应答者所提供的答案资料无多大意义。

例如:某酒店想了解旅客对该酒店房租与服务是否满意,因而作以下询问:

你对本酒店是否感到满意?

这样的问题,显然有欠具体。由于所需资料牵涉到房租与服务两个问题,故应分别询问,以免混乱,如:

你对本酒店的房租是否满意?

你对本酒店的服务是否满意?

(2)问卷的语言要口语化,符合人们交谈的习惯,避免书面化和文人腔调。

(三)问题的选择及顺序

通常问卷的头几个问题可采用开放式问题,旨在使应答者多讲话,多发表意见,使应答者感到十分自在,不受拘束,能充分发挥自己的见解。当应答者话题多,其与调查者之间的陌生距离自然缩短。不过要留意,最初安排的开放式问题必须较易回答,不可具有高敏感性如困窘性问题。否则一开始就被拒绝回答的话,以后的问题就难继续了。因此,问题应是容易回答且具有趣味性,旨在提高应答者的兴趣。核心问题往往置于问卷中间部分,分类性问题如收入、职业、年龄通常置于问卷之末。

问卷中问题的顺序一般按下列规则排列:

(1)容易回答的问题放前面,较难回答的问题放稍后,困窘性问题放后面,个人资料的事实性问题放卷尾。

(2)封闭式问题放前面,自由式问题放后面。由于自由式问题往往需要时间来考虑答案和语言的组织，放在前面会引起应答者的厌烦情绪。

(3)要注意问题的逻辑顺序，按时间顺序、类别顺序等合理排列。

阅读材料 2

美国民意调查创始人——乔治·盖洛普(George Gallup)

乔治·盖洛普1901年出生于美国艾奥瓦州，1983年以82岁高龄去世。他的一生是在向人们提问题的过程中度过的。盖洛普是现代民意调查研究的创始人之一，他创立的许多民意调查方法和方式到今仍被人们应用。他对民意调查的兴趣始于20年代，读书期间他就通过杂志和报纸调查读者对不同问题的兴趣，盖洛普博士论文的题目就是《确定读者对报纸内容兴趣的客观方法》。1930年盖洛普发表了一篇重要的文章，题为《用科学方法而不是猜测来确定读者的兴趣》。

1932年，盖洛普的岳母作为民主党的候选人在艾奥瓦州竞选州务卿，在此之前，艾奥瓦州较高的公职一直都由共和党人保持，因而人们大都猜测他的岳母会落选，但盖洛普没有凭猜测，而是运用他创立的方法进行科学的民意调查，结果发现，艾奥瓦州选民对他的岳母的支持率超过对她的共和党对手的支持率，盖洛普于是预测说，他的岳母会获得选举的胜利，选举的结果证明盖洛普应用科学的调查得出的预测是准确的。这样，这次民意调查就成为了美国政治史上第一次科学的民意调查。受这次成功的激励，盖洛普在1935年成立了美国民意调查研究所，从此与民意调查结下了不解之缘。

所谓民意调查，简单地说，就是通过一些人进行提问，然后对回答进行统计来反映整个社会对某一问题的看法。当然最理想的是向社会中的每一个人都提问，这样得出的结果会是最精确的，但人们知道在一个人口众多的社会里，这样做是不现实的，那么究竟向多少人提问得出的结果才能和现实最接近的呢？盖洛普民意调查一般随机调查的人数是1 000人左右。盖洛普认为，随机性是民意调查的基础，只有真正随机地选择被提问的人，才能确保每一个人都有机会被提问，也就确保了提问结果能真正反映公众的民意。盖洛普的研究显示，在任何一个特殊场所，如商店、体育馆、火车站等地找到的人都不能完全代表所有的人，只有去人们家里向人们提问才能确保被提问的人代表了所有的人。从30年代到80年代中期，盖洛普民意调查研究所的调查员主要是在美国各地按照随机抽样的名单去每个人家里面对面的提问。在这50年的时间里，盖洛普民意调查研究所对12次美国总统选举的调查显示，盖洛普民意调查的准确率非常高。

80年代中期以后，由于95%的美国家庭都拥有了电话，使得利用电话进行调查成为可能，同时也使调查费用大大降低，调查结果也能得以迅速发表。可是决定给哪些人打电话进行下面提问还有一个问题，那就是在确定1 000个电话号码时，要确保所有家庭的电话都有被随机选取的可能。盖洛普民意调查研究所采取的方法是利用计算机从全美电话号码中随机选出一些电话，这样就能做到公平和全面了。另外，在提问时，确保提问方式的中立性也是很重要的。因为这样才能不对被提问者如何回答产生误导。

(选自 MBA 智库百科(http://wiki.mbalib.com/))

习　题

一、填空题

1. 统计调查是____________。

2. 统计调查收集的资料有两种，一种是未经任何加工整理的____________，另一种是已经加工整理过的____________。

3. 统计调查的基本要求是____________、____________和____________。

4. 全面调查包括____________和____________；非全面调查包括____________、____________和____________。

5. 按调查登记的时间是否连续，统计调查可分为____________和____________。

6. 统计调查按组织方式不同可分为____________和____________。

7. 调查单位是____________。

8. 填报单位是____________。

9. 调查内容是____________。

10. 调查表的形式有____________和____________。

11. 原始记录是____________。它具有____________、____________和____________。

12. 调查某市商店零售物价情况，调查对象是____________；调查单位是____________；填报单位是____________。

13. 调查某市科技人员情况，调查对象是____________；调查单位是____________；填报单位是____________。

二、单项选择题

1. 统计调查所收集的原始资料和次级资料的关系是(　　)。

①原始资料来源于基层单位，次级资料来源于上级单位

②次级资料是由原始资料加工整理而成的

③二者无必然关系

④二者之间没有区别

2. 对若干农民家庭收支状况通过提问回答方式进行调查，这种调查方法称做(　　)。

①直接观察法　　②采访法

③报告法　　④通讯法

3. 统计调查方案的首要问题是(　　)。

①确定调查内容　　②确定调查时间

③确定调查目的　　④确定调查经费

4. 调查表是解决(　　)。

①为什么调查的问题　　②向谁调查的问题

③调查什么的问题　　④什么时间调查的问题

5. 调查表中单一表与一览表的区别在于(　　)。

①一张表中登记一个调查项目的资料与登记多个调查项目的资料

②一张表中登记一个调查单位的资料与登记许多调查单位的资料

③一张表中登记一个报告单位的资料与登记多个报告单位的资料

6. 通过调查鞍钢、武钢等几个大钢铁基地了解我国钢铁生产的基本情况，这种调查方式是(　　)。

①典型调查　　②重点调查

③普查　　④抽样调查

7. 重点调查的重点单位是指(　　)。

①数量较少，但具有代表性的单位

②数量较少，但企业规模较大的单位

③数量较少，但经营状况较好的单位

④数量较少，但所要调查的标志值在总体标志总量中占绝大比重的单位

8. 下列各调查中，调查单位与填报单位一致的是(　　)。

①企业设备调查

②工业企业调查

③我国第五次人口普查

④农村牲畜调查

9. 典型调查单位选择是指(　　)。

①按随机原则选取

②有意识选择先进的单位

③有意识选择部分有代表性的单位

④选择标志值比重大的单位

三、多项选择题

1. 统计调查按周期可分为(　　)。

①定期调查　　②不定期调查

③专门调查　　④全面调查

2. 统计报表按报送方式不同可分为(　　)。

①非全面统计报表　　②电讯报表

③邮寄报表　　④基层报表

3. 普查的组织方式按收集资料的具体方法不同可分为(　　)。

①采取逐级布置和逐级汇总上报的办法

②组织专门的普查机构配备一定的普查人员，对调查单位进行直接登记

③基层单位直接把资料报送给普查的最高组织机构，集中汇总

④利用调查单位原始记录和核算资料，颁发一定的调查表格，由填报单位进行填报

四、判断题

1. 统计调查是整个统计工作的基础。(　　)

2. 车间产量登记表属于原始资料。(　　)

3. 人口普查属于经常性调查。(　　)

4. 对全国职工家庭收入进行调查，只要登记部分家庭的家庭收入就可以了，这种调查

属于非全面调查。(　　)

5. 统计调查就是收集次级资料。(　　)

6. 确定调查单位使我们知道由谁提供具体资料。(　　)

7. 若要调查的是时期现象,则要明确规定统一的标准调查时点。(　　)

8. 第五次人口普查规定统一标准调查时点为2000年11月1日零点,它是调查期限。(　　)

9. 调查地点是指登记调查资料的地点,它同调查单位所在地有时一致,有时不一致。(　　)

10. 标准时点是指对被调查对象登记时所依据的统一时点。(　　)

11. 重点调查是一次性调查。(　　)

12. 抽样调查是非全面调查中最完善、最科学的方法,因而它适合于完成任何调查任务。(　　)

13. 普查省时、省力,是比较容易取得统计资料的一种调查方法。(　　)

五、问答题

1. 简述统计调查方案的内容。

2. 简述报表同普查的异同。

3. 简述重点调查、抽样调查、典型调查的异同。

第三章　统计整理

教学目的和要求　通过本章的学习，要了解统计整理的概念和内容；掌握统计分组的概念、方法和分组的类型；掌握频数分布的概念、种类；熟练掌握变量数列的编制方法；了解统计表和统计图的构成和制表、制图的方法。

关键词　统计分组　次数分配　组距

引导案例

历史故事　曹冲称象

有一次，吴国孙权送给曹操一只大象，曹操十分高兴。大象运到许昌那天，曹操带领文武百官和小儿子曹冲，一同去看。曹操的人都没有见过大象。这大象又高又大，光说腿就有大殿的柱子那么粗，人走近去比一比，还够不到它的肚子。曹操对大家说："这只大象真是大，可是到底有多重呢？你们哪个有办法称它一称？"嘿！这么大个家伙，可怎么称呢！大臣们纷纷议论开了。一个说："只有造一杆顶大顶大的秤来称。"另一个说："这可要造多大的一杆秤呀！再说，大象是活的，也没办法称呀！我看只有把它宰了，切成块儿称。"他的话刚说完，所有的人都哈哈大笑起来。大家说："你这个办法呀，真叫笨极啦！为了称称重量，就把大象活活地宰了，不可惜吗？"大臣们想了许多办法，一个个都行不通。真叫人为难了。

这时，从人群里走出一个小孩，对曹操说："爸爸，我有个法儿，可以称大象。"曹操一看，正是他最心爱的儿子曹冲，就笑着说："你小小年纪，有什么法子？你倒说说，看有没有道理。"曹冲把办法说了。曹操一听连连叫好，吩咐左右立刻准备称象，然后对大臣们说："走！咱们到河边看称象去！"

众大臣跟随曹操来到河边。河里停着一只大船，曹冲叫人把象牵到船上，等船身稳定了，在船舷上齐水面的地方，刻了一条道道。再叫人把象牵到岸上来，把大大小小的石头，一块一块地往船上装，船身就一点儿一点儿往下沉。等船身沉到刚才刻的那条道道和水面一样齐了，曹冲就叫人停止装石头。大臣们睁大了眼睛，起先还摸不清是怎么回事，看到这里不由得连声称赞："好办法！好办法！"现在谁都明白，只要把船里的石头都称一下，把重量加起来，就知道象有多重了。

曹操自然更加高兴了。他眯起眼睛看着儿子，又得意洋洋地望望大臣们，好像心里在说："你们还不如我的这个小儿子聪明呢！"

历史故事分析　曹冲年龄虽然很小，但是他肯动脑筋，善于思考问题，分析问题，善于从现有的资料中，整理好思路，从而找到了解决问题的办法。

（选自 Google 网络文章）

故事启示　为了更好地进行统计分析，在统计调查的基础上，进行认真的统计整理是非常必要的。

第一节　统计整理概述

一、统计整理的含义及作用

在统计调查中，通过运用一定的统计调查方式方法，我们取得了大量能够说明现象各个个体特征的原始资料。然而，由于这些资料只是一些个别的、分散的资料，缺乏系统性，不能反映社会经济现象总体的综合数量特征，也不能使我们达到对社会经济现象总体数量特征的认识。因而，为完成统计研究的任务，必须对这些个别的、分散的资料运用科学的方法进行加工处理，把它转化为总体资料。

统计整理就是对收集得到的原始数据进行审核、分组、汇总，使之条理化、系统化，变成能反映总体特征的综合数据的工作过程。当然，它也包括对已整理过的资料进行再加工。

统计整理在整个统计工作中具有承上启下的作用：

(1)通过统计调查可以取得第一手资料，但这种资料只能反映总体各单位的具体情况，是分散、零碎、表面的。要说明总体情况，揭示出总体的内在特征，还需要对这些资料进行加工整理，使之系统化，以便通过综合指标对总体做出概括性的说明。

(2)统计整理是整个统计工作和研究过程的中间环节，起着承前启后的作用。统计整理是统计调查的继续，又是统计分析的基础。统计调查所收集到的资料，只有通过科学的审核、分类、汇总等整理工作，才能使统计在认识社会的过程中，实现由个别到全体、由特殊到一般、由现象到本质、由感性到理性的转化，才能从整体上反映出事物的数量特征。否则，统计调查所得的资料再丰富、再完备，其作用也发挥不出来，统计调查就将徒劳无益，统计分析也将无法进行。

(3)统计整理还是积累历史资料的必要手段。统计研究中经常要用动态分析，这就需要有长期累积的历史资料，而根据积累资料的要求，对已有的统计资料进行筛选，以及按历史的口径对现有的统计资料重新调整、分类和汇总等，都必须通过统计整理工作来完成。

二、统计整理的内容和步骤

(一)设计和编制统计资料的整理方案

统计资料的整理方案是统计整理的依据，在方案中应明确规定各种统计分析和进行汇总的各项统计分组和统计指标。制订统计整理方案，是保证统计整理有计划、有组织地进行的首要步骤，是统计设计在统计整理阶段的具体化。

(二)对统计资料的审核

对收集到的资料进行全面审核，以确保统计资料符合统计研究目的的要求，资料准确无误。具体包括以下内容。

1. 审核资料的完整性和及时性

审核资料的完整性，就是看调查单位或填报单位是否齐全；规定的项目是否都有答案，应报资料的份数是否符合规定。审核资料的及时性，是看填报单位是否按时报送了有关资料。对不报、漏报或迟报的现象都要及时查清。

2. 审核资料的正确性

审核资料的正确性，是检查所填报的资料是否准确可靠。常用的审核方法有以下两种：

(1)逻辑检查：首先，从理论上或常识上检查资料是否有悖常理、有无不切实际或不符合逻辑的地方。比如，一张调查表中，年龄是9岁，职业是教师，其中必有一个是错误的。其次，是检查各项目之间有无相互矛盾的地方。例如，企业的净产值大于同期总产值就是明显的逻辑错误。

(2)计算检查：即检查各项指标的计算口径、计量单位是否符合规定，并通过各种计算方法来检查各指标间的数字是否相互衔接。

3. 资料审核后的订正

通过上述审核，如发现有缺报、缺份和缺项等情况，应及时催报、补报；如有不正确之处，则应分别按不同情况作如下处理：对于可以肯定的一般错误，应及时代为更正，并通知原报单位；对于可疑之数或无法代为更正的错误，应要求原单位复查更正；如果所发现的差错在其他单位也可能发生时，应将错误情况通报所有单位，以免发生类似错误；对于严重的错误，应发还重新填报，并查明发生错误的原因，若属于违法行为，则应依法严肃处理。

(三)对统计资料的分组

根据研究目和统计分析的需要，选择整理的标志，并进行划类分组。统计分组是统计整理的重要内容和统计分析的基础，只有正确的分组才能整理出有科学价值的综合指标，并借助这些指标来揭示现象的本质与规律。

(四)对统计资料的汇总

在分组的基础上，将各项资料进行汇总，得出反映各组和总体数量特征的各种指标。

(五)编制统计图表

统计资料的显示。即通过编制统计表和绘制统计图，将整理出的资料简捷明了、系统有序地显示出来。对统计数据进行系统积累。

第二节　统计分组

一、统计分组的概念

统计分组是根据社会经济现象的特点和统计研究的目的要求，按照一定的标志把总体划分为若干不同性质的组或类型，称为统计分组。统计分组的依据就是分组标志，它可以是品质标志，也可以是数量标志。统计分组的对象是总体，对于现象总体而言，是“分”，即把总体分为性质相异的若干部分；而对于总体单位而言，又是“合”，即把性质相同的许多总体单位合为一组。对于分组标志而言，是“分”，即按分组标志将不同的标志表现分为若干组，而对于其他标志而言，是“合”，即在一个组内的各单位即使其他标志表现不相同也只能结合在一组。

由此可见，选择一种分组方法，突出了一种差异，显示了一种矛盾，必然同时掩盖了其他差异，忽略了其他矛盾。不同的分组方法，可能得出不同的结论。缺乏科学根据的分组，不但无法显示事物的根本特征，甚至会把不同性质的事物混淆在一起，歪曲社会经济现象的本质。因此，统计分组必须先对所研究现象本质作全面、深刻的分析，确定所研究现象类型的属性及其内部差别，而后才能选择反映事物本质的正确的分组标志。

二、统计分组的作用

(一)划分社会现象的不同类型

社会经济现象千差万别，要了解各种社会经济现象的性质、特点及其相互关系，必须根据某种标志把它们划分为性质不同的类型，以便揭示不同社会经济现象的质的差异。

(二)揭示社会现象的内部结构

从数量上反映总体内部的结构是统计研究的重要任务。总体的内部结构可体现部分与整体的关系以及各部分之间存在的差别和相互联系，反映事物从量变到质变的过程，帮助人们掌握事物的特征，认识事物的性质。

(三)分析社会现象之间的依存关系

社会经济现象之间广泛地存在着相互依存的关系，如农作物的耕作深度与收成率之间、合理密植与农产量之间、家庭的工资收入与生活费支出之间、工人技术级别与产品质量之间、工人劳动生产率与产品成本之间、市场商品价格与其需求量之间等，都在一定程度上存在相互依存的关系。所有这些依存关系，都可通过统计分组分析出影响因素与结果因素之间的变动规律。

例如，某地区农作物的施肥量与单位面积产量如表 3-1 所示。

表 3-1　某地区农作物施肥量与亩产量关系表

亩化肥施用量(kg)	亩产量(kg)
15.5	377.0
17.8	416.6
19.4	452.8
20.5	481.1
21.8	464.4

表 3-1 中的分组资料反映了化肥施用量与农作物亩产量之间的依存关系，一般来讲，随着化肥施用量的增加，农作物亩产量也在增加，但当化肥施用量为 21.8kg 时，农作物亩产量则减少到 464.4kg。因此，过少或过多的施用量都可以使农作物产量降低。

三、统计分组类型

(一)按分组标志的多少

按分组标志的多少，可分为简单分组和分组体系。

1. 简单分组

简单分组就是对总体只按一个标志进行分组。例如国民生产总值按产业分为第一、第二、第三产业三组;货运量按运输方式分为铁路运输、公路运输、水陆运输、航空运输与管道运输等五组。

2. 分组体系

分组体系是根据统计研究的需要,通过对同一总体进行多种不同分组而形成的一种相互联系、相互补充,能从各种不同角度加深对统计总体数量表现的认识体系。统计分组体系有平行分组体系与复合分组体系之分。

(1)平行分组体系,又可称为并列分组,就是对总体按两个或两个以上的标志分别进行简单分组。例如,对工业企业按经济类型、隶属关系、企业规模、轻重工业进行的并列分组。

按经济类型分组
- 国有经济
- 集体经济
- 私营经济
- 其他经济

按隶属关系分组
- 中央工业
- 地方工业

按企业规模分组
- 大型工业企业
- 中型工业企业
- 小型工业企业

按轻重工业分组
- 轻工业
- 重工业

(2)复合分组体系。就是对总体按两个或两个以上的标志进行的重叠式分组,即在按某一标志分组的基础上再按另一标志进一步分组。例如,对工业企业按轻重工业和企业规模重叠分组形成的复合分组如下:

按轻重工业和企业规模分组
- 轻工业
  - 大型工业企业
  - 中型工业企业
  - 小型工业企业
- 重工业
  - 大型工业企业
  - 中型工业企业
  - 小型工业企业

复合分组中随着分组标志的增加,对总体所分的组数也不断地成倍增加,因而更不容易反映现象的本质特征,所以复合分组时分组标志不宜过多。因此,不能滥用复合分组,尤其不宜采用过多的标志进行复合分组,也不宜对较小总体进行复合分组。

(二)按分组标志的性质

按分组标志的性质不同,分为属性分组和变量分组。

1. 属性分组

属性分组是按品质标志进行的分组,即按事物的某种属性分组。如企业按经济类型、行业分组；人口按性别、民族分组；大学生按专业分组等。这种分组可以反映总体的构成和不同属性事物在总体中的地位和作用。按属性分组时，确定各组的界限有两种情况：

(1)组限是自然形成的或比较明显的。例如，人口按性别、文化程度、党派分组等。

(2)由于存在属性之间的过渡形式，使分组界限难以确定。这种比较复杂的属性分组，国家有关部门都制定有标准的分类目录，分组时可以依据分类目录来确定组限。例如，人口按职业分组、企业按行业分组、产品按经济用途分组等。

2. 变量分组

变量分组是按数量标志进行的分组。如企业按生产能力、劳动生产率分组；商店按商品流转额、职工人数分组；人口按年龄、身高分组等。这种分组的目的在于通过事物在数量上的差异来反映事物在性质上的区别。

应根据被研究的现象总体的数量特征，采用适当的分组形式，确定相宜的组距、组限和组数。

1)单项式分组与组距式分组

(1)单项式分组：就是用一个变量值(标志值)作为一组，形成单项式变量数列。单项式分组一般适用于离散型变量且变量变动范围不大的场合。例如，育龄妇女按其生育子女存活数分组，可分为0个、1个、2个、3个、4个、5个等6组。

(2)组距式分组：就是将变量依次划分为几段区间，一段区间表现为“从……到……”距离，把一段区间内的所有变量值归为一组，形成组距式变量数列。区间的距离就是组距。对于连续型变量或者变动范围较大的离散型变量，适宜采用组距式分组。例如，反映居民居住水平情况按人均居住面积分组，可分为：$4m^2$ 以下、$4\sim6m^2$、$6\sim8m^2$、$8m^2$ 以上等4组；再如了解某班学生成绩情况，按成绩进行组距式分组。

2)间断组距式分组和连续组距式分组

在组距式分组中，每组包含许多变量值，每一组变量值中，其最小值为下限，最大值为上限。组距是上下限之间的距离，相邻两组的界限，称为组限。

(1)间断组距式分组：是指凡是组限不相连的分组。例如，儿童按年龄分组，可分为未满1岁、1~2岁、3~4岁、5~9岁、10~14岁。

(2)连续组距式分组：凡是组限相连(或称相重叠的)分组，即以同一数值作为相邻两组的共同界限的分组。例如，工人按工时定额完成程度分组，可分为90%~100%、100%~110%、110%~120%等组。

如果变量值只是在整数之间变动，例如企业数、职工数、机器设备台数等离散型变量，可采用间断组距式分组，也可采用连续组距式分组。如果变量值在一定范围内的表现既可以是整数，也可以是小数，如产值、身高、体重等连续型变量，只能采用连续组距式分组。

在进行连续组距式分组时应注意，由于以同一个数值作为相邻两组共同的界限，为了遵循统计分组穷尽和互斥原则，统计上规定，凡是总体某一个单位的变量值是相邻两组的界限值，这一个单位归入作为下限值的那一组内，即所谓“上限不在内”原则。例如，学生成绩分组，把70分的学生归入70~80分组内，把80分的学生归入80~90分组内。根据这一原则，离散型变量的分组，各组的上限也可以写为下一组的下限，这样处理既简明又便于计算。

3)等距分组与异距分组

按数量标志进行组距式分组,还可分为等距分组和不等距(或称异距)分组。

(1)等距分组。就是标志值在各组保持相等的组距,即各组的标志值变动都限于相同的范围。凡是在标志值变动比较均匀的情况下,都可采用等距分组。例如,工人的年龄、工龄、工资的分组;零件尺寸的误差、加工时间的分组;农产品单位面积产量、单位产品成本的分组等。等距分组有很多好处,它便于绘制统计图,也便于进行各类运算。

(2)异距分组。分组的形式应服从分组的要求,即性质相同的单位应合并在一个组内,性质不同的单位应当分开。现象的差别取决于现象的本质,而不在于数学形式,必须根据现象的本质特征和统计研究的目的任务来确定分组的等距与否。

对于异距分组方法的运用,没有固定模式可供依循,全凭统计人员在实践中不断探索,关键在于对所研究现象的内在联系必须十分熟悉,才能很好地运用异距分组来揭示事物的本质。

四、分组标志的选择

分组标志是统计分组的依据或标准。正确选择分组标志是进行统计分组的关键,分组标志确定得恰当与否会直接影响统计分组的作用。为了正确选择分组标志,必须遵循以下几条原则。

(一)要符合统计研究的目的和要求

统计分组是为统计研究服务的,统计研究的目的不同,选择的分组标志也应有所不同。

例如,同是以工业部门为研究对象,当研究的目的是为了分析部门中各种规模的企业的生产情况时,应该选择产品数量或生产能力作为分组标志;当研究目的在于确定工业内部比例及平衡关系时,应该以行业为分组标志,将工业部门划分为重工业与轻工业或冶金、电力、化工、机械、纺织、煤炭等工业行业。

(二)必须选择最重要的标志作为分组依据

社会经济现象纷繁复杂,研究某一问题可能涉及许多标志,科学的统计分组则应从中选择与统计研究的目的、与有关事物的性质或类型关系最密切的标志,即最主要或最本质的标志作为统计分组的依据。

例如,根据统计调查资料,研究人民生活水平变动情况时,可供选择的分组标志有家庭人口数、每户就业人数、每一就业者负担人数、家庭总收入、平均每人月生活费收入等。而其中最能反映人民生活水平变动的标志是平均每人月生活费收入,故应选择这一标志作为分组标志。

(三)要考虑到社会经济现象所处的具体历史条件

客观事物的特点和内部联系随着条件的变化而不同,因此选择分组标志时,要具体情况具体分析,根据事物的不同条件来选择分组标志。例如,同是划分企业规模,在劳动密集型的行业或地区,可采用职工人数作为分组标志;而在技术密集型的行业或地区,则应选择固定资产价值或生产能力作为分组标志。

第三节　分配数列

一、分配数列的概念和种类

(一)分配数列

在统计分组的基础上,将总体所有的单位按某一标志进行归类排列,并计算各组的单位数称为分配数列,或称为次数分布。

(二)分配数列的两个要素

(1)组别:总体按某个标志所分的组。

(2)频数(次数)和频率:各组的单位数叫次数或频数,各组的单位数与总体单位总数之比叫频率。通过表3-2可了解次数分布的内容。

表3-2　某年某地区企业职工构成表

按经济类型分组	职工人数(万人)	比重(%)
全民所有制	7 000	70
集体所有制	2 000	20
其他	1 000	10
合 计	10 000	100

(三)频数分配的种类

1. 品质分配数列

按品质标志分组所编制的分配数列叫品质分配数列或属性分配数列,简称品质数列。品质数列由组的名称和各组的次数两个要素构成。如表3-2所示。

2. 变量分配数例

按数量标志分组所编制的分配数列叫变量分配数列,简称变量数列。任何一个变量数列都由各组变量值和各组的次数两个要素构成。

(1)单项数列:是以一个变量值为一组编制的变量频数分配。表3-3为某厂工人生产某产品日产量资料。

表3-3　某厂工人生产某产品日产量资料

日产量(件)	人数(人)	日产量(件)	人数(人)
12	20	16	29
13	31	17	23
14	45	18	15
15	37	合计	200

单项数列一般在变量的变异幅度不大的情况下采用。如表3-3中,变量的最大变量值为18件,最小变量值为12件,变量值的变异范围为12~18件,变量值的数目为7件。

如果变量值的个数较多,变动的范围也较大,为了准确地反映出总体各个单位分布的特征和分布的趋势,则应编制组距数列。

(2)组距数列:是以表示一定变动范围的两个变量值构成的组所编制的变量频数分布。表 3-4 为某地区 30 个工厂职工人数资料。

表 3-4　某地区 30 个工厂职工人数资料表

按职工人数分组	工厂数(个)	比重(%)
250 ~ 500	8	16.67
500 ~ 750	9	30.00
750 ~ 1 000	7	23.33
1 000 ~ 1 250	4	13.33
1 250 ~ 1 500	3	10.00
1 500 ~ 1 750	2	6.67
合计	33	100.00

①组距数列按各组组距是否相等,分为等距数列和异距数列。

组距数列中各组组距相等的数列叫做等距数列。在统计研究中,采用等距进行分组是根据研究的目的、所研究对象的性质来进行的,如果社会经济现象性质差异的变动比较均衡,可以采用等距来进行分组。

组距数列中各组组距不相等的数列叫做异距数列。如按生产能力将工业企业划分为大中小企业就是采用异距进行的分组。异距数列能比较准确地反映总体内部各组成部分的性质差异。实际工作中,有一些现象性质的变动很大,这时采用等距分组就不能反映事物性质的差别,必须按异距进行分组。

②组距数列按变量是否连续,分为连续型组距数列和离散型组距数列。

变量为连续型组距数列叫做连续型组距数列。在这种数列中前一组的上限与后一组的下限同为一个变量值,这样进行分组不会出现遗漏标志值的现象。表 3-5 为某企业 100 个工人工资资料。

表 3-5　某企业 100 个工人工资资料

按工资分组(元)	工人数(人)	按工资分组(元)	工人数(人)
340 ~ 350	10	380 ~ 390	15
350 ~ 360	35	370 ~ 380	20
360 ~ 370	20	合计	100

从表 3-5 中可以看出,前一组的上限与后一组的下限相等,这样的组距数列即为连续型数列。

变量为离散型的组距数列叫做离散型组距数列。由于离散型变量的取值为整数,因此组距数列中前一组的上限与后一组的下限不为同一个变量值。表 3-6 为某社区人口年龄分组表。

表 3-6　某社区人口年龄分组表

年龄	人数	年龄	人数
0～14	10 000	65 以上	10 000
15～64	80 000	合计	100 000

从表 3-6 可以看出,它把年龄分为三组,第一组的上限为 14,第二组的下限为 15。因此,前一组上限与后一组的下限不相等。

二、分配数列的编制

(一)分配数列编制中常用的基本概念

1. 组限和组距

组距数列中,各组变量值变动的界限称为组限,组内最大变量值称为上限,最小变量值称为下限。组距就是上限与下限之差,即:

$$组距=组上限-组下限$$

实际上,这一公式只适用于计算连续组距式分组的组距大小,例如成绩分组中,60～70 分,70～80 分,其组距为 10 分(10=70－60 或 80－70)。如果将这一公式套用于间断组距式,将会产生谬误。例如,商店规模按职工人数分组,分为 1～5 人、6～10 人、11～15 人等。套用上述公式,得出 5－1(或 10－6,或 15－11)=4,即组距为 4 人的结论,显然是错误的。对于间断式分组的组距大小的计算,必须采用如下公式:

$$组距=上组下限-本组下限$$

2. 全距和组数

全距是总体中最大的标志值与最小的标志值之差。

组数的多少直接取决于两个因素,一个是总体的全距,另一个是组距。在等距分组的条件下,组数等于全距除以组距。

在组距既定的条件下,全距大则组数多,全距小则组数少;在全距既定的条件下,组距大则组数少,组距小则组数多。全距是客观存在的事实,不以人的意志为转移,所以确定组数的关键是确定组距。如对学生成绩情况的统计分组中,组数过少,例如学生成绩分为 2 组,不能很好地达到分组的基本要求;组数过多,例如成绩分为 101 组,即分组过细,也无法起到化繁为简的作用,难以显示出总体分布的规律。

决定组数的多少,并无规则可言,必须凭借经验和所研究问题的性质作出判断。这里,向大家介绍一种确定组数和组距的经验公式,这一公式是美国学者斯特杰斯(Sturges)创立使用的,称为斯特杰斯经验公式,即:

$$n=1+3.322\lg N$$

则有

$$i=\frac{R}{n}=\frac{R}{1+3.322\lg N}$$

上式中,n 为组数;N 为总体单位数;i 为组距;R 为全距,即最大变量值 X_{max} 与最小变量值 X_{min} 之差。根据这一公式,可以得出如下(见表 3-7)的组数参考标准。

表 3-7　分组组数参考标准表

N	15~24	25~44	45~89	90~179	180~359
n	5	6	7	8	9

上述公式及表中数据仅供参考，不能生搬硬套。实际分组时采用组数多少应依据所研究资料的性质而定。

3. 组中值

组距数列掩盖了各组单位的实际变量值，为了反映分布在各组中个体单位变量值的一般水平，往往需要计算组中值。组中值是各组变量值的中间数值，通常根据各组上限、下限进行简单平均求得，公式为：

$$组中值 = \frac{上限 + 下限}{2}$$

用组中值代表组内变量值的一般水平有一个前提，即组内各单位变量值在本组内均匀分布或在组中值两侧呈对称分布。实际上，完全具备这一前提是不可能的，但在划分各组组限时，必须考虑使组内变量值的分布尽可能满足这一要求。此外，为了计算方便，应力求使组中值能取整数。

在编制组距式变量数列时，使用"××以上"或"××以下"这样不确定组距的组，称为开口组。在组距数列中存在开口组的情况下，为了进行统计分析，需要计算开口组组中值。开口组的组中值的确定，一般可将邻组组距假定为开口组组距，然后计算组中值。组中值公式为：

$$缺下限的开口组组中值 = 上限 - \frac{邻组组距}{2}$$

$$缺上限的开口组组中值 = 下限 + \frac{邻组组距}{2}$$

（二）变量数列的编制

例如，根据抽样调查，某月某市 50 户居民购买消费品支出资料如下（单位：元）：

830　880　1 230　1 100　1 180　1 580　1 210　1 460　1 170　1 080　1 050　1 100
1 070　1 370　1 200　1 630　1 250　1 360　1 270　1 420　1 180　1 030　870　1 150　1 410
1 170　1 230　1 260　1 380　1 510　1 010　860　810　1 130　1 140　1 190　1 260　1 350
930　1 420　1 080　1 010　1 050　1 250　1 160　1 320　1 380　1 310　1 270　12 501

对上述统计资料进行整理，编制统计表。

（1）将原始数据由小到大进行排列求出全距，首先应对标志值的分布情况进行仔细审查，找出变量的最大值和最小值，求出全距为 1630 − 810 = 820（元）。

（2）确定组数和组距。

根据分析确定采用等距分组，分为 8 组，则组距等于全距 820 除以 8，约为 100。

再根据组距的大小定出上下限。一般地，第一组的下限必须略小于实际变量值的最小值，最后一组的上限必须略大于实际变量值的最大值，并尽可能使各单位的标志值在组内分布比较均匀。

(3)分组归类合计形成次数分布，并制成统计表。

经过整理，得出计算结果如表3-8所示。表中第1列是变量，第2列是各组出现的次数，即频数，各组频数之和等于总体单位数，第3列是频率，频率反映了各组频数的大小对总体所起的作用的相对强度，它是各组频数与总体单位总和之比，计算公式如下：

$$频率 = \frac{f_i}{\sum f_i}$$

表3-8 某市50户居民某月购买消费品支出情况表 （单位：元）

按户月消费品支出额分组 x_i	频数 f_i	频率 $\frac{f_i}{\sum f_i}$
800～900	5	0.10
900～1 000	1	0.02
1 000～1 100	8	0.16
1 100～1 200	11	0.22
1 200～1 300	11	0.22
1 300～1 400	7	0.14
1 400～1 500	4	0.08
1 500 以上	3	0.06
合计	50	1.00

通过对总体各单位分组而形成变量数列，显示了各单位标志值在各组间的分布状况，从而使杂乱无章的原始数据显示出一定的规律性。从表3-8可以看出，月消费品支出额在1 000～1 300元的居民户占全部户数的60%，而低支出和高支出居民户所占比重较小，呈现出一种近似“两头小，中间大”的钟型分布特征。

(三)累计频数与累计频率

1. 累计频数(或频率)

累计频数(或频率)可以是向上累计频数(或频率)，也可以是向下累计频数(或频率)。

(1)向上累计频数(或频率)分布，即先列出各组的上限，然后由标志值低的组向标志值高的组依次累计频数(或频率)。某组向上累计频数表明该组上限以下的各组单位数之和是多少，某组向上累计频率表明该组上限以下的各组单位数之和占总体单位数的比重。

(2)向下累计频数(或频率)分布，即先列出各组的下限，然后由标志值高的组向标志值低的组依次累计频数(或频率)。某组向下累计频数表明该组下限以上的各组单位数之和是多少，某组向下累计频率表明该组下限以上的各组单位数之和占总体单位数的比重。

现仍以50户居民某月购买消费品支出额的资料为例，分别进行向上和向下累计，其结果如表3-9所示。

居民月消费品支出额在1 000元以下的有6户，占总数的12%；月消费品支出额在1 200元以下的有25户，占总数的50%，以此类推。

居民月消费品支出额在 1 000 元以上的有 44 户，占总数的 88%；月消费品支出额在 1 200元以上的有 25 户，占总数 50%，以此类推。

表 3-9　某市 50 户居民某月消费品支出累计表

居民月消费支出额分组	向上累计				向下累计			
	频数	累计频数	频率（%）	累计频率（%）	频数	累计频数	频率（%）	累计频率（%）
800 ~ 900	5	5	10	10	5	50	10	100
900 ~ 1 000	1	6	2	12	1	45	2	90
1 000 ~ 1 100	8	14	16	28	8	44	16	88
1 100 ~ 1 200	11	25	22	50	11	36	22	72
1 200 ~ 1 300	11	36	22	72	11	25	22	50
1 300 ~ 1 400	7	43	14	86	7	14	14	28
1 400 ~ 1 500	4	47	8	94	4	7	8	14
1 500 ~ 1 600	2	49	4	98	2	3	4	6
1 600 ~ 1 700	1	50	2	100	1	1	2	2
合计	50	—	100	—	合计	50	—	100

2. 累计频数（频率）分布图

累计频数（频率）分布图，分为向上累计频数（频率）分布图和向下累计频数（频率）分布图。不论是向上累计或向下累计，它们均以分组变量为横轴，以累计频数（频率）为纵轴。

在直角坐标系上将各组组距的上限与其相应的累计频数（频率）构成坐标点，依次用折线（或光滑曲线）相连，即是向上累计分布图。对于向下累计频数分布图，在直角坐标系上将各组组距下限与其相应累计频数（频率）构成坐标点，依次用折线（或光滑曲线）相连，即是向下累计分布图。

从图 3-1 中可以看出，居民月消费额支出在 1 100 元以下的有 14 人，占 28%；在 1 100 元以上的有 36 人，占 72%。居民月消费额支出在 1 400 元以下的有 43 人，占 86%。

由此可见，累计频数和累计频率可以简要地概括地反映总体各单位的分布特征。向上累计分布曲线呈上升状，向下累计分布曲线呈下降状。组的次数（或频率）较少，曲线显得平缓；组的次数（或频率）较密集，曲线显得较陡峭。

三、次数分配的主要类型

次数分配是统计分析的一种重要方法。由于社会经济现象性质不同，各种统计总体各有不同的次数分配，形成各种不同类型的分布特征。描述统计总体的分布特征，除采用统计表的形式以外，还可采用直方图和曲线图进行描述。通过这些图形，可以明显地表明不同类型现象的分布特征。

各种不同性质的社会经济现象的次数分布的类型，概括起来，根据曲线形状的特点，大致有三种类型：钟型分布、U 型分布和 J 型分布。

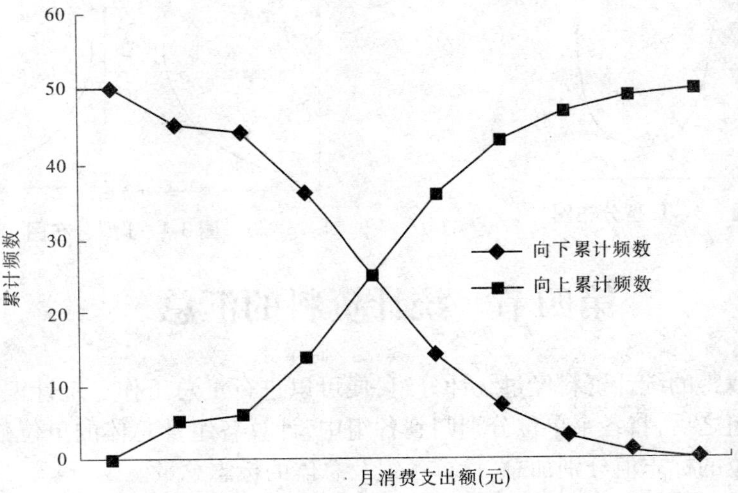

图 3-1　居民消费支出额向上(向下)累计频数分布图

(一)钟型分布

钟型分布的特征是"两头小,中间大",即靠近中间的变量值分布的次数多,靠近两边的变量值分布的次数少,其曲线图宛如一口钟,如图 3-2 所示。

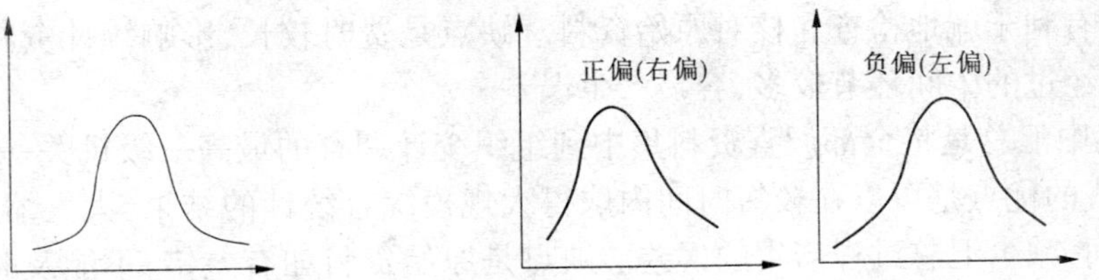

(a)正态分布　　(b)偏态分布

图 3-2　钟型分布图

如图 3-2(a)所示,其分布特征是以标志变量中心为对称轴,左右两侧对称,两侧变量值分布的次数随着与中间变量值距离的增大而渐次减少。在统计学中,称这种分布为对称分布。而图 3-2(b)为非对称分布,它们各有不同方向的偏态,即左偏态分布和右偏态分布。客观实际中,许多社会现象统计总体的分布都趋于对称分布中的正态分布。正态分布是描述统计中的一种主要分布,它在社会经济统计分析中具有重要的意义。

(二)U 型分布

U 型分布的形状与钟型分布相反,靠近中间的变量值分布次数少,靠近两端的变量值分布次数多,形成"两头大,中间小"的 U 型分布。如人口死亡率分布,人口总体中,幼儿和老人死亡率高,而中青年死亡率低。如图 3-3 所示。

(三)J 型分布

J 型分布有两种类型,一种是次数随着变量的增大而增多,呈正 J 型分布,如投资按利润率大小分布。另一种呈反 J 型分布,即次数随着变量的增大而减少,如随着产品产量的增加,产品单位成本下降。如图 3-4 所示。

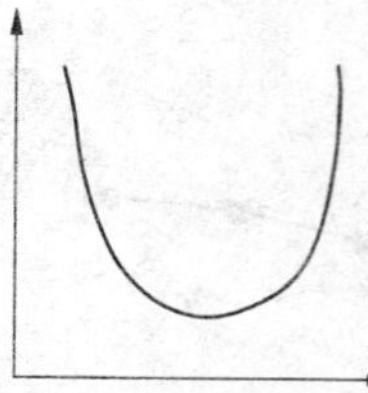

图 3-3　U 型分布图

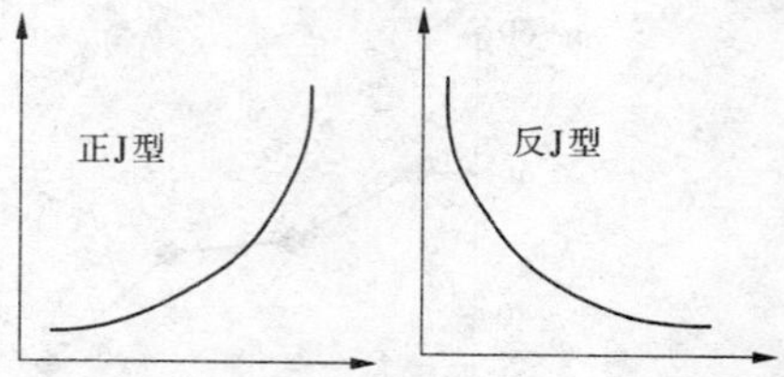

图 3-4　J 型分布图

第四节　统计资料的汇总

统计调查取得的统计资料经过统计分组,便可以进行汇总工作。统计汇总是调查资料经过科学分组之后,将各个单位分别归到各组中,计算各组及总体的单位数,将分布在各组中的各单位的标志值分别加总,计算各组及总体的标志总量。

一、统计资料汇总的组织形式

(1)逐级汇总是统计汇总中最常使用的一种汇总组织形式,它是按照统计管理体制,自下而上逐级整理汇总本系统或本地区范围内的统计资料。目前,我国现行的统计报表制度一般都采用这种组织形式。这种方法的优点在于能够满足各地区、各部门对统计资料的需要,有利于就地检查和核对原始资料。缺点是费时较长,影响统计资料的时效性,同时,由于经过的中间环节较多,容易产生误差。

(2)集中汇总是将全部调查资料集中到组织统计调查的最高一级机关一次汇总。这种汇总方式的优点是可以在较短时间内取得大规模综合统计的结果,大大缩短统计资料整理的时间,减少汇总过程产生的误差。缺点是原始资料如有差错,不能及时改正,汇总的资料往往不能满足各地区、各部门的需要。

(3)综合汇总是将上述两种汇总方式结合运用的组织形式。这种汇总方式一方面将最基本、最重要的指标实行逐级汇总,以满足各地区、各部门管理的需要;另一方面又将全部原始资料集中到最高一级机关实行集中汇总。例如,我国的几次人口调查采取了两种组织形式相结合的方式进行汇总,几个主要分组和指标采取逐级汇总方式,很快就得出汇总结果。同时,全部普查资料则由各省、市、自治区集中汇总,然后由中央一次汇总得出全国的资料。

(4)汇审汇编即由所属单位的统计人员处带报表和有关资料集中到综合单位分工协作,共同审核、汇总和编表。这种方法由于是上下结合、集中审核整理的汇总,便于及时发现和修正差错,也有利于相互交流经验,提高统计人员的业务水平。

就整个统计资料整理的程序而言,统计汇总可分为一级汇总和二级汇总。一级汇总就是由基层单位在其内部,从原始记录的整理和台账的登记过渡到基层报表的综合工作;二级汇总是对一级汇总资料的再汇总,统计汇总过程中以后不论再经过几次汇总都视作二级汇总。为了保证统计汇总资料的质量,必须特别重视一级汇总。

二、统计资料汇总的技术

统计汇总的技术主要有手工汇总和电子计算机数据处理两种。

(一)手工汇总

手工汇总就是用算盘或小型计算器进行的汇总,它是目前我国统计汇总中普遍使用的方法。手工汇总中通常使用的方法有划记法、过录法、折叠法和卡片法四种。

1. 划记法

就是在汇总表上以点线符号(如正、等)表示各组总体单位数的方法。汇总时,根据总体单位归属的组别,在该组内点一个点或划一条线,最后计算出各组点或线的数目,得到各组的总体单位数。这种方法简便易行,但容易出错,并且只能计算出各组的总体单位数,不能对分布在各组的标志值进行汇总。因此,划记法通常只在总体单位数不多,只要求汇总单位数,不要汇总标志值的情况下使用。

2. 过录法

过录法是先将原始资料过录在事先设计好的整理表上,然后计算出各组和总体的单位数或标志值的合计数,再将计算结果填到统计表上。这种方法的优点是既可以汇总单位数,又可以汇总标志值,而且便于核对检查。缺点是工作量大,花费时间较多。因此,在总体单位数不多、分组简单的情况下,采用过录法比较适宜。

3. 折叠法

折叠法是将调查表中需要汇总的同一横行或纵栏的数值预先折好,一张一张地重叠起来,进行汇总计算,然后将汇总结果填入统计表。这种方法避免了过录,简便易行,省时省力,也不需要设计汇总表,所以实际工作中经常使用。但在汇总过程中,一旦发现计算有误,就会前功尽弃,必须从头算起,无法从汇总过程中发现错误的原因。

4. 卡片法

卡片法是把每个调查单位的有关资料摘录到一张卡片上,利用卡片进行分组和汇总。在总体单位数多、复合分组时,卡片法是手工汇总中较好的方法。若调查资料不多,采用卡片法就很不经济。

(二)电子计算机数据处理

电子计算机数据处理是在手工处理的基础上发展起来的,其处理过程与手工处理大致相同,但具有手工处理所不可比拟的优点。电子计算机在统计工作中的应用,是统计工作现代化的重要标志,它标志着统计工作进入了一个新的阶段。

第五节　统计资料的表现形式

一、统计表

(一)统计表的定义和结构

将统计调查所得来的原始资料,经过统计整理,按一定的顺序排列在表格上,就形成了统计表。

广义的统计表包括统计工作各个阶段中所用的一切表格。

狭义的统计表是指各种反映统计资料的表格和统计分析表,也就是通常所说的统计表,它清楚地、有条理地显示统计资料,直观地反映统计分布特征,是统计分析的一种重要工具。

统计表的结构,可以从表式和内容两个方面来认识。

(1)从表式上看,统计表是由纵横交叉的线条组成的一种表格,表格包括总标题、横行标题、纵栏标题和指标数值四个部分。

总标题是统计表的名称,它扼要地说明表的基本内容,并指明时间和范围。它置于统计表格的正上方。

横行标题是横行的名称,一般放在表格的左方;纵栏标题是纵行的名称,一般放在表格的上方。横行标题和纵栏标题共同说明填入表格中的统计数字所指的内容。

指标数值是列在横行和纵栏的交叉处,即表格中的数字就是指标数值,用来说明总体及其组成部分的数量特征,它是填写在统计表格的核心部分。

(2)从内容上来看,统计表是由主词栏和宾词栏两个部分组成。

主词栏是统计表所要说明的总体及其组成部分,一般都列在表的左半部分;宾词栏是统计表用来说明总体数量特征的各个统计指标及其数值,一般都列在统计表的右半部分。如表 3-10 就体现上述特征的统计表。

表 3-10　某市企业职工人数与销售额资料表(总标题)

企业	职工人数(人)	销售额(万元)　纵栏标题
甲	235	284
→乙	276	332←
丙	417	542
合计	928	1 158

横行标题　指标数值

主词栏　宾词栏

此外,统计表还有补充资料、注解、资料来源、填表单位、填表人等附加内容。

(二)统计表的分类

(1)按统计数列的性质不同,分为空间数列表、时间数列表和时空数列结合表。

①空间数列表,是指反映在同一时间条件下,不同空间范围内的统计数列的表格。见表 3-11。

表 3-11　某地区四个纺织企业 2008 年总产值

企业名称	总产值(万元)
第一纺织厂	6 000
第二纺织厂	7 000
第三纺织厂	5 500
第四纺织厂	4 500
合计	23 000

②时间数列表,是指反映在同一空间条件下,不同时间的统计数列的表格。见

表 3-12。

表 3-12　某地区财政收入

年份	财政收入(亿元)	年份	财政收入(亿元)
2005	2 628	2007	3 312
2006	2 947	2008	3 610

③时空数列结合表,是指同时反映时间和空间两方面内容的统计表。见表 3-13。

表 3-13　某地区社会总产值构成表

部门	2005 年	2006 年	2007 年	2008 年
农业	21.07	20.30	19.68	18.38
工业	58.78	59.97	61.14	63.63
建筑业	10.70	10.55	9.95	8.19
运输业	3.14	3.05	2.81	2.93
商业	6.31	6.13	6.42	6.37
合计	100.00	100.00	100.00	100.00

(2)按主词的结构分类,根据主词是否分组和分组的程度,分为简单表、分组表和复合表。

①简单表:主词未经任何分组的统计表称为简单表。

②分组表:主词只按一个标志进行分组形成的统计表,又称为简单分组表。见表 3-14。

表 3-14　某年全社会固定资产投资情况

固定资产投资 按经济类型分组	投资额(亿元)	比上年增长(%)
国有经济投资		
集体经济投资		
居民个人投资		
其他类型投资		
合计		

③复合表:主词按两个以上标志进行分组的统计表,又称为复合分组表。表 3-15 就是复合表,表中国内生产总值分别按产业和国民经济行业这两个标志进行分组。

(3)按宾词结构分类,统计表按宾词设计不同,分为宾词简单排列、分组平行排列和分组层叠排列。

①宾词简单排列,是指宾词不加任何分组、按一定顺序排列在统计表上。见表 3-15。

②宾词分组平行排列,是指宾词栏中各分组标志彼此分开,平行排列。见表 3-16。

表 3-15　国内生产总值及其分组表

国内生产总值按产业和行业分组	国内生产总值(亿元)	比重(%)
第一产业		
第二产业		
工业		
建筑业		
第三产业		
交通运输、仓储、邮电、通信业		
批发、零售、贸易、餐饮业		
合计		

注:第二标志进行分组的组别名称要后退两字。

表 3-16　各地区社会商品零售总额　　（单位:亿元）

按地区分组	按商品性质和用途分类		按城乡分组		按经济类型分组			
	社会消费品零售总额	农业生产资料销售额	城镇	乡村	国有	集体	个体	其他
北京								
天津								
⋮								

③宾词分组层叠排列,是指统计指标同时有层次地按两个或两个以上标志分组,各种分组层叠在一起,宾词的栏数等于各种分组的组数连乘积,例如农村劳动力按三次产业分为三组,按性别分为两组,则符合分组设计的宾词栏共有 6 栏(不包括总计栏)。见表 3-17。

表 3-17　2003 ~ 2007 年农村劳动力的分布情况

年份	劳动力人数			三次产业								
				第一产业			第二产业			第三产业		
	合计	男	女	合计	男	女	合计	男	女	合计	男	女
2003												
2004												
2005												
2006												
2007												
总计												

统计表的主词分组与宾词分组是有区别的。主词分组的结果使总体分成许多组成部分,它们是需要用统计指标(宾词)来描述和表现的。宾词分组的结果并不增加统计总体的组成部分,仅仅是比较详细地描述总体已有的各个组成部分。由此可见,主词分组具有独立的意义,而宾词分组从属于主词的要求,是为了描述主词的数量特征而设计的。

(三)统计表的设计

统计表的设计要求是:简练、明确、实用、美观,便于比较。

1. 统计表表式设计应注意的事项

(1)统计表应设计成由纵横交叉线条组成的长方形表格,长与宽之间保持适当的比例。

(2)线条的绘制。表的上下两端应以粗线绘制,表内纵横线以细线绘制;表格的左右两端一般不划线,采用"开口式"。

(3)合计栏的设置。统计表各纵列须合计时,一般应将合计列在最后一行;各横行若须合计时,可将合计列在最前一栏或最后一栏。

(4)栏数的编号。如果栏数较多,应当按顺序编号,习惯上主词栏部分分别编以"甲乙、丙、丁……"序号,宾词栏编以(1)、(2)、(3)…序号。

2. 统计表内容设计应注意的事项

(1)标题设计。无论是总标题,还是横栏、纵栏标题都应简明扼要,简练而又准确地表述出统计资料的内容及所属的时间和空间范围。

(2)指标数值。表中数字应填写整齐,对准位数。当数字本身为0或因数字太小而忽略不计时,可填写为"0";当缺某项数字资料时,可用符号"…"表示;不应有数字时用符号"—"表示。

(3)计量单位。统计表必须注明数字资料的计量单位。当全表只有一种计量单位时,可以把它写在表头的右上方。如果表中各栏的指标数值计量单位不同,可在横行标题后添一列计量单位。

(4)注解与资料来源。为保证统计资料的科学性与严肃性,在统计表下,应注明资料来源,以便考察。必要时,在统计表下加注说明。

二、统计图

统计图是利用统计资料绘制成的几何图形或具体图来说明社会经济现象数量方面的一种形式。统计图与统计表一样,可以从数量方面反映出研究对象的规模、水平、结构、发展趋势和比例关系,也是统计整理的一种重要内容。

统计图是表现统计资料的一种重要方法,它不仅使统计资料鲜明醒目、生动活泼,而且具体、形象、通俗易懂,给人以明晰而概括的印象,使人一目了然。所以,统计图是向广大群众进行宣传教育的有效工具,是进行评比的重要方法,也是进行统计分析、加强经营管理的一种重要手段。

(一)统计图的绘制步骤

统计图的绘制,一般需要经过以下几个步骤。

1. 确定绘制统计图的目的

有了明确的制图目的，才能据此决定制图所应用的资料、图式和表达方法，制图的目的应根据实际需要来确定。

2. 收集统计资料

统计资料是绘制统计图的依据，制图所用的统计资料必须合乎制图的目的。因此，所选择的统计资料，应是具有实际意义并能反映事物本质的重要资料。

3. 决定绘制的图式

要根据所确定的绘制统计图的目的，收集的统计资料的性质与内容，决定所要绘制的统计图的式样，并同时考虑统计图的作用、分布场合和应用对象。

4. 绘制图形

手工绘图一般先用铅笔画好草图，待校对准确后再绘制出正式图形，并要书写图名、加注数字文字说明（如绘制单位、日期、资料来源等）和必要的图例。随着计算机技术不断发展，电脑制图功能日益强大，使得统计图的制作更加方便和精确。

（二）几种主要统计图

1. 条形图

条形图是用宽度相同的条形的高度或长度来表示数据变动的图形。条形图可以横置也可以纵置，纵置时又称为柱形图，也就是说，当各类别放在纵轴时，称为条形图；当各类别放在横轴时，称为柱形图。例如：

广告类型	人数(人)	比例	频率(%)
商品广告	112	0.560	56
服务广告	51	0.255	25.5
金融广告	9	0.045	4.5
房地产广告	16	0.080	8
招生招聘广告	10	0.050	5
其他广告	2	0.010	1

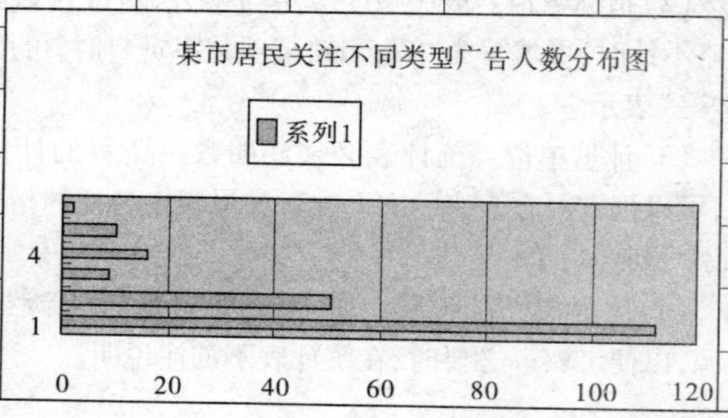

2. 圆形图

圆形图又称为饼图，是用圆形和圆内扇形的面积来表示数值大小的图形，主要用于表示总体中各组成部分所占的比例，对研究结构性问题十分有用。在绘制圆形图时，总体中各部分所占的百分比用圆内的各个扇形面积表示，这些扇形的中心角度是按各部分百分比占360°的相应比例确定的。如根据上表，绘制出相应的圆形图，见图3-5。

3. 环形图

环形图与圆形图又有区别，环形图中间有一个空洞，总体中的每一部分数据用环中的一段表示；圆形图只能显示每一个总体各部分所占的比例，而环形图则可以同时绘制多个总体的数据系列，每一个总体的数据系列为一个环。因此，环形图可以显示多个总体各部分所占的相应比例，从而有利于进行比较研究。

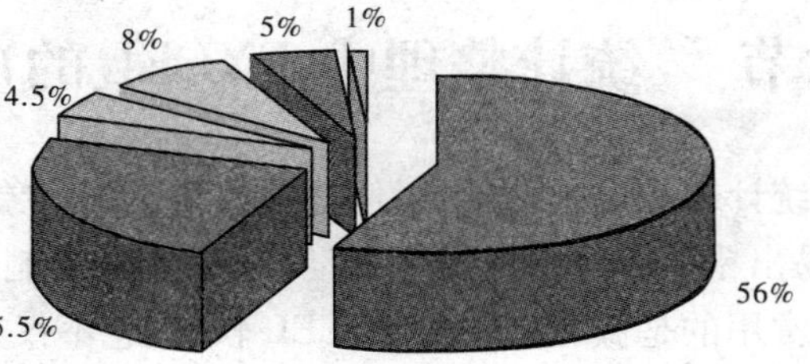

图 3-5　圆形图

例如：在一项有关住房问题的研究中，调查人员在甲乙两个城市各抽样调查 300 户家庭，其中一个问题是："您对您家庭目前的住房状况是否满意？"备选答案有：

(1)非常不满意；(2)不满意；(3)一般；(4)满意；(5)非常满意。

调查结果如下：

回答类别	甲城市家庭		乙城市家庭	
	户数	比例(%)	比例(%)	户数
非常不满意	24	8	7	21
不满意	108	36	33	99
一般	93	31	26	78
满意	45	15	21.3	64
非常满意	30	10	12.7	38
合计	300	100	100	300

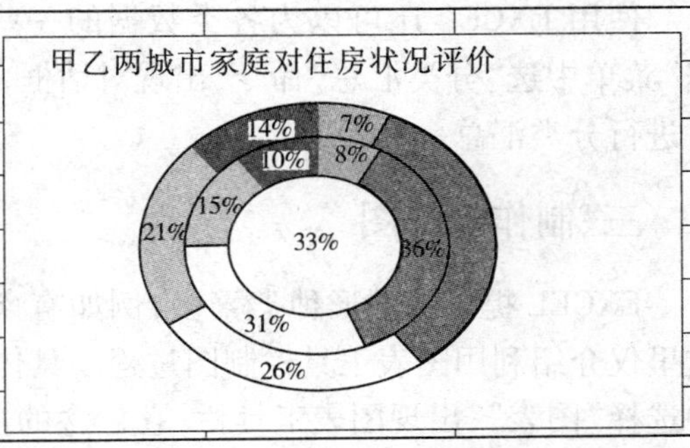

显示分组数据频数分布特征的图形有直方图、折线图和曲线图等。

4. 直方图

直方图是用矩形的宽度和高度来表示频数分布的图形。在平面直角坐标中，横轴表示数据分组，即各组组限，纵轴表示频数(一般标在左方)或频率(一般标在右方)，若没有频率的直方图只保留左侧的频次数。这样各组组距的宽度与相应的频数的高度就绘制成一个个矩形，即直方图。

5. 折线图和曲线图

折线图可以在直方图的基础上，把直方图顶部的中点用直线连接而成，也可以用组中值与频数求坐标连接而成。

需要注意的是，折线图的两个终点要与横轴相交，具体的做法是：将第一个矩形的顶部中点通过竖边中点(即该组频数一半的位置)连接到横轴，最后一个矩形顶部中点与其竖边中点连接到横轴。这样才会使折线图下所围成的面积与直方图的面积相等，从而使二者所表示的频数分布一致。

当对数据所分的组数很多时，组距会越来越小，这时所绘制的折线图就会越来越光滑，逐渐形成一条平滑的曲线，这就是频数分布曲线。

第六节　统计整理中 EXCEL 的应用

把统计资料整理成统计表和统计图,可以使统计资料更加形象直观,但若用手工方法制作则比较麻烦,且容易出错。一旦数据发生变动,还得重新绘制,如果借助计算机就方便多了。在统计工作中常用的是微软公司的 EXCEL 软件,它不仅是一种功能齐全的电子表格处理软件,也是一种操作简便的绘图工具。

一、数据的录入

首先进入 EXCEL,选定准备向其中输入的数据单元格,然后将文字、数据、公式等输入到单元格中,然后按 Enter 键。

二、统计分组

使用 EXCEL 还可以为各类数据的一些数据项进行统计分组。具体方法是:从"数据"菜单中选"分类汇总"命令,出现对话框,按要求确定好分类、汇总方式及汇总项后,即可进行分类汇总。

三、制作统计图

EXCEL 提供的图形种类繁多,例如有条形图、饼图、折线图、直方图等常见的图形。这里仅介绍利用图表工具栏制图过程。具体做法是:在"视图"菜单中选择"工具"项,从中选择"图表",出现图表工具栏,它包含的主要内容有图表类型、图表向导、图例等。此时,先在工作表中选择区域,然后根据需要在图表工具栏中选择"图表类型",单击一下,立即生成一个图表嵌入在工作表中。根据需要还可以随时对图表区格、图表类型、图表标志等进行修改。

四、实验指南

在一批灯泡中随机抽取 50 只,测试其使用寿命,原始数据如下(单位:h):

700	716	728	719	685	709	691	684	705	718
706	715	712	722	691	708	690	692	707	701
708	729	694	681	695	685	706	661	735	665
668	710	693	697	674	658	698	666	696	698
706	692	691	747	699	682	698	700	710	722

进行等距分组,整理成频数分布表,并绘制频数分布图(直方图、折线图、曲线图)。

具体操作步骤:使用 FREQUENCY 函数绘制频数分布表(图)。

(1)在单元区域 A2 : E11 中输入原始数据。

(2)并计算原始数据的最大值(在单元格 B12 中)与最小值(在单元格 D12 中)。

(3)根据 Sturges 经验公式计算经验组距(在单元格 B13 中)和经验组数(在单元格 D13 中)。

(4)根据步骤(3)的计算结果,计算并确定各组上限、下限(在单元区域 F2 ∶ G8 中)。

步骤(1)~(4)如图 3-6 所示。

B13 fx =INT((B12-D12)/(1+3.322*LOG(50,10)))

	A	B	C	D	E	F	G	H
1	原始数据：50只灯泡使用寿命（单位：小时）					各组下限	各组上限	
2	700	716	728	719	685	658	671	
3	709	691	684	705	718	671	684	
4	706	715	712	722	691	684	697	
5	708	690	692	707	701	697	710	
6	708	729	694	681	695	710	723	
7	685	706	661	735	665	723	736	
8	668	710	693	697	674	736	749	
9	658	698	666	696	698			
10	706	692	691	747	699			
11	682	698	700	710	722			
12	最大值	747	最小值	658				
13	经验组距	13	经验组数	7				

图 3-6 组数和组限的确定

(5)绘制频数分布表框架,如图 3-7 所示。

	A	B	C	D	E	F	G	H
17	频数（率）分布表							
18	分组	频数	频数密度	频率（%）	向上累积		向下累积	
19					频数	频率	频数	频率
20	658~671							
21	671~684							
22	684~697							
23	697~710							
24	710~723							
25	723~736							
26	736~749							
27	合计		—		—	—	—	—

图 3-7 频数分布表框架

(6)计算各组频数:

①选定 B20 ∶ B26 作为存放计算结果的区域。

②从“插入”菜单中选择“函数”项(或“单击常用工具栏”中的“插入函数”按钮)。

③在弹出的“插入函数”对话框中选择“统计”函数 FREQUENCY。

步骤①~③如图 3-8 所示。

④单击“插入函数”对话框中的“确定”按钮,弹出“FREQUENCY”对话框。

⑤确定 FREQUENCY 函数的两个参数的值。其中:

Data_array:原始数据或其所在单元格区域(A2 ∶ E11)

Bins_array:分组各组的上限值或其所在的单元格区域(G2 ∶ G7)。

步骤④~⑤如图 3-9 所示。

⑥按 Shift + Ctrl + Enter 组合键,结果如图 3-10 所示。

⑦用各种公式计算表中其他各项,结果如图 3-11 所示。

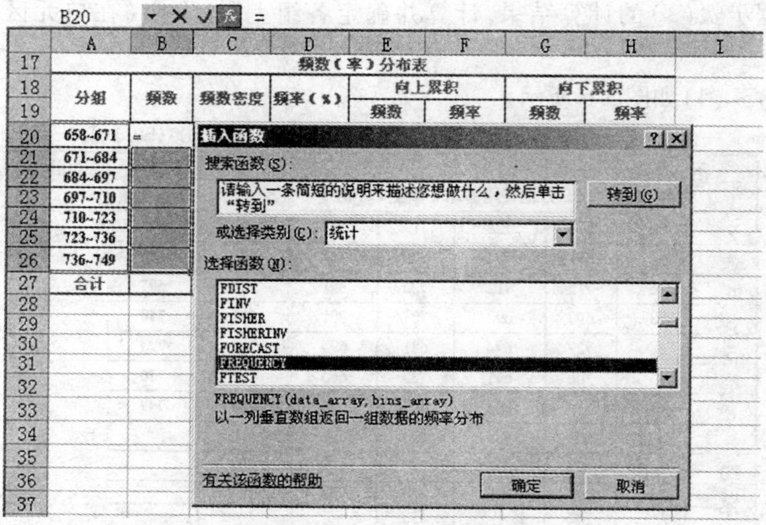

图 3-8　选择 FREQUENCY 函数

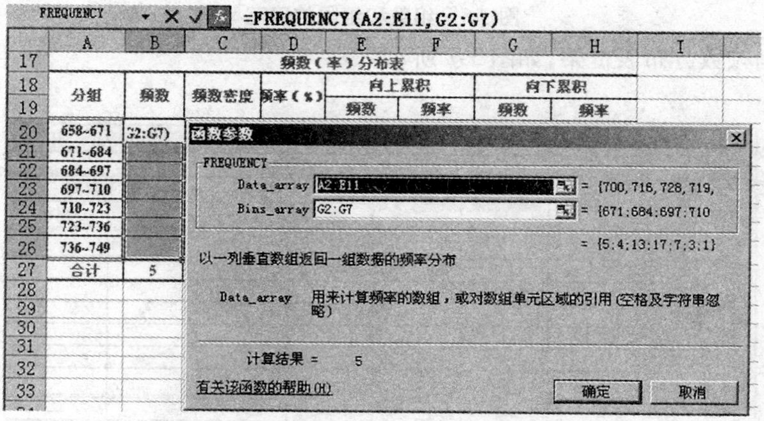

图 3-9　确定 FREQUENCY 函数的参数

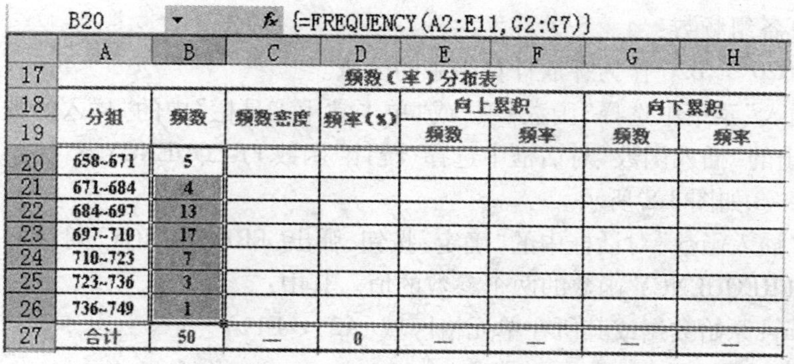

图 3-10　FREQUENCY 函数计算结果

⑧作频数分布图。

使用 EXCEL 的“图表向导”工具即可（操作步骤略），结果如图 3-12 ~ 图 3-14 所示。

C28 f_x {=B28:B34/B13}

	A	B	C	D	E	F	G	H
25	频数（率）分布表							
26	分组	频数	频数密度	频率（%）	向上累积		向下累积	
27					频数	频率	频数	频率
28	658~671	5	0.3846154	10	5	10	50	100
29	671~684	4	0.3076923	8	9	18	45	90
30	684~697	13	1	26	22	44	41	82
31	697~710	17	1.3076923	34	39	78	28	56
32	710~723	7	0.5384615	14	46	92	11	22
33	723~736	3	0.2307692	6	49	98	4	8
34	736~749	1	0.0769231	2	50	100	1	2
35	合计	50	—	100	—	—	—	—

图 3-11　频数分布表中的其他计算

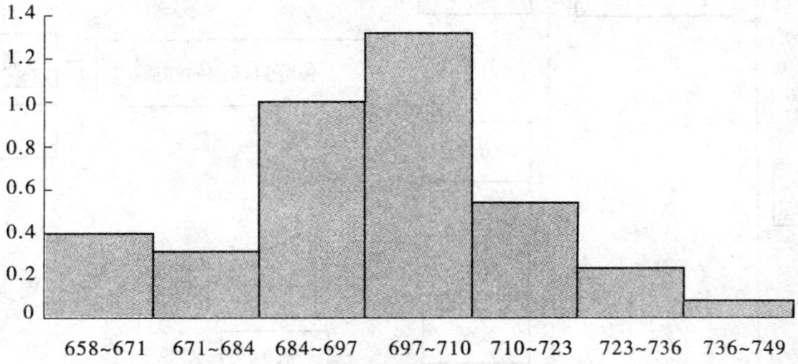

图 3-12　灯泡寿命频数分布直方图

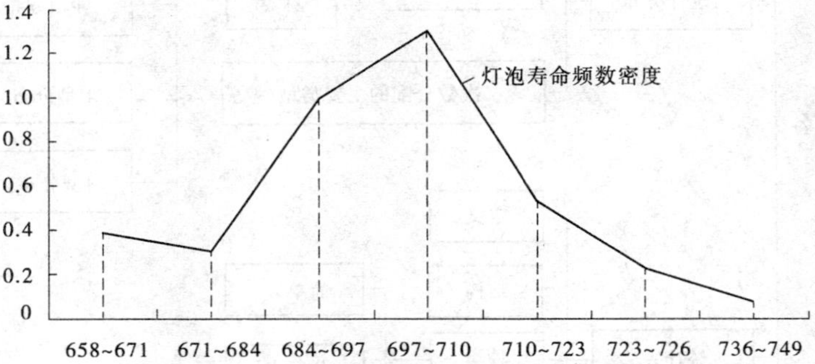

图 3-13　灯泡寿命频数分布折线图

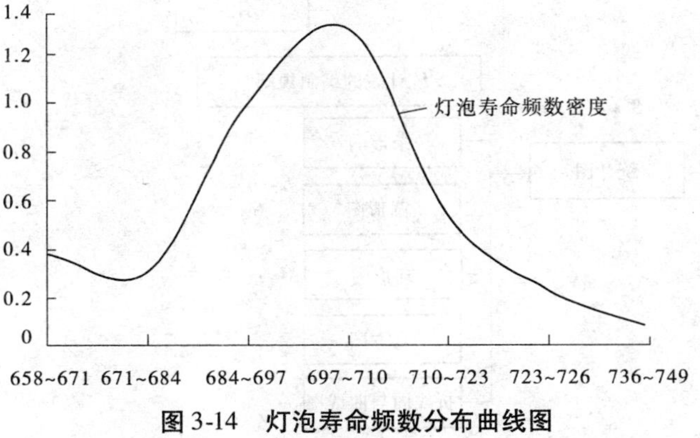

图 3-14　灯泡寿命频数分布曲线图

本章知识结构图如下：

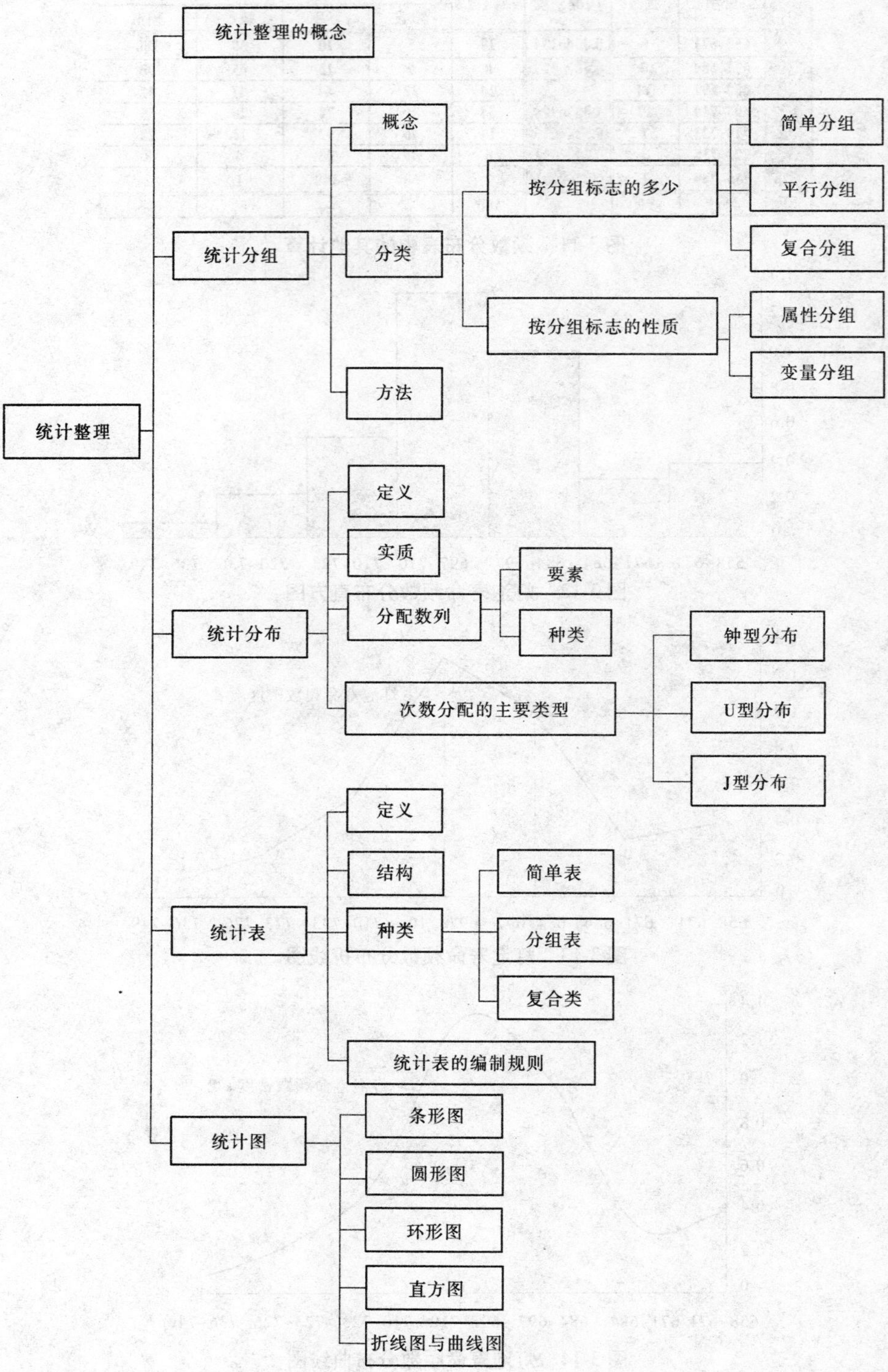
统计整理
统计整理的概念
统计分组
概念
分类
按分组标志的多少
简单分组
平行分组
复合分组
按分组标志的性质
属性分组
变量分组
方法
统计分布
定义
实质
分配数列
要素
种类
次数分配的主要类型
钟型分布
U型分布
J型分布
统计表
定义
结构
种类
简单表
分组表
复合类
统计表的编制规则
统计图
条形图
圆形图
环形图
直方图
折线图与曲线图

阅读材料1

海军军官——毛端的故事

这个故事发生于19世纪中叶。有一个名叫毛端(M. Maury)的年轻美国海军中尉,在他腿伤渐愈时,十分冒昧大胆地向上级提出海军必须改革的数项建议,其中一项是令半数海军上将退休领半薪。毛端是个并非令每个长官所喜欢的年轻军官,因此在1842年当他完全康复之后,美国海军总部派他担任一个海军中最糟糕的职位,量测长。

毛端上任之后,发现自己也是航海日志的保管员。办公室内到处堆积着美国海军船舰历次出航的完整航海日志,内容包括海浪的方向及速度、水深及水温,还有风力和方向。毛端对于航海深感兴趣,但也为美国船长航行时缺少辅助工具而大表不安。在他给战事局的一封信中,毛端指出即使航行于乞沙比克湾(Chesapeake Bay,一个大西洋的海湾,临近美国维吉尼亚州及马里兰州,长达二百英里)时,美国船舰仍然必须仰赖英国海军所遗留的航海图。

毛端因此尽力整理编辑他所看管的数以千计的资料。目标是:"将航海者所累积经验都系统化,以便往后任何航海人只要一看到这些数据,就能拥有前人的经验。"经过不断的研究,他终于发明出一套简单的图形。他将风向以箭头表示顺风,并以箭头的长短与风力成比例;对于浪速,他绘以手指指出水流方向,并在手指之下以数值表示。水温也绘出并且划上底线。

有一个名叫杰克的船长是最早使用毛端所制图形从事航海的人之一,他指挥一条WHDC Wright号的帆船由美国巴尔的摩到巴西里约热内卢。毛端的航海图显示,传统的偏东航行以避免在圣罗喀角沉没的做法是没有必要的。因为在该地的风浪并不危险,反而相当平静。Wright号抵达里约的时间是38天,比以往的纪录快了17天。另外,有一艘名叫飞云号(Flying Cloud)的船依据毛端的航海图,在1851年6月20日绕道Cape Horn,从事由纽约至旧金山的处女航。它只费了89天就抵达旧金山,只差21小时就比以往纪录提早一个月到达。在它返航回纽约时,又打破了刚创的新纪录。利用毛端的航海图,飞云号在六个月内就为它的投资人赚回全部购船费用9万美元。

海军船舰在环绕世界的航行天数也因使用毛端航海图而省下三分之一的时间。毛端的航海图使得每位船长拥有先前航海者所有的知识,同时每位船长也可利用这些知识改进他的船只的绩效。

1853年,由于毛端的倡导,第一届国际海洋量测会议在比利时的布鲁塞尔举行。参加的十国一致无异议地同意,分享使用毛端所修订摘要航海日志的信息。毛端也承诺凡是提供给他航海日志的船长将获赠一本新版的航海图。在其后的五十年间,十国提出百万册的完整摘要航海日志。毛端几乎独力将航海带入现代,将原先每位船长必须依赖传统式猜测与经验的做法改为科学观测。

(选自百度网络文章)

阅读材料2

女护士—— 南丁格尔的故事

弗劳伦斯·南丁格尔(1820年5月12日~1910年8月13日)出生在19世纪英国一

个富裕家庭，她小的时候，父母希望她能具备文学与音乐的素养，从而进入上流社会。但南丁格尔自己却不这么想，她曾经在日记中写道：摆在我面前的路有三条：一是成为文学家；二是结婚当主妇；三是当护士。而她最后不顾父母的反对，毅然选择了第三条道路：当一名护士。要知道，在她生活的19世纪中期的英国，医院肮脏不堪，病人无法得到很好的护理，护士是一些无知、粗俗的女人做的工作，她的父母甚至觉得她的选择损害了他们家的名誉。但南丁格尔却发誓要改变这一切。

1853年，她在伦敦担任了妇女医院院长。1854年，克里米亚战争爆发。英国战地医院管理不善，条件极差，士兵死亡率高达50%。南丁格尔主动申请志愿前往担任战地护士工作。她率领38名护士抵达前线，在四所战地医院服务。当她到达现场，她被野战医院恶劣的条件吓坏了。前线药品匮乏，水源不足，卫生极差。"院内的病床都受到虱子和老鼠的传染。建筑的地下就是排水沟……累积着污垢……当风吹动时，沟中臭气由管路飘上地面……那正是病人躺在草席上的所在。"

她对战地医院的批评并没有多大分量，因为她只不过是一个护士，一个女人。她立即动手开始收集医院内伤亡的数字，但是她所遭受的困难不仅是如何将这些数据化为信息，更困难的挑战是如何创出新的表示方法，将这些整理所得结果以引人注目的方式表现出来，以促使有关当局采取行动，改善野战医院的恶劣现状。

南丁格尔对比利时天文统计学家奎莱特(L. Quetelet)衷心崇拜。当她由克里米亚返回英国后，遇到使用图示法的先驱人物法尔(W. Farr)。南丁格尔将法尔的条形图(barplot)发挥得淋漓尽致，同时发明了我们现在的所谓极坐标图(polar chart)，戏剧性地表达出她的观点。在她绘制的第一个图中，我们可看出在1854~1855年间死于感染性疾病、其他原因及受伤的恶化状况。到了1855年1月，由于感染性疾病而死的死亡率使得陆军不得不随时调遣新兵补充。仅因感染性疾病而死的人数，几乎是其他原因及受伤死亡人数的两倍。

她将1855年于史库塔瑞(Scutari)的士兵死亡人数以周为单位表示出来绘制出第二个统计图。由图可知在1855年6月因感染死亡人数，约仅为2月份的1/9。事实上，克里米亚战争末期，在克里米亚的士兵死亡率比驻于英国本土的士兵的死亡率还低。

南丁格尔返国之后，立即对英国国内驻军的问题展开攻击。她将同年龄群国内驻军与平民男子死亡人数的比较绘制出第三个统计图。又将15~45岁士兵与平民男子死亡率以不同疾病区分的比较绘制出第四个统计图。结果显示，因感染性疾病而死的士兵的死亡率约为同年龄平民男子的20多倍。她的研究结果由第三者向刚成立的医事委员会发表(因她是女性，依当时习俗不得出席于委员会之前)。这时艾伯特亲王和维多利亚女王对这项发现甚为注意，因此陆军医药服务局被迫说明事实真相，大幅军队医疗改革于是开始。

她竭力排除各种困难，为伤病员解决必需的用物和食品，认真护理，使战地医院面貌大为改观。仅半年左右，伤病员死亡率下降为2.2%。每夜，她手持油灯巡视伤病员，士兵们都亲切地称呼她为"提灯女士"。

1856年，南丁格尔任陆军医院妇女护理总监。战后回国，被尊为民族英雄。1860年，南丁格尔用英国政府奖励的4 400英镑，创建了世界上第一所正规护士学校，随后又创办了助产士及济贫院护士培训班，被誉为现代护理教育的奠基人。1907 年，英王颁发命令，授予南丁格尔功绩勋章，南丁格尔成为英国历史上第一个接受这一最高荣誉的妇女。她逝世后，世人为了表示对她的敬仰，把她的生日（5 月 12 日）作为国际护士节。1910 年 8 月 13 日，南丁格尔在睡眠中溘然长逝，享年 90 岁。南丁格尔终身未嫁，她的一生，历经整个维多利亚女王时代，对开创护理事业做出了超人的贡献。她毕生致力于护理的改革与发展，取得举世瞩目的辉煌成就。这一切使她成为 19 世纪出类拔萃、世人敬仰和赞颂的伟大女性。为了纪念她的成就，1912 年，国际护士会（ICN）倡仪各国医院和护士学校定每年 5 月 12 日为南丁格尔诞辰日；并举行纪念活动，并将 5 月 12 日改为国际护士节，以缅怀和纪念这位伟大的女性。

南丁格尔逝世后，遵照她的遗嘱，未举行国葬。后人饮誉她为“伤员的天使”和“提灯女士”。1907 年，在伦敦举行的第 8 届国际红十字大会上，有代表倡议设立南丁格尔奖章，以表彰成绩优异的护士。5 年之后，当第 9 届国际红十字大会在华盛顿召开时，代表们一致通过决议，设立南丁格尔奖章，经费由各国红十字会资助，具体颁发任务委托红十字国际委员会负责。

（选自百度网络文章）

故事启示　由第一个故事可知，美国海军的历次出航的航海日志，虽然含有丰富内涵及实用价值，如果毛端没有使用统计方法加以整理归纳，成为有用信息，现代航海的进步可能因此迟缓若干年。另外，南丁格尔如果未能用统计图表将克里米亚战争中，英军因感染性疾病而死的真相以数据化方式展现出来，就不可能引起有关人士的注意，军医改革也可能不会发生。从这两个历史资料中读者应能体认到统计图示法的应用及威力。

统计方法是一个讲求事实显现真相的实用手法，它并非仅限于科学研究之用，日常生活中所遭遇的问题同样也可用统计方法收集数据、分析结果、寻求对策及确定效果。

习　题

一、填空题

1. 统计整理是________________。

2. 统计分组是________________。

3. 按分组标志性质不同，统计分组可以按__________和__________分组。

4. 统计分组体系是指______________，它的两种形式是__________和__________。

5. 简单分组是______________；平行分组体系是__________；复合分组体系是__________。

6. 分布数列是指______________；它有__________和__________两种。

7. 品质数列是由__________和__________两个要素组成；变量数列是由__________和__________两个要素组成。

8. 变量数列有__________和__________两种。

9. 单项数列适合＿＿＿＿＿＿＿＿；组距数列适合＿＿＿＿＿＿。

10. 对那些分组标志重合的总体单位数应遵循＿＿＿＿＿＿原则。

11. 组中值是＿＿＿＿＿＿，它具有＿＿＿＿＿＿作用。

12. 在开口组距数列条件下，组中值计算公式分别为＿＿＿＿＿＿和＿＿＿＿＿＿。

13. 次数分布类型有＿＿＿＿＿＿、＿＿＿＿＿＿和＿＿＿＿＿＿三种。

14. 统计表从形式上看由＿＿＿＿＿＿、＿＿＿＿＿＿、＿＿＿＿＿＿和＿＿＿＿＿＿四部分构成，从内容上看由＿＿＿＿＿＿和＿＿＿＿＿＿二部分构成。

15. 统计表按总体分组情况不同可分为＿＿＿＿＿＿、＿＿＿＿＿＿和＿＿＿＿＿＿。

二、单项选择题

1. 将基层的统计调查资料集中到中央或省市统计机关直接进行整理，这种整理组织形式是(　　)。

①逐级整理　　②会审汇编

③集中整理　　④计算机整理

2. 统计分组能够将(　　)。

①总体中性质相同的单位划分开来

②性质不同的总体划分开来

③总体中性质相异的单位划分开来

④性质相同的总体合并在一起

3. 在研究工业企业的经济效益时，宜选择(　　)标志分组。

①产量　　②所有制

③利税额　　④职工人数

4. 在技术进步条件下，若研究企业规模，则宜用(　　)标志分组。

①固定资产价值　　②总产值

③职工人数　　④流动资金

5. 如果对某厂职工先按年龄分组，在此基础上再按工资水平分组，这属于(　　)。

①简单分组　　②复合分组

③平行分组　　④再分组

6. 对企业按所有制、部门、隶属关系分组，这属于(　　)。

①复合分组体系　　②再分组

③平行分组体系　　④简单分组

7. 现有如下资料：(甲)人口按接受教育水平的分配；(乙)城市按居民人数的分配。上面资料中哪个属于品质分配数列？(　　)

①甲　　②乙

③甲、乙　　④非甲、非乙

8. 现有如下资料：(甲)学生按年龄分配；(乙)商店按流转额大小分配。上面资料中哪个属于变量分配数列？(　　)

①甲　　②乙

③甲、乙　　　　　　　　④非甲、非乙

9. 今有汽车按载重量的分配数列，变量是：(甲)载重量，(乙)汽车数量；今有高等学校按大学生人数的分配数列，频数是：(丙)大学生人数，(丁)高等学校数。属于变量和频数的是哪一组？(　　)

①甲、丙　　　　　　　　②甲、丁

③乙、丙　　　　　　　　④乙、丁

10. 在组距数列中，每组的上限值与下限值之差叫(　　)。

①全距　　　　　　　　②组距

③等距　　　　　　　　④异距

11. 某乡农民人均收入最高为426元，最低为270元，据此分为6组形成等距数列，则其组距应为(　　)。

①71　　　　　　　　②26

③45　　　　　　　　④116

12. 某组距为50的等距数列，最末一组为开口组，其下限为100，则该组的组中值为(　　)。

①100　　　　　　　　②125

③95　　　　　　　　④130

13. 频率是指(　　)。

①各组分布次数　　　　②频数

③各组分布次数相互之比

④各组分布次数与总次数之比

14. 在等距数列中，组距的大小与组数的多少成(　　)。

①正比　　　　　　　　②反比

③等比　　　　　　　　④无比例

15. 将各组次数或比重由变量值高的组向变量值低的组累计称为(　　)。

①向上累计　　　　　　②累计

③向下累计　　　　　　④汇总

16. 计算向上累计次数或比重时，各累计数的意义是(　　)。

①各组上限以下的累计次数或累计比重

②各组上限以上的累计次数或累计比重

③各组下限以上的累计次数或累计比重

④各组下限以下的累计次数或累计比重

17. 统计表的纵栏标题和数字在统计表中称为(　　)。

①总标题　　　　　　　②主词

③宾词　　　　　　　　④横标题

18. 说明统计表名称的词句，在统计表中称为(　　)。

①主词　　　　　　　　②总标题

③宾词　　　　　　　　④纵标题

三、多项选择题

1. 统计整理具有(　　)过渡作用。

①由说明个体的材料过渡到说明总体的材料

②由说明局部情况的材料过渡到说明全局的材料

③由反映现象不系统不完备的材料过渡到反映现象系统完备的材料

④由加工好的资料过渡到统计表上

2. 统计分组的关键在于(　　)。

①选择分组标志　　②划分各组界限

③确定研究范围　　④确定具体构成

3. 统计分组具有以下(　　)的作用。

①反映现象之间的数量依存关系

②区分事物性质、划分事物类型

③反映总体的内部结构及整个结构的类型

④发现现象特点和规律

4. (　　)是按品质标志分组。

①职工按技术等级分组

②工人按工资分组

③学生按成绩分组

④企业按隶属关系分组

5. (　　)是按数量标志分组。

①企业按地区分布分组

②企业按计划完成百分比分组

③商店按零售额分组

④人口按地区分组

6. 农作物按亩产量分布、人口死亡率分布、老年人口死亡率按年龄分布分别属于(　　)。

①钟型分布　　②U 型分布

③正 J 型分布　　④反 J 型分布

四、判断题

1. 统计整理就是对原始资料的整理。(　　)

2. 统计整理的中心任务就是汇总、计算、编制统计表。(　　)

3. 按照一定的领导系统自下而上地逐级进行调查资料的整理叫逐级整理。(　　)

4. 只有汇总才能反映现象之间的数量依存关系。(　　)

5. 正确选择分组标志是统计分组的核心问题。(　　)

6. 对一总体按性别分为男、女,反映平均工资水平在各组分布状况,这个统计数列就叫分布数列。(　　)

7. 对某班学生按考分分组,反映学生人数在各组分布状况,这个统计数列叫变量数

列。(　　)

8. 按品质标志分组的结果形成变量数列。(　　)

9. 用变量变动的一定范围或一定距离的两个变量值作为一个组,而形成的分布数列叫单项式数列。(　　)

10. 分布数列中的每组组距都相等叫异距数列。(　　)

11. 对离散型变量既可编制单项式变量数列,也可编制组距数列;对连续型变量只能编制组距数列。(　　)

12. 在实践中,对离散型变量也可采用重合组限的办法进行分组,即相邻两组交界处的组限可以重合。(　　)

13. 上下限都齐全的组叫闭口组。(　　)

14. 某村按年收入分组,其中第二组下限为 1 500 元,上限为1 550元;第三组下限为 1 550 元,上限为 1 600 元。若一农民年收入为 1 550 元,则该农民应统计到第三组中去。(　　)

15. 对组距数列进行分组时,"上限不在内"原则就是只包括本组下限变量值的单位,将本组上限变量值的单位划到下组去。(　　)

16. 统计表就是统计报表。(　　)

17. 简单表是指对总体按一个标志进行分组所形成的表格。(　　)

18. 统计表一般均采用开口式,即在左右两端不划线。(　　)

五、问答题

1. 简述统计整理的基本步骤。

2. 简述变量数列的编制方法。

六、计算题

1. 某商店 50 名售货员月工资原始资料如下(单位:元):

350、352、375、380、392、382、388、390、396、370、390、369、394、383、364、367、388、361、363、378、380、382、386、375、384、372、396、370、375、385、400、405、389、395、378、390、370、360、358、385、410、415、365、372、354、368、353、376、420、430

试根据上述资料编制组距数列和次数分布表,计算出人数、累计次数及频率,画出次数分布图。

2. 对你所熟悉的现象设计:

①简单表、简单分组表、复合表;

②平行分组体系和复合分组体系。

第四章　静态分析指标

教学目的和要求　通过本章的学习，要了解总量指标的概念和分类；掌握相对指标的概念和分类；熟练掌握平均指标和变异指标的概念和计算。

关键词　总量指标　相对指标　平均指标

引导案例

小幽默：骗人的"平均数"

吉斯莫先生有一个小工厂，生产超级小玩意儿。管理人员由吉斯莫先生、他的弟弟及六个亲戚组成。工作人员由5个领工和10个工人组成。工厂经营得很顺利，现在需要一个新工人。现在吉斯莫先生正在接见萨姆，谈工作问题。

吉斯莫：我们这里报酬不错，平均薪金是每周300元。你在学徒期间每周得75元，不过很快就可以加工资。

萨姆工作了几天之后，要求见厂长。

萨姆：你欺骗我！我已经找其他工人核对过了，没有一个人的工资超过每周100元。平均工资怎么可能是一周300元呢？

"啊，萨姆，不要激动。平均工资是300元。我要向你证明这一点。"

吉斯莫：这是我每周付出的酬金。我得2 400元，我弟弟得1 000元，我的六个亲戚每人得250元，五个领工每人得200元，10个工人每人100元。总共是每周6 900元，付给23个人，对吧？

萨姆：对，对，对！你是对的，平均工资是每周300元。可你还是蒙骗了我。

吉斯莫：我不同意！你实在是不明白。我已经把工资列了个表，并告诉了你，工资的中位数是200元，可这不是平均工资，而是中等工资。

萨姆：每周100元又是怎么回事呢？

吉斯莫：那称为众数，是大多数人挣的工资。

吉斯莫：老弟，你的问题是出在你不懂平均数、中位数和众数之间的区别。

萨姆：好，现在我可懂了。我……我辞职！

历事故事分析　"平均"这个词往往是"算术平均值"的简称。这是一个很有用的统计学的度量指标。然而，如果有少数几个很大的数，如吉斯莫的工厂中少数高薪者，"平均"工资就会给人错误的印象。它把工资的差别给掩盖了。

有时"平均"这个词不单是指算术平均值，而是指中值或众数。中值（中位数）是按大小顺序排列的数值表中中心位置对应的数值。如果表中数值有奇数项，则中值就是中间项的值。如果有偶数项，中值往往取中间两项的算术平均值。

中值对萨姆来说比算术平均值重要，但就是中值也使人对这个工厂的工资情况得出歪曲了的印象。萨姆要知道的是"众数"——表中段常出现的数。在这里，众数是发给工厂中数目最多的人的工资数。有时候这叫做典型情况,因为它比其他任何情况出现次数都多。

（选自百度网络文章）

故事启示 故事揭示出,误解产生的一个共同根源是不了解平均数、中位数(中值)和众数之间的差别。所以,在日常生活中也要了解各种统计指标的应用。

第一节 总量指标概述

一、总量指标的意义

总量指标是反映社会经济现象总规模或总水平的统计指标,其数值随着总体范围的大小而增减,表现形式为绝对数,所以也称绝对数。它是社会经济统计中最常用、最基本的统计指标。其作用表现在以下几方面:

(1)总量指标是对现象总体认识的起点。例如掌握了一个国家或地区在一定时间的人口总数、劳动力数量、国土面积、社会总产值、社会商品零售额、钢铁产量等总量指标,就能对这个国家或地区有个基本认识。

(2)总量指标是制定政策、编制计划、实行社会经济管理的重要依据。

(3)总量指标是计算相对指标和平均指标的基础。因此,总量指标计算是否合理、科学,直接影响到其他指标的正确性。

二、总量指标的种类

(1)总量指标按其所说明的总体内容不同,分为总体单位总量和总体标志总量。

总体单位总量就是总体单位数。例如企业数、医院数、职工人数等。总体标志总量就是总体各单位某种标志值的总和,它表明总体数量特征的总量,例如:总产量、工资总额等。一个总量指标究竟是总体单位总量还是总体标志总量,应随着研究目的的不同和研究对象的变化而定。例如学生人数这一总量指标,当学校作为总体时,它就是总体标志总量;如果学生作为总体时,它就是总体单位总量。

(2)总量指标按其反映的时间状况不同,分为时期指标和时点指标。

时期指标反映在一定时期内发展变化的累计结果,如一定时期的产品产量、产值、工资总额、出生人数等。时点指标反映现象在某一时刻(瞬间)上状况的总量,如人口数、设备台数、商品库存数等。

比较时期指标与时点指标的特点,可以看出:①时期指标的数值是连续统计的结果,它的每个数据都说明现象在一段时期内发生的总量,如一年的总产值是一年中每天产值的累计。时点指标的数值是间断统计的结果,它的每个数据都表示现象发展到一定时点上所处的水平。如年末人口数,是指人口由年初数,经过一年的出生、死亡及迁移变动后至年末的实有人口数。②时期指标具有可加性,即各期数值直接相加可以说明现象在较长时期内发生的总量;时点指标不具有累加性,即各时点数值相加的总量没有实际意义。③时期指标数值的大小与时间长短有直接的关系,时期愈长数值愈大,如一年的产值必然大于一月的产值。时点指标数值大小与时点间的间隔长短没有直接联系，如年末的库存额不一定比某一月末的库存额大。

(3)总量指标按其所采用的计量单位不同，分为实物指标、价值指标和劳动量指标。

实物指标是指采用实物单位计量的总量指标，它反映物品的使用价值或现象的具体内容，能具体表明单项事物的规模和水平。实物指标的局限性是综合性能差，即不同类实物由于使用价值不同、内容性质不同、计量单位不同，无法进行汇总，因此不能用以反映现象的总规模和总水平。

价值指标是按货币单位计量的总量指标。例如成本、利润、工资总额等都是价值指标。价值指标的最大特点是具有最广泛的综合性和概括能力，可以反映社会经济活动的总成果。它的局限性在于指标脱离了物质内容，比较抽象。

劳动量指标是按劳动单位计量的总量指标。它是企业或车间编制和检查生产计划的依据。

三、总量指标的计量单位

总量指标一般都带有计量单位。总量指标的计量单位很多，归纳起来可分为三类。

(一)实物单位

实物单位是根据事物的自然属性和物理属性而采用的计量单位。这种计量单位可以直接反映事物的具体内容和使用价值的实际数量。实物单位包括：

(1)自然单位。它是反映现象自然属性的单位。如2004年我国生产大规模半导体集成电路211.46亿块，2004年底全国家庭数是36 628万户等，都是用自然单位计量的。

(2)度量衡单位。它是根据度量衡制度来规定的计量单位。如2004年我国稻谷产量17 908.8万t，布匹420.0亿m，房屋竣工面积128 162.6万m^2等。

(3)物理单位。它是由科学上的有关术语转化而来的计量单位。如2004年我国生产内燃机43 400.44万kW，长途自动交换机容量12 629 982路端等。

(4)复合单位。它由两个或两个以上的单位复合而成。如2004年我国货物周转量699 445.0亿t/km，全社会旅客周转量16 309.1亿人/km等。

(5)标准实物单位。它是按照规定的折算标准来度量被研究现象数量的一种计量单位。如拖拉机以15马力为一标准台，煤以1公斤7 000千卡为标准发热量，棉纱以20支为标准棉纱，将多种含量不同的化肥折合为含量100%的肥料计算等。

实物单位说明事物很直观、具体，但用不同的实物单位表示的实物数量不能相加，即其综合性较差。

(二)货币单位

货币单位是以货币表示的计量单位，又称价值量单位。它既可以用本币表示，也可以用外币表示。例如，2004年我国财政收入26 396.47亿元，国际旅游外汇收入257.39亿美元等。由于不同商品的使用价值各不相同，因而其实物形态总量不能直接相加，需要使用货币单位转换为价值量后才能相加。货币单位的特点是具有广泛的综合性和较强的概括能力。但价值量受价格变动的影响。在对不同的价值量作对比时,往往要采用不变价格或固定价格,以消除价格变动的影响。

(三)劳动量单位

劳动量单位是以劳动时间来表示的计量单位,如工日、工时。在计算一个企业或车间的产品产量时,可以把生产这些产量所消耗的劳动量累计起来,计算劳动消耗总量和单位产品劳动消耗量,作为企业编制和检查生产计划以及实行劳动定额管理的依据。

不同企业根据本企业生产的产品的具体情况制定生产单位产品或完成单位作业量所需要的时间标准,即工时定额。

$$总工时 = 工时定额 \times 总产量$$

劳动量单位在产品品种较多、零件复杂多样的机械制造企业使用较多。

四、总量指标的计算方法

总量指标有各种各样的具体表现形式,它们的具体计算方法各异,有的很容易(如计算总人数、总产量等),有的很复杂(如计算国内生产总值、商品零售价格指数等),在此不作具体介绍。

从计算方法的共性上分,总量指标的计算方法可以分为两类类别。

一是直接计算法。它是直接将总量指标的各个构成因素加总后求得指标值。如商业企业的商品库存额是各类商品库存额之和。

二是间接计算法。它是根据现象间客观存在的数量关系,或根据非全面调查资料,对某个总量指标进行推算。如利用各种平衡关系式、因素关系式、比例关系式等来推算总量指标。各种具体推算方法因具体指标和经济关系式而定。

第二节　相对指标概述

一、相对指标的意义

相对指标又称相对数,它是两个有联系的指标数值对比的结果。相对指标反映事物之间相互联系的密切程度、差异程度、速度、强度和总体结构状况。相对指标的特点是把两个对比的具体数值加以抽象化,指标数值同总体范围没有关联。计算相对指标具有很重要的意义,主要表现在:

(1)相对指标是对比分析的主要统计方法。相对指标可以为人们判断计划完成的好坏,认识事物的构成、发展变化、空间比较、密度等提供依据。例如把部分数值同全部数值对比,可以说明事物内部的构成和比例,进而判断事物的本质。

(2)相对指标可以使一些不能直接对比的事物找出共同比较的基础。例如甲、乙两个企业,甲生产服装,乙生产煤炭,我们不能根据两企业的产品产量和产值评价它们经营的好坏,但如果我们分别计算了两企业产值的计划完成程度、产值发展速度等相对指标,就有了两企业之间共同的比较基础。

二、相对指标的表现形式

相对指标的表现形式有两种。

(一)无名数

1. 倍数或系数

这是将对比的基数抽象化为1而计算的相对数。两个数字对比时,当分子数值大于分母数值很多时,可用倍数表示。若分子与分母数值相差不大时,可用系数表示。例如固定资产磨损系数、工资等级系数。

2. 成数

成数是将对比基数定为10而计算出的相对数。例如,粮食单产增加一成,即增长十分之一。这里的成数是对十分数的一个习惯叫法。

3. 百分数

百分数是将对比的基数抽象化为100而计算的相对数。它是相对指标最常用的一种表现形式,百分之一用1%表示。

4. 千分数

千分数是将对比基数抽象化为1 000而计算的相对数。两个数字对比时,当分子数值小于分母数值很多时,可用千分数表示,例如:人口出生率、死亡率等多用千分数表示。千分之一用1‰表示。

5. 百分点和千分点

统计对比分析中,比较两个百分数或千分数时,往往用相减的方法求其差率,相差相当于1%称为一个百分点,相差相当于1‰称为一个千分点。

(二)有名数

就是把对比的分子和分母指标数值的计量单位同时使用,主要用于表示某些强度相对指标数值。例如人口密度用人/平方公里表示。

三、相对指标的种类

(一)结构相对数

所谓结构,是指总体内部的组成状况。结构相对数是在总体分组的基础上,以总体某部分数值与总体全部数值对比所得出的比重,来反映总体内部组成状况的综合指标。其计算公式为:

$$结构相对数 = \frac{总体某部分数值}{总体全部数值} \times 100\%$$

结构相对数通常是根据总体的总量指标来计算的,包括总体单位数的结构和总体标志值的结构,各比重之和为1。

结构相对指标的作用如下:

(1)可以研究总体内部各组成部分的分配比重及其变化的情况,从而深刻认识事物各部分的特殊性质及其在总体中所处地位和地位的变化。

(2)可以反映产品质量或工作质量的高低。例如,将全部产品分为合格品和废次品两部分,计算合格率或废品率,就可以反映产品质量高低。

(二)比例相对数

比例相对数是同一总体中各个组成部分数量对比的相对数,反映总体各部分之间数量联系程度的指标。其计算公式为:

$$比例相对数 = \frac{总体中某一部分数值}{总体中另一部分数值}$$

比例相对数的表现形式,除了用倍数、百分数外,还可以用列比例形式表示。例如,把我国某年工农业总产值抽象化为100,农、轻、重的比例为25.3∶36∶38.7。

计算比例相对数的意义,在于分析总体内各组成部分之间的数量是否协调一致,比例关系是否相适应和相平衡。按比例发展是事物发展的客观要求,如人口的性别比例、国民收入中消费和积累的比例等,都可以运用比例相对数进行分析研究。

(三)比较相对数

比较相对数是将同一指标在不同空间条件下的数量对比。其计算公式为:

$$比较相对数 = \frac{甲条件下某类指标数值}{乙条件下同类指标数值}$$

计算比较相对数时,作为比较基数的分母有两种情况:①比较标准是一般对象,此时,既可以用甲比乙,又可以用乙比甲,即分子与分母的位置可以互换。②比较标准典型化。例如,把某企业的各项技术经济指标都和国家规定的质量水平比较,和同类企业的先进水平比较,和外国先进水平比较等,此时,分子与分母的位置不能互换。

比较相对数一般用相对指标和平均指标进行比较。如果用总量指标进行比较时,则要求对比的甲、乙两个总体规模大致相同。

现象的发展是不平衡的,利用比较相对数可使大家了解同一类事物由于所处的空间条件不同,发展状况是不一样的,是存在差异程度的。

(四)动态相对数

动态相对数是同一指标在不同时间条件下的数量对比,反映现象的水平在时间上的变动程度。通常把作为对比的时间叫基期,把同基期比较的时间叫做报告期。其计算公式为:

$$动态相对数 = \frac{报告期水平}{基期水平} \times 100\%$$

动态相对数一般用百分数表示。

(五)强度相对数

强度相对数是两个性质不同但有一定联系的总量指标对比的结果,用来表明现象的强度、密度和普遍程度的指标。其计算公式为:

$$强度相对数 = \frac{某一总量指标数值}{另一有联系的总量指标数值}$$

强度相对数的数值表示有两种方法:

(1)当分子与分母计量单位不同时,则用分子与分母计量单位所构成的有名数表示。例如,我国2004年平均人口为129 988万人,土地面积为960万km^2,则

$$人口密度=\frac{129\ 988}{960}=135.4(人/平方公里)$$

(2)当分子与分母计量单位相同时,则用百分数或千分数表示。例如,商品流通费用率是流通费用额与纯销售额之比,用百分数表示,说明每百元销售额负担多少流通费。人口出生率、人口自然增长率一般用千分数表示。

强度相对数在社会经济统计中运用十分广泛,其作用表现在:

(1)说明事物发展的密度、普遍程度和强弱程度等。例如医疗网密度、人口密度、人均国民生产总值、人均主要产品产量等指标。

(2)反映企业经济效益的高低。例如产值利税率、商品流转速度等。

此外,计算强度相对数还要注意以下几点:

(1)强度相对数似乎含有平均的意思,但它不是平均指标,它是根据两个性质不同但又有联系的指标数值对比计算的。

(2)有的强度相对数有正、逆两种计算方法,即分子与分母的位置可以互换。例如,某城市人口100万人,有零售商业机构5 000个,则

$$商业网点密度(正指标)=\frac{5\ 000个}{1\ 000\ 000人}=0.5个/万人$$

这个指标数值愈大,说明零售商业网密度愈大,从正面反映了商业网点的发展状况。

$$商业网点密度(逆指标)=\frac{1\ 000\ 000人}{5\ 000个}=200人/个$$

这个指标数值愈大,说明零售商业网点密度愈小,从反面反映了零售商业网点密度。

(六)计划完成相对数

计划完成相对数是实际完成数与计划数之比,反映计划的完成程度。其计算公式为:

$$计划完成相对数=\frac{实际完成数}{计划数}\times 100\%$$

为保证我国国民经济持续、健康、稳定发展,国家必须编制科学的国民经济和社会发展计划,并组织贯彻实施。因此,计算计划完成程度相对数具有重要作用:

(1)能够准确地说明各项计划指标的完成程度,为正确评价工作成绩提供依据。

(2)可以反映计划执行进度,以便及时发现问题,提出措施。

(3)可以反映国民经济计划执行中的薄弱环节,为组织新的平衡提供依据。

由于制订的计划指标,既可以是总量指标,也可以是平均指标和相对指标,因此计划完成相对数的计算方法也分为以下三种:

(1)根据总量指标计算计划完成相对数。

设某工厂某年计划工业总产值250万元,实际完成275万元,则

$$总产值计划完成相对数=\frac{275}{250}\times 100\%=110\%$$

结果表明,该厂超额10%完成总产值计划。

(2)根据平均数计算计划完成相对数。

设某企业某种产品单位成本计划为200元,实际成本为180元,则

$$\text{单位成本计划完成相对数}=\frac{180}{200}=90\%$$

结果表明,该产品单位成本实际比计划降低了10%,节约生产费用20元。

(3)根据相对数计算计划完成相对数。

在经济管理中,有些计划任务数是以本年计划数比上年实际数提高或降低多少的相对数表示的,如成本降低率、劳动生产率提高率等。

按相对指标计算计划完成相对数的公式为:

$$\text{计划完成相对数}=\frac{\text{实际完成的百分比}}{\text{计划规定的百分比}}\times100\%$$

例如,某企业2008年计划规定劳动生产率提高10%,实际提高15%,则

$$\text{计划完成相对数}=\frac{100\%+15\%}{100\%+10\%}=104.55\%$$

计算结果表明劳动生产率计划超额完成4.55%。

又如某企业2008年计划规定成本下降5%,实际下降6%,则

$$\text{计划完成相对数}=\frac{100\%-6\%}{100\%-5\%}=98.95\%$$

计算结果表明,该企业成本计划完成得好,实际比计划多下降了1.05%。

从上述计算可以看出,对计划完成相对指标数值进行评价时,要视指标本身的性质而定。对越高越好的指标,如产量、产值、劳动生产率等,计划完成相对数超过100%的部分,表示超额完成计划的程度,而不足100%的部分表示未完成计划的差距。对越低越好的指标,如单位产品成本、单位产品原材料消耗量等,计划完成相对数超过100%的部分,表示未完成计划的差距,而不足100%的部分则是超额完成计划的程度。

四、计划执行情况考核

在实际中,还要对计划执行进度和长期计划进行考核。

(一)计划执行进度的考核

计划执行进度考核,就是逐日、逐月、逐季地检查计划执行的进展情况,以保证顺利完成计划任务。其公式是:

$$\text{计划执行进度}=\frac{\text{累计实际完成数}}{\text{全期计划数}}\times100\%$$

以检查年度计划的进度为例,上式中累计实际完成数是指从年初到报告期止的逐日、逐月或逐季实际完成的累计数;全期计划数是指全年的计划任务数。

评价计划执行进度的好坏,要以相应的时间进度为标准,使计划进度与时间的推进相适应。当计划任务在一年内均衡安排时,则要求时间过半,任务也过半,依次类推。

例如,某企业某年工业总产值年度计划为1 200万元,前三个月实际完成量分别为100万元、90万元、120万元,则

$$\text{一季度计划执行进度}=\frac{100+90+120}{1\ 200}=25.8\%$$

计算结果表明,第一季度完成年度计划的25.8%,计划完成的进度走在了时间的前面。

(二)长期计划的检查

根据客观现象性质的不同,五年计划指标数值的规定有水平法和累计法两种,统计学上检查五年计划的完成情况,也有水平法和累计法之分。

(1)水平法。水平法是在五年计划中只规定最后一年应达到的水平,如粮食产量、社会商品零售额等。用水平法检查计划执行情况的公式为:

$$计划完成相对数=\frac{计划期末年实际达到的水平}{计划中规定的末年水平}\times 100\%$$

提前完成五年计划的时间:只要连续有一年时间(可以跨年度),实际完成的水平达到了计划规定的末年水平,就算完成了五年计划,所剩时间即为提前完成五年计划的时间。

(2)累计法。累计法是在五年计划中规定五年累计完成量应达到的水平,例如基本建设投资额、新增生产能力、新增固定资产等。用累计法检查五年计划执行情况的公式为:

$$计划完成程度=\frac{五年计划期间累计完成数}{五年计划规定的累计数}\times 100\%$$

提前完成五年计划的时间:从期初往后连续考察,只要实际累计完成数达到计划规定的累计任务数,即为完成五年计划,所剩时间为提前完成五年计划的时间。

五、计算和运用相对指标的主要原则

(一)可比性原则

分子与分母的可比性,是计算和运用相对数的一个重要条件。可比性包括分子与分母在经济内容上要具有内在联系,在总体范围和指标口径上要一致,在计算方法、时间、价格和计量单位上要统一。如果不一致,就要进行必要的调整和换算。

强调可比性,要防止过分要求可比而不敢进行事物之间的对比分析。比如要敢于同国际先进水平比,这样才能发现差距、加快改革的步伐。

(二)相对指标和总量指标、平均指标结合运用的原则

相对数具有抽象化特点,它把现象的具体规模通过对比给抽象掉了。因此,运用相对数时,应该把它同对比的分子和分母结合起来考虑,要看到相对数背后所隐藏的总量指标或平均指标。结合运用的方法有两种:一是计算分子与分母的绝对差额;二是计算每增长百分之一的绝对值。例如统计我国历年钢产量发展对比状况(见表4-1)。

表4-1　我国钢产量发展情况

年份	1949	1950	1995	1996
钢产量(万 t)	15.8	61	9 279	10 000
发展速度(%)	100	386	100	107.8
增长量(万 t)	—	45.2	—	721
增长1%绝对值(万 t)	—	0.16	—	92.8

注:1. 增长量 = 报告期水平 - 基期水平。

2. $增长1\%绝对值=\frac{增长量}{增长速度\times 100}=\frac{基期水平}{100}$。

从表4-1可以看出：从发展速度看1950年是1949年的3.86倍，发展速度较快；1996年是1995年的1.078倍，发展速度较小，这并不是说我国钢产量发展水平比50年代初低了，而是因为1949年的产量水平太低。从绝对数看，1950年钢产量只比1949年增产45.2万吨，增长1%的绝对值只有0.16万t钢，而1996年较1995年速度虽然低，但一年增产721万t钢，每增长1%的绝对值为92.8万t钢。

由此可见，大的相对数背后的绝对数可能很小，而小的相对数背后的绝对数可能很大，相同的相对数背后隐藏的绝对数可能不同。因此，不能只凭相对数大小判断事物，只有将相对数和绝对数、平均数结合运用，才能全面认识事物，作出正确的评价。

（三）多种相对数结合运用的原则

一种相对数只能说明一方面的情况，若把多种相对数联系起来考察，就可以更为深入地说明客观事物的情况。例如，要评价一个工业企业的生产情况，用计划完成相对数看计划完成好坏，用发展速度看进步快慢，用与先进水平比较看差距的大小，还可用强度相对数反映企业经济效益状况，从而对企业的工作作出正确的判断。

第三节　平均指标概述

一、平均指标的意义

（一）平均指标的概念

平均指标是用来表明现象总体各单位某一数量标志值一般水平的综合指标。例如，某年某省职工平均货币工资6 400元，某班学生统计平均分数82分，都是平均指标。

（二）平均指标的特点

1. 平均指标只能在同质总体中计算

总体各单位的同质性是计算平均指标的前提和基础。这就是说，构成总体的各个单位必须具有某一共同的标志表现，在这一前提下计算平均指标才有实际意义。

例如，在一片耕地上种植同种农作物，才能计算这一作物的平均产量；在一个企业中有若干名生产工人生产同一种产品，才能计算一定时间内该产品的人均产量等。

如果把性质不同的个体混杂在一起，由此计算平均指标，其计算结果不仅是虚假的，而且会掩盖事物的本质区别，使人得出错误的结论。

2. 平均指标反映同质总体各单位某一数量标志表现的一般水平

构成总体的各单位的标志表现客观上存在着一定的差异，显示出一定的分布特征，而平均指标则使各个具体的数值差异相互抵消，反映出标志表现的一般水平或集中趋势，从而说明平均数具有抽象性的特征。须指出，如果个别品质标志可以数量化的时候，也可以计算平均指标。

（三）平均指标的作用

1. 平均指标可以代表研究现象的一般水平

在统计观察研究的现象总体中，都包含着众多的个体（总体单位），这些个体虽然具有同质性，但因各自受着特殊条件的影响，在量上存在着大小、多少的差别，有着不同的标志表现。在这种情况下，仅仅利用这些众多的个体标志值，无法综合反映现象总体的共同特征，其中任何一个个体的标志值，也不能代表现象总体的共同特点。而平均指标，由于把各个个体的标志值的差异抽象化了，所以它可以用来代表研究现象总体的一般水平。

2. 利用平均指标可以对比同类现象在不同空间条件下的差异情况

例如，评价甲、乙两个企业的生产情况时，如果简单地采用工业总产值或利税总额进行对比，并以此判断企业的生产水平或经济效益的高低，难免会出现一些偏差。因为两个企业的规模可能存在很大的差距，缺乏可比性。而如果使用平均指标，如劳动生产率或人均利税额指标进行对比，就能够比较确切评价它们的生产情况和工作成绩，使人得出正确的认识和结论。

3. 利用平均指标可以比较同一总体指标在不同时间上的变化情况

例如，把某地区农民人均收入的历史资料进行对比，可以看出，该地区农民人均收入随着社会经济的发展逐年提高的发展趋势。

4. 利用平均指标可以分析现象之间的依存关系

例如，某农科所绘制的粮食产量与浇水量的关系表，如表 4-2 所示。

表 4-2　粮食产量与浇水量关系

浇水深度(cm)	3.33	5.00	6.67	8.33	10.00	11.67	13.33
平均公顷产量(kg)	3 240	4 320	4 755	5 700	6 450	6 375	5 190

表 4-2 资料显示：粮食产量与浇水量之间存在着依存关系，即在一定范围内，灌溉深度与产量成正比；若超过一定的灌溉深度，两者成反比。

5. 利用平均指标可以作为某些现象数量推断的依据

例如，要了解某城市居民货币收支情况时，不可能也没有必要进行全面调查，而可以采用抽样法，通过抽取居民户样本计算样本平均指标，来推断该市全部居民家庭货币收支的一般水平及有关的总量指标。

二、平均指标的种类

平均指标作为总体变量的集中趋势值，按其计算方法可分为数值平均数和位置平均数两类。数值平均数包括算术平均数、调和平均数、几何平均数等，它们都是根据总体的标志值来计算的。位置平均数包括众数和中位数，它们是根据标志值所处的位置来确定的。所以，前者称其为数值平均数，而后者则称其为位置平均数。

第四节　算术平均数

一、算术平均数的基本公式

算术平均数是总体标志总量除以总体单位总量。例如，单位产品成本等于总成本除以总产量；单位产品原材料消耗等于原材料总消耗量除以产品产量等。因此，算术平均数的基本公式是：

$$\text{算术平均数}=\frac{\text{总体标志总量}}{\text{总体单位总量}}$$

理解和掌握算术平均数的基本公式需要注意以下两个问题：

第一，计算算术平均数所用的标志总量和单位总量必须在内容上相适应。就是说，标志总量必须是总体中各单位标志值的总和，单位总量必须是总体中各单位数的总和。

第二，算术平均数与强度相对数虽然都是两个总量指标的对比关系，但在实质上是不同的。平均指标是在一个同质总体内标志总量与单位总量的对比关系，而强度相对指标的分子与分母是两个不同总体的现象总量，不存在标志总量与单位总量必须相适应的问题。所以，诸如我国某年人均粮食产量、人均钢产量等，尽管带有“平均”的意思，但它们都不是平均指标。

二、算术平均数的计算方法

在实际工作中，有一些平均指标可以借助于直接得到的标志总量和单位总量来计算。但是，大量的平均指标在计算时不具有现成的标志总量和单位总量，因而需要根据有关的资料，采用简单算术平均数法或加权算术平均数法来计算平均数。

（一）简单算术平均数

在资料没有经过分组的情况下，可把总体各单位的标志值相加得出标志总量，然后再用总体单位数去除，即得出算术平均数。其计算公式是：

$$\bar{x}=\frac{\sum x}{n} \tag{4-1}$$

式中，$\bar{x}$ 为算术平均数；x 为总体各单位的标志值；n 为总体单位数；$\sum$ 为求和符号。

例如，某生产小组有 5 个工人，他们的月工资额分别是 2 000 元、2 800 元、2 600 元、3 300 元和 3 600 元，则工人的月平均工资为：

$$\bar{x}=\frac{\sum x}{n}=\frac{2\,000+2\,800+2\,600+3\,300+3\,600}{5}=2\,860(\text{元})$$

简单算术平均法并非因为其计算过程简单而得名，而是因为：①它的计算基础比较低，它往往是直接根据未经任何分组的资料计算；②它的项数（总体单位数）完全相等，如上例，其项次都是 1；③它的计算结果只受标志值大小的影响，不受单位数多少的影响。可见，只有在被研究总体的单位数不多（小型总体），而且各数量标志值出现的次数相同时，才能利用简单算术平均法计算平均指标。

（二）加权算术平均数

当被研究总体包括的总体单位很多，各总体单位某一数量标志表现不完全一样，资料经分组整理成变量数列时，可首先计算各组的标志总量及总体标志总量；同时把各组的次数相加得到总体单位总量；然后将标志总量除以单位总量。由此计算出来的平均数叫加权算术平均数。其计算公式是：

$$\bar{x}=\frac{x_1f_1+x_2f_2+x_3f_3+\cdots+x_nf_n}{f_1+f_2+f_3+\cdots+f_n}=\frac{\sum xf}{\sum f} \tag{4-2}$$

式中，$\bar{x}$ 为算术平均数；x 为各组的变量值；f 为各组的次数；$\sum$ 为总和符号。

1. 根据单项数列计算

设某生产车间的工人人数及工资资料如表4-3所示。

表4-3　某车间工人工资资料

月工资额(元)	工人人数(人)	工资总额(元)
x	f	xf
2 000	10	20 000
2 850	20	57 000
3 300	50	165 000
3 650	15	54 750
4 000	5	20 000
合计	100	316 750

根据上表资料计算:

$$工人月平均工资=\frac{2\ 000\times 10+2\ 850\times 20+3\ 300\times 50+3\ 650\times 15+4\ 000\times 5}{10+20+50+15+5}$$

$$=\frac{316\ 750}{100}=3\ 167.5(元)$$

由上例可见,加权算术平均数比简单算术平均数多了个加权过程。这个加权过程说明:平均数的大小不仅取决于总体各单位标志值的大小,同时还取决于各组标志值的次数多少,次数多的标志值对平均数的影响要大些,次数少的标志值对平均数的影响也相应小些。可见,标志值次数的多少对平均值的大小有权衡轻重的影响作用,故将其称为"权数"。

权数可以用绝对数表示,也可以用各组单位数在全部单位数中所占的比重来表示,这个比重也叫频率。如用频率表示权数时,加权算术平均数的计算可用下列公式表示:

$$\bar{x}=x_1\frac{f_1}{\sum f}+x_2\frac{f_2}{\sum f}+x_3\frac{f_3}{\sum f}+\cdots+x_n\frac{f_n}{\sum f}=\frac{\sum xf}{\sum f} \tag{4-3}$$

设某工厂生产情况资料如表4-4所示。

表4-4　某工厂生产情况资料

日产量(件)	工人数(人)		$x\frac{f}{\sum f}$
x	f	$f/\sum f(\%)$	
40	20	10	4
25	40	20	5
10	60	30	3
5	80	40	2
合计	200	100	14

$$工人平均日产量 = 40 \times 10\% + 25 \times 20\% + 10 \times 30\% + 5 \times 40\%$$
$$= 4 + 5 + 3 + 2 = 14(件)$$

如权数用绝对数表示时：

$$工人平均日产量 = \frac{40 \times 20 + 25 \times 40 + 10 \times 60 + 5 \times 80}{20 + 40 + 60 + 80}$$
$$= \frac{2\,800}{200} = 14(件)$$

可见，使用加权算术平均法计算平均数时，权数采用绝对数形式或采用比重（频率）形式，其计算结果是一致的。同时，人们也可以看出，权数的权衡轻重的作用，说到底是体现在各组单位数占总体单位数比重的大小上，因为比重的大小直接表明了该组标志值对平均数的影响程度和该组标志值在平均数中占的比重。由此可见，权数对于算术平均数的影响作用决定于作为权数的各组单位数占总体单位数比重的大小。

2. 根据组距数列计算

在组距分配数列条件下计算加权算术平均数，从道理上说，应当以各组的实际平均数乘以相应的权数来计算。但在编制组距数列的过程中，由于种种原因很少计算实际组平均数。这样，在缺少实际组平均数的情况下，只能用组中值来代替。当然，用组中值代替实际平均数存在一定的假定性，不可避免地会存在一定程度的误差，从而使计算结果具有近似值的性质。例如，某生产小组生产工人工资资料如表 4-5 所示。

表 4-5　某生产小组生产工人工资资料

月工资（元）	组中值（元）	工人数（人）	工资总额（元）
	x	f	xf
1 000 ~ 2 000	1 500	10	15 000
2 000 ~ 3 000	2 500	20	50 000
3 000 ~ 4 000	3 500	50	175 000
4 000 ~ 5 000	4 500	15	67 500
5 000 ~ 6 000	5 500	5	27 500
合计	—	100	335 000

则
$$\bar{x} = \frac{\sum xf}{\sum f} = \frac{335\,000}{100} = 3\,350(元)$$

计算结果表明，该生产小组工人的月平均工资为 3 350 元。

在实际工作中，用组距数列计算加权算术平均数时，往往会遇到首组缺下限或末组缺上限，即开口组距数列。这时，可按照开口组组中值的计算方法计算组中值，然后再按照公式(4-3)计算加权算术平均数，如表 4-6 所示。

表 4-6　某生产车间工人日产量资料

日产量(箱)	组中值(箱)	工人数(人)	总产量(箱)
	x	f	xf
60 以下	55	2	110
60～70	65	12	780
70～80	75	20	1 500
80～90	85	18	1 530
90 以上	95	6	570
合计	—	58	4 490

工人平均日产量为：

$$\bar{x}=\frac{\sum xf}{\sum f}=\frac{4\ 490}{58}=77.4(\text{箱})$$

(三)调和平均数

1. 调和平均数的计算公式

为便于理解,我们先从实例说起。

设市场上某种蔬菜的价格,早上每千克 0.5 元,中午每千克 0.4 元,晚上每千克 0.2 元。若早、中、晚各买 1kg 时,则平均每 1kg 的价格为简单算术平均数,即 $\bar{x}=\sum x/n=(0.5+0.4+0.2)/3=0.367$(元)。但是,如果早、中、晚各买 1 元钱,而不是各买 1kg 时,又如何计算该蔬菜的平均价格呢?现分析如下:

第一,早、中、晚各买 1 元钱,共用了 3 元。显然,早、中、晚购买的蔬菜数量多少不同,即早上买了 2kg(1/0.5=2),中午买了 2.5kg(1/0.4=2.5),晚上买了 5kg(1/0.2=5),共买了 9.5kg 蔬菜(2+2.5+5=9.5)。

第二,平均每元钱可以买多少千克蔬菜呢?显然,可以买 3.167kg(9.5÷3=3.167),平均每千克蔬菜的价格为 0.317 元。

可见,按照这种方法计算的平均价格(0.317 元),与用简单算术平均法计算的平均价格(0.367 元)是不一样的。

这是因为,前者是早、中、晚各买 1kg 的平均价格,后者是早、中、晚各买 1 元的平均价格。换句话说,前者共买了 1.5kg,每千克蔬菜价格对平均价格的影响是一样的,它属于简单算术平均数;后者共买了 9.5kg,每千克价格由于购买数量不同对平均价格的影响是不同的,亦即各种价格及不同的购买数量都对平均价格有着直接的影响,从而使平均价格"倾向"于 0.2 元 1kg 的低价格了。

如将以上计算及分析结合起来,用公式描述时,我们可以得到简单调和平均数的计算公式,即

$$\bar{x}=\frac{n}{\frac{1}{x_1}+\frac{1}{x_2}+\cdots+\frac{1}{x_n}}=\frac{n}{\sum\frac{1}{x}}\tag{4-4}$$

式中，$\bar{x}$ 为调和平均数；x 为各变量值；n 为变量值的项数；$\sum$ 为总和符号。

以上是简单调和平均数的分析及计算过程，但在很多情况下，需要计算加权调和平均数。如上例，假如早、中、晚不是各买 1 元，而是早上买 3 元、中午买 5 元、晚上买 8 元，这时就必须应用加权调和平均数公式计算其平均价格。计算公式为：

$$\bar{x}=\frac{m_1+m_2+\cdots+m_n}{\frac{m_1}{x_1}+\frac{m_2}{x_2}+\cdots+\frac{m_n}{x_n}}=\frac{m_1+m_2+\cdots+m_n}{\frac{1}{x_1}m_1+\frac{1}{x_2}m_2+\cdots+\frac{1}{x_n}m_n}=\frac{\sum m}{\sum \frac{1}{x}m} \tag{4-5}$$

式中，$\bar{x}$ 为加权调和平均数；x 为各变量值；m 为各变量值与次数之积；$\sum$ 为总和符号。

仍用上例说明加权调和平均数的计算，如表 4-7 所示。

表 4-7　某地不同时间蔬菜的价格资料

时间	价格（元/kg）	金额（元）	数量（kg）
	x	m	$\frac{1}{x}m$
早	0.5	3	6
中	0.4	5	12.5
晚	0.2	8	40
合计	—	16	58.5

该蔬菜某天每千克的平均价格为：

$$\bar{x}=\frac{\sum m}{\sum \frac{1}{x}m}=\frac{16}{58.5}=0.27\text{（元）}$$

2. 调和平均数的计算原理

通过以上讨论，可以清楚地看出调和平均数的计算原理：

（1）先计算各变量值的倒数，如$\frac{1}{x}$；

（2）再计算各变量值倒数的算术平均数，如 $\sum \frac{1}{x}/n$ 或$\frac{\sum \frac{1}{x}m}{\sum m}$；

（3）最后计算这种算术平均数的倒数，即调和平均数，如 $n/\sum \frac{1}{x}$ 或 $\sum m/\sum \frac{1}{x}m$ 。

综上所述，调和平均数又可称为“倒数平均数”，它是根据各个变量值的倒数来计算平均数的。用一句话表述其计算原理，即调和平均数是各个变量值倒数的算术平均数的倒数。

在实际工作中，调和平均数是作为算术平均数的变形来使用的，两者计算过程不同，但计算结果是完全相同的。因此，我们可根据掌握资料的不同，选用其中的一种来计算平均数。

三、算术平均数的广泛应用

下面我们结合由相对数计算平均数和由平均数计算平均数，进一步讨论两种方法选用的条件。

(一)由相对数计算平均数

设某综合商场50个营业柜组某季度商品销售计划完成情况如表4-8所示。

表4-8　某综合商场销售计划完成情况

销售计划完成(%)	组中值(%)	各营业柜组(个)	计划销售额(万元)	实际销售额(万元)
	x	n	f	xf
80～90	85	2	3.00	2.55
90～100	95	17	18.00	17.10
100～110	105	11	32.81	34.45
110～120	115	14	31.00	35.65
120～130	125	4	8.00	10.00
130以上	135	2	3.00	4.05
合计	—	50	95.81	103.50

根据表列资料，计算该商场平均商品销售计划完成程度：

$$平均计划完成程度(\%)=\frac{103.5}{95.81}\times 100\%=108\%$$

由表4-8列资料看出，将各营业柜组的计划完成程度看成变量值(x)，将各组计划销售额看成权数(f)，则用加权算术平均法来计算平均计划完成程度，即

$$平均计划完成程度(\%)=\frac{\sum xf}{\sum f}=\frac{103.5}{95.81}\times 100\%=108\%$$

当由于种种原因缺少计划资料时，就需要用加权调和平均法计算平均计划完成程度，如表4-9所示。

表4-9　某综合商场销售平均计划完成情况

商品销售计划完成程度(%)	组中值(%)	各营业柜组(个)	实际销售额(万元)	计划销售额(万元)
	x	n	m	$f=\frac{m}{x}$
80～90	85	2	2.55	3.00
90～100	95	17	17.10	18.00
100～110	105	11	34.45	32.81
110～120	115	14	35.65	31.00
120～130	125	4	10.00	8.00
130以上	135	2	4.05	3.00
合计	—	50	103.50	95.81

$$\text{该综合商场平均商品销售计划完成程度(\%)} = \frac{103.5}{95.81} \times 100\% = 108\%$$

即

$$\text{平均计划完成程度(\%)} = \frac{\sum m}{\sum \frac{1}{x} m} = \frac{103.5}{95.81} = 108\%$$

值得一提的是,以上采用的“权数”并非各营业柜组的个数,而是实际或计划商品销售额。因为这里能平均的是相对数,而相对数是由两个有联系的指标数值对比得到的。所以,在由相对数计算平均数时,应尽可能联系计算机输入的分子与分母指标数值,保持它们之间内在的经济联系和数量关系,使所求平均数更加准确、可靠。

(二)由平均数计算平均数

一个工人的劳动生产率往往是由各个车间的劳动生产率综合而来的,这就需要由车间劳动生产率过渡到整个工厂的劳动生产率。

例如,某工厂各车间工人的劳动生产率和实际工时资料如表 4-10 所示。

表 4-10　某工厂工人的劳动生产率与实际工时资料

车间	平均劳动生产率(件/工时)	实际工时	各车间产品总量(件)
	x	f	xf
第一车间	10	100	1 000
第二车间	12	200	2 400
第三车间	15	300	4 500
第四车间	20	300	6 000
第五车间	30	200	6 000
合计	—	1 100	19 900

则该工厂平均劳动生产率应采用加权算术平均数公式计算:

$$\text{全厂劳动生产率} = \frac{\text{全厂产品总量}}{\text{全厂总工时}} = \frac{\sum xf}{\sum f} = \frac{19\ 900}{1\ 100}$$

$$= 18.09\text{(件/工时)}$$

作为各个车间的劳动效率有高有低,但该厂所有车间工人的劳动效率一般水平为平均每个工时生产 18.09 件。

由于种种原因,有时各车间劳动效率资料也可能是以下情况,如表 4-11 所示。

表 4-11　某工厂各车间劳动效率资料

车间	平均劳动生产率（件/工时）	实际产量（件）	各车间实际工时（工时）
	x	m	$\frac{m}{x}$
第一车间	10	1 000	100
第二车间	12	2 400	200
第三车间	15	4 500	300
第四车间	20	6 000	300
第五车间	30	6 000	200
合计	—	19 900	1 100

则该厂平均劳动生产率应采用加权调和平均数公式计算：

$$全厂劳动生产率=\frac{全厂实际产量}{全厂实际工时}=\frac{\sum m}{\sum \frac{1}{x}m}$$

$$=\frac{19\ 900}{1\ 100}=18.09(件/工时)$$

四、算术平均数的数学性质

（1）算术平均数与总体单位数的乘积等于总体各单位标志值的总和。

简单算术平均数：
$$\bar{x}\cdot n=\sum x \tag{4-6}$$

加权算术平均数：
$$\bar{x}\cdot\sum f=\sum xf \tag{4-7}$$

这一性质说明，平均数是总体各单位标志值的代表数值，并且根据平均数与次数可以推算出总体标志总量。

（2）如果每个变量值都加或减任意数值 A，则平均数也要增多或减少这个数 A。

简单算术平均数：
$$\frac{\sum(x\pm A)}{n}=\frac{\sum x\pm nA}{n}=\bar{x}\pm A$$

则
$$\bar{x}=\frac{\sum(x\pm A)}{n}\mp A \tag{4-8}$$

加权算术平均数：
$$\frac{\sum(x\pm A)f}{\sum f}=\frac{\sum xf\pm A\sum f}{\sum f}=\bar{x}\pm A$$

则
$$\bar{x}=\frac{\sum(x\pm A)f}{\sum f}\mp A \tag{4-9}$$

（3）如果每个变量值都乘以或除以一个任意数值 A，则平均数也乘以或除以这

个数 A。

乘以 A 时：

简单算术平均数：
$$\frac{\sum Ax}{n} = \frac{A\sum x}{n} = A\bar{x}$$

则
$$\bar{x} = \frac{\sum Ax}{n}/A \tag{4-10}$$

加权算术平均数：
$$\frac{\sum Axf}{\sum f} = \frac{A\sum xf}{\sum f} = A\bar{x}$$

则
$$\bar{x} = \frac{\sum Axf}{\sum f}/A \tag{4-11}$$

除以 $A(A\neq 0)$ 时：

简单算术平均数：
$$\frac{\sum(\frac{x}{A})}{n} = \frac{\frac{1}{A}\sum x}{n} = \frac{\bar{x}}{A}$$

则
$$\bar{x} = \frac{\sum(\frac{x}{A})}{n}\cdot A \tag{4-12}$$

加权算术平均数：
$$\frac{\sum(\frac{x}{A})f}{\sum f} = \frac{\frac{1}{A}\sum xf}{\sum f} = \frac{\bar{x}}{A}$$

则
$$\bar{x} = \frac{\sum(\frac{x}{A})f}{\sum f}\cdot A \tag{4-13}$$

(4)各个变量值与算术平均数离差之和等于零。

简单算术平均数： $$\sum(x-\bar{x}) = \sum x - n\bar{x} = \sum x - \sum x = 0 \tag{4-14}$$

加权算术平均数： $$\sum(x-\bar{x})f = \sum xf - \bar{x}\sum f = \sum xf - \sum xf = 0 \tag{4-15}$$

(5)各个变量值与算术平均数离差平方之和等于最小值。

简单算术平均数： $$\sum(x-\bar{x})^2 = \text{最小值} \tag{4-16}$$

加权算术平均数： $$\sum(x-\bar{x})^2 f = \text{最小值} \tag{4-17}$$

证明：设 x_0 为任意数，$C=\bar{x}-x_0$，则 $x_0=\bar{x}-C$，以 x_0 为中心的离差平方和为：

$$\begin{aligned}\sum(x-x_0)^2 &= \sum[x-(\bar{x}-C)]^2\\ &= \sum[(x-\bar{x})+C]^2\\ &= \sum(x-\bar{x})^2 + 2C\sum(x-\bar{x}) + nC^2\\ &= \sum(x-\bar{x})^2 + nC^2\end{aligned}$$

因为
$$nC^2 \geqslant 0$$

所以 $$\sum (x - x_0)^2 \geqslant \sum (x - \bar{x})^2$$

故 $\sum (x - \bar{x})^2$ 为最小值。

同理，$\sum (x - \bar{x})^2 f$ 为最小值。

第五节　几何平均数

一、几何平均数的意义

（一）几何平均数的概念

几何平均数又称“对数平均数”，是一种独立的平均数形式。当有些经济现象的标志总量不等于各标志值之和，而等于各标志值的连乘积时，就需要计算几何平均数。

几何平均数是将构成总体的各个变量值连乘得出乘积后开该变量值的个数次方而得出的。

（二）几何平均数的基本公式

几何平均数的基本公式如下：

$$\bar{x} = \sqrt[n]{x_1 \cdot x_2 \cdot \cdots \cdot x_n} = \sqrt[n]{\prod x} \tag{4-18}$$

式中，$\bar{x}$ 为几何平均数；$\prod$ 为连乘符号；x 为各变量值；n 为变量值的项数。

这种计算通常需要用对数进行。将上式两边各取对数，则

$$\lg\bar{x} = \frac{1}{n}(\lg x_1 + \lg x_2 + \cdots + \lg x_n) = \frac{1}{n}\sum \lg x \tag{4-19}$$

可见，几何平均数的对数，等于各个变量值对数的算术平均数。先求出几何平均数的对数，再求出反对数，便可求其真数。现在一般利用多功能计算器来计算。

二、几何平均数的计算

（一）简单几何平均数

简单几何平均数是 n 个变量值连乘积的 n 次方根，它适应于平均比率和平均发展速度的计算。

例如，某工厂有三个车间，下一个车间的生产活动都是上一个车间生产活动的继续，这时各车间产品的合格率就不能简单相加，而应表现为连乘之积。

设该厂某季度各车间产品的合格率分别为：第一车间 95%，第二车间 90%，第三车间 97%，则该厂某季度某种产品的总合格率为：

$$95\% \times 90\% \times 97\% = 82.94\%$$

平均每个车间的合格率为：

$$\bar{x} = \sqrt[n]{\prod x} = \sqrt[3]{0.95 \times 0.90 \times 0.97}$$
$$= \sqrt[3]{0.8294} = 0.9395(93.95\%)$$

平均发展速度的计算在这里不展开讨论。

(二)加权几何平均数

当计算几何平均数的每个变量值次数不相同时,必须采用加权几何平均数的计算公式:

$$\bar{x} = \sqrt[\sum f]{x_1^{f_1} \cdot x_2^{f_2} \cdot \cdots \cdot x_n^{f_n}} = \sqrt[\sum f]{\prod x^f} \qquad (4\text{-}20)$$

式中,$\sum f$ 为变量值的次数之和;f 为各变量值的次数。

第六节 众数、中位数

在统计研究中,有时可用某变量值在变量数列中所处的位置来代表现象总体的一般水平,我们称这个变量值为位置平均数,如众数和中位数等。

一、众数

(一)众数的概念

众数是指在总体中重复出现次数最多的那个变量值,或者说在某一研究总体中各单位最普遍出现的标志值。由于这个标志值具有普遍性,所以有资格代表总体某一数量标志值的一般水平。

例如,在农贸市场上,我们常用某商品成交量最大的那个规格的价格代替该商品的平均价格;又如生产厂常根据一定时期某类产品中市场销量最大的品种、包装、牌号来确定下期生产计划等,都是对众数的应用。

(二)众数的确定

1. 由单项数列确定众数

在单项数列中只需观察哪个变量值出现次数最多,即可确定为众数。

例如,某味精厂确定各种包装的味精生产计划,首先要考虑市场上哪种包装销量最大,表示广大消费者最为满意,这样就可根据一些大商场销售味精的实际情况来确定众数,详见表 4-12。

表 4-12 某大商场某季度味精销售量

按包装分组(g)	销售量(袋)	按包装分组(g)	销售量(袋)
10	30	50	40
15	50	100	15
20	400	500	13
30	150	合计	700

由表 4-12 可见,20g 一袋的味精销路最好,达到 400 袋,于是 20g 便是众数。显然,在单项数列中确定众数是比较简单和比较直观的。

2. 由组距数列确定众数

因为是组距数列，所以首先应确定众数所在组，而后再确定本组内众数的位置，见表4-13。

表4-13　某商场某种商品销售量资料

销售价格(元)	销售量(袋)	销售价格(元)	销售量(袋)
0.50 以下	100	2～3	100
0.50～1	200	3 以上	50
1～2	800	合计	1 250

以表4-13为例分析确定众数的步骤与方法。

第一，找出众数所在组。即销售价格1～2元这一组，因为该组销售量最大，所以众数肯定在这一组内。

第二，利用以下近似公式确定该组内众数的位置。

$$M_0 = L + \frac{\Delta_1}{\Delta_1 + \Delta_2} d \text{（下限公式）} \tag{4-21}$$

$$M_0 = U - \frac{\Delta_2}{\Delta_1 + \Delta_2} d \text{（上限公式）} \tag{4-22}$$

式中，M_0 为众数；L 为众数所在组的下限；U 为众数所在组的上限；Δ_1 为众数所在组次数与其前一组次数之差；Δ_2 为众数所在组次数与其后一组次数之差；d 为众数所在组的组距。

由上例计算如下：

$$\text{下限公式 } M_0 = 1 + \frac{800-200}{(800-200)+(800-100)} \times (2-1)$$
$$= 1 + 0.46 = 1.46\text{（元）}$$

$$\text{上限公式 } M_0 = 2 - \frac{800-100}{(800-200)+(800-100)} \times (2-1)$$
$$= 2 - 0.54 = 1.46\text{（元）}$$

说明该商品销售价格1.46元一袋的销量最高，即是众数。此价格可以作为工业企业和商业企业确定产品包装、重量以及定价决策的参考依据。

（三）众数的计算

众数的计算公式可从图4-1得到证明。

由图4-1可见，M_0 一定位于次数分布直方图中最高一组的组距内某个值。它的数值是众数组下限加上按一定比例分割组距所得到的一段组距，即 $M_0 = L + x_1$。

由图4-1可知：$\frac{x_1}{d} = \frac{k}{\Delta_2}, \frac{x_2}{d} = \frac{k}{\Delta_1}, x_1 + x_2 = d$

$$\therefore \quad \frac{x_1}{x_2} = \frac{\Delta_1}{\Delta_2} \qquad \therefore \frac{x_2}{x_1} = \frac{\Delta_2}{\Delta_1}$$

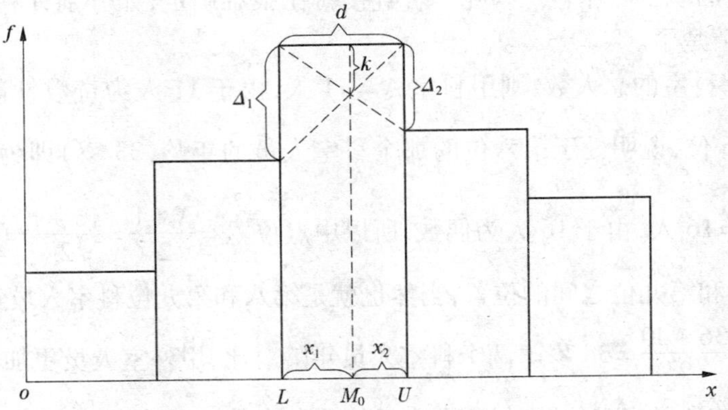

图 4-1　众数计算的直方示意图

$$\therefore \quad \frac{x_2+x_1}{x_1}=\frac{\Delta_2+\Delta_1}{\Delta_1} \qquad \therefore \quad \frac{d}{x_1}=\frac{\Delta_1+\Delta_2}{\Delta_1}$$

$$\therefore \quad x_1=\frac{\Delta_1}{\Delta_1+\Delta_2}d$$

$$\therefore \quad M_0=L+\frac{\Delta_1}{\Delta_1+\Delta_2}d$$

同理可证明上限公式 $M_0=U-\frac{\Delta_2}{\Delta_1+\Delta_2}d$（略）。

（四）注意复众数现象

确定众数的前提是某种数量标志值出现的次数最多，也最普遍。但由于现象的复杂性，有时在变量数列中有两个变量值出现的次数相同，而且最多。在这种情况下，不能确认一个，而排斥另一个，因为这属于复众数现象。在组距数列中如遇复众数时，应调整组距再确定众数；在单项数列中如遇复众数，可结合数值平均法予以确认。

二、中位数

（一）中位数的概念

将总体某一数量标志值按其大小顺序依次排列，处于中间位置的那个数值就叫中位数。由于所有变量值中，以它为界限，一半比它小，一半比它大，所以它有资格代表总体某一数量标志值的一般水平。

（二）中位数的确定

（1）对未分组的资料，只需将各标志值按大小顺序依次排列起来，那么，处于中间位置的变量值就是中位数。

例如，某机关有甲、乙两个科室，甲科室有 11 人，乙科室有 16 人，各科室年龄资料经排列如下：

甲科室年龄分别是：20、23、27、29、30、33、34、35、41、49、58 岁；

乙科室年龄分别是：18、21、23、25、28、33、35、36、40、44、45、47、48、51、55、60 岁。

问哪个科室的职工更年轻一些呢？若直接对比很难确定，如分别计算出年龄中位数来，结论就比较清楚了。

设 N 为每一科室的总人数，则甲科室 $N=11$ 人，由于11人为奇数，所以中点位置 $=\frac{N+1}{2}=\frac{11+1}{2}=6$ 位，说明处于第六位的那个科室人员的年龄(33岁)即为中位数。依此类推，乙科室 $N=16$ 人，由于16人为偶数，所以中点位置 $=\frac{N+1}{2}=\frac{16+1}{2}=8.5$ 位，说明中位数处于第八位和第九位之间的位置，当然也就是第八和第九位科室人员年龄的平均数，即年龄中位数为 $\frac{36+40}{2}=38$ 岁。两个科室人员年龄对比，甲科室人员更加年轻一些。

(2)由单项数列确定中位数时，需要先计算累计次数而后确定中位数。

例如，将甲科室人员的年龄分布整理为表4-14。

表4-14　甲科室人员年龄分布表

年龄(岁)	各组人数(人)	累计次数	
x	f	向上累计次数(人)	向下累计次数(人)
20	1	1	110
23	3	4	109
27	5	9	106
29	10	19	101
30	15	34	91
33	20	54	76
34	18	72	56
35	15	87	38
41	13	100	23
49	8	108	10
58	2	110	2
合计	110	—	—

中点位置 $=\frac{\sum f}{2}=\frac{110}{2}=55$，对应于55位的那个人员年龄便是中位数。由表4-15可见，向上累计次数72和向下累计次数56对应的年龄组，即34岁便是中位数。

(3)由组距数列确定中位数。将表4-14资料调整为表4-15。

表 4-15　甲科室人员年龄段分布表

年龄(岁)	各组人数(人)	累计次数	
x	f	向上累计次数(人)	向下累计次数(人)
20～25	4	4	110
25～30	15	19	106
30～35	53	72	91
35～40	15	87	38
40 以上	23	110	23
合计	110	—	—

中位数的确定步骤如下：

第一，确定中位数的中点位置 $=\dfrac{\sum f}{2}=\dfrac{110}{2}=55$。

第二，确定中位数所在组。即向上累计到 72 或向下累计到 91 位，即中位数在 30～35 岁这一组。

第三，确定中位数。可利用以下近似公式确定中位数：

$$M_e = L + \frac{\frac{\sum f}{2} - f_{m-1}}{f_m} \times d\text{（下限公式）} \tag{4-23}$$

或

$$M_e = U - \frac{\frac{\sum f}{2} - f_{m+1}}{f_m} \times d\text{（上限公式）} \tag{4-24}$$

式中，M_e 为中位数；L 为中位数所在组的下限；U 为中位数所在组的上限；f_m 为中位数所在组的总次数；f_{m-1} 为向上累计到中位数所在组的前一组次数；f_{m+1} 为向下累计到中位数所在组的前一组次数；$\sum f$ 为所有的次数；d 为中位数所在组的组距。

由表 4-15 计算如下：

下限公式 $M_e = 30 + \dfrac{\frac{110}{2} - 19}{53} \times 5$

$= 30 + 3.4 = 33.4$（岁）

上限公式 $M_e = 35 - \dfrac{\frac{110}{2} - 38}{53} \times 5$

$= 35 - 1.6 = 33.4$（岁）

中位数的计算公式可由图 4-2 得到证明。

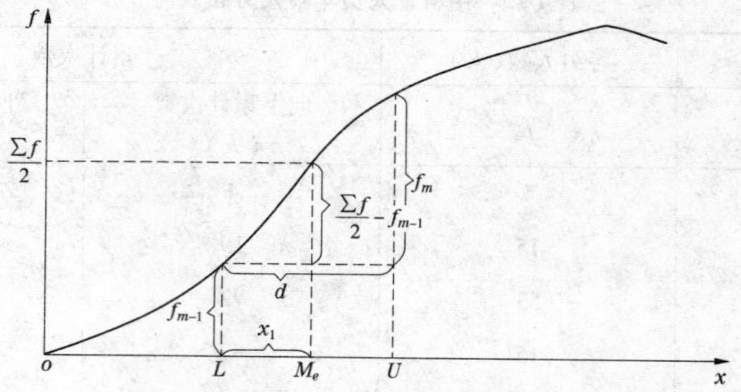

图 4-2　向上累计分布图

由图 4-2 可知：M_e 一定位于中位数所在组下限加上按一定比例分割组距所得到的一段组距，即 $M_e = L + x_1$。

由图 4-2 可得：$\frac{x_1}{d} = \frac{\frac{\sum f}{2} - f_{m-1}}{f_m}$，即 $x_1 = \frac{\frac{\sum f}{2} - f_{m-1}}{f_m}d$

则
$$M_e = L + \frac{\frac{\sum f}{2} - f_{m-1}}{f_m}d$$

同理可得中位数上限公式：

$$M_e = U - \frac{\frac{\sum f}{2} - f_{m+1}}{f_m}d \qquad (略)$$

（三）中位数的应用

中位数的确定取决于它在一个数列中的中间位置，不受极端数值的影响。虽然它不如算术平均数应用得广泛，但在某些场合下，用中位数表示一般水平要比算术平均数更有说服力。例如，当社会成员的收入高低悬殊的情况下，用年收入的中位数要比用年平均收入更能说明问题。如某科室有 5 个管理人员，其年收入分别是 10 万元、3 万元、2 万元、1.5 万元和 1 万元，显然用 2 万元要比用 3.5 万元（$\frac{\sum x}{n} = \frac{17.5}{5} = 3.5$（万元））更能概括说明 5 个管理人员的年收入一般水平。

三、各种平均数之间的相互关系

算术平均数、众数、中位数三者的关系，与总体分布的特征有关。具体可以分为以下三种表现情况：

（1）当总体分布呈对称状态时，三者合而为一（如图 4-3 所示），即

$$\bar{x} = M_0 = M_e$$

（2）当总体分布呈右偏时，则 $M_0 < M_e < \bar{x}$（如图 4-4 所示）。

（3）当总体分布呈左偏时，则 $\bar{x} < M_e < M_0$（如图 4-5 所示）。

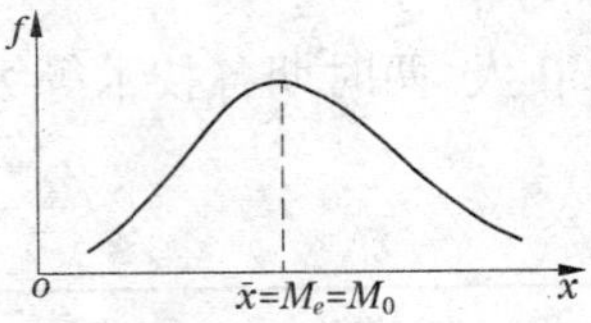

图 4-3　对称分布

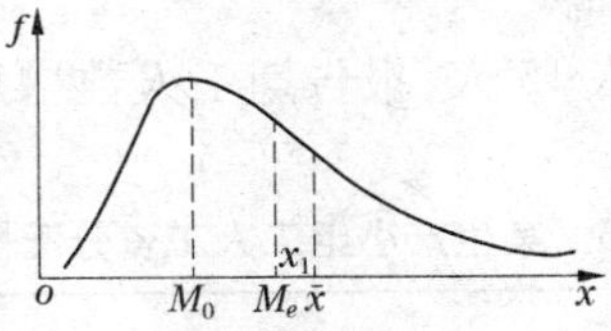

图 4-4　右偏分布

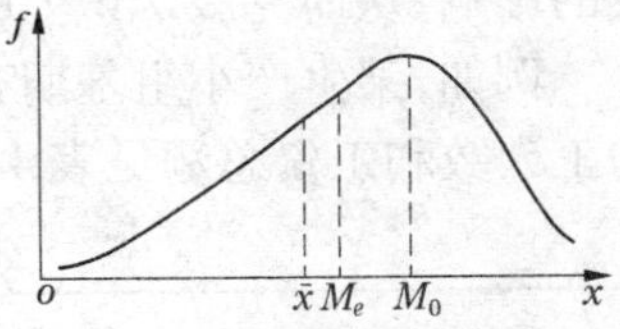

图 4-5　左偏分布

以上(2)、(3)两种情况均为总体分布,呈非对称状态,这时三者之间就存在着一定的差别,愈不对称,差别愈大。英国统计学家卡尔·皮尔逊认为,当分布只是适当偏态时,三者之间的数量关系是:中位数 M_e 与算术平均数 $\bar{x}$ 的距离是众数 M_0 与算术平均数 $\bar{x}$ 距离的 1/3,即关系式为:$|\bar{x}-M_0| = 3|\bar{x}-M_e|$。所以,如果 $(\bar{x}-M_0)>0$,则说明分布右偏(又称上偏,见图 4-4);如果 $(\bar{x}-M_0)<0$,则说明分布左偏(又称下偏,见图 4-5);如果 $(\bar{x}-M_0)=0$,则说明分布对称(见图 4-3)。

根据皮尔逊的经验公式,还可以推算出:在轻微偏态的次数分布中,一旦三者之中二者为已知时,就可以近似估计出第三者,计算公式如下:

$$M_0 = 3M_e - 2\bar{x}$$

$$M_e = \frac{1}{3}(M_0 + 2\bar{x})$$

$$\bar{x} = \frac{1}{2}(3M_e - M_0)$$

例如,某企业工人的年收入众数为 800 元,年收入的算术平均数为 1 100 元,则年收入的中位数近似值是:

$$M_e = \frac{1}{3}(M_0 + 2\bar{x}) = \frac{1}{3}(800 + 2 \times 1\ 100) = 1\ 000(\text{元})$$

因为 $M_0 < M_e < \bar{x}$,所以分布为右偏。

四、正确应用平均指标的原则

平均指标在统计分析中应用很广,但在具体应用时应注意以下几个问题。

(一)平均指标只能运用于同质总体

这是计算平均指标的首要条件。马克思曾在《资本论》中指出:“平均量始终只是同种的许多不同的个别量的平均数。”①只有在同质总体中,总体各单位才具有共同的特征,从而才能计算它们的平均数来反映现象的一般水平,否则,计算的平均数就会把现象的本质差异掩盖起来,不能起到说明事物性质及其规律性的作用。

(二)用组平均数补充总平均数

许多平均指标的计算,是在科学分组基础上进行的。我们应该重视影响总平均数的各个有关因素的作用,通过计算组平均数对总平均数作补充说明,来揭示现象内部结构组

① 《马克思恩格斯全集》第 23 卷,第 359 页。

成的影响，从而克服认识上的片面性。

例如，某生产小组基期有工人 15 人，报告期工人数增加到 30 人，两时期各技术等级的工人数和工资总额见表 4-16。

表 4-16　某生产小组工人工资分配情况

级别	基期				报告期			
	工人数（人）	比重（%）	工资总额（元）	平均工资（元）	工人数（人）	比重（%）	工资总额（元）	平均工资（元）
二级工	2	13.3	1 400	700	16	53.3	12 800	800
四级工	8	53.3	8 800	1 100	10	33.3	12 000	1 200
七级工	5	33.4	9 000	1 800	4	13.4	8 000	2 000
合计	15	100.0	19 200	1 280	30	100.0	32 800	1 093

表 4-17 中，总平均工资由基期的 1 280 元下降到报告期的1 093元，即下降了 187 元。但从组平均数来看，基期平均工资，二级工为 700 元，四级工为 1 100 元，七级工为 1 800 元；报告期平均工资，二级工为 800 元，四级工为 1 200 元，七级工为 2 000 元。由此可见，各技术等级工人的平均工资报告期都高于基期。这种总平均数与组平均数不一致的现象，原因在于工人数结构的变化，即报告期二级工人数的增加幅度大（从基期 13.3% 增加到报告期的 53.3%），从而导致总平均工资的虚假下降。事实上，总平均数受到两个因素变动的影响，不仅受变量水平大小的影响，同时还受各组单位数在整个总体中所占比重大小的影响，即现象内部结构组成的影响。所以，为了客观地分析某一社会现象一般水平变动的情况，必须用组平均数补充说明总平均数。

（三）用分配数列补充说明平均数

平均数只是说明现象的共性，即一般水平，而把总体各单位数量标志值的差异给抽象化了，掩盖了总体各单位的差异及其分配情况。为了比较深入地说明问题，在利用平均数对社会经济现象进行分析时，还要结合原来的分配数列，分析平均数在原数列中所处位置，以及各单位标志值在平均数上下分配情况。

例如，某工业部门 100 个企业年利润计划完成程度资料如表 4-17 所示。

表 4-17　某工业部门各企业年利润计划完成情况

按计划完成程度分组（%）	企业数
85 ~ 89.9	2
90 ~ 94.9	8
95 ~ 99.9	10
100 ~ 104.9	40
105 ~ 109.9	30
110 ~ 114.9	10
合计	100

根据表 4-17 资料，该数列的平均计划完成程度是 103.35%。总平均数把企业总体分成先进和后进两部分，表中有 20 个企业（即 20%）没有完成计划，为后进企业。

第七节 变异度指标

一、变异度指标的概念

变异度指标是用来说明总体各单位标志值之间差异程度的综合指标，也称为标志变动度。我们知道，平均指标是将总体各单位某一数量标志值的差异给抽象化了，只反映总体的一般水平。即平均指标只能综合反映各单位某一数量标志的共性，而不能反映它们之间的差异性，也不能全面描述总体标志值分布的特征。变异度指标弥补了这个不足，它综合反映总体各单位标志值之间的差异性，从另一方面说明总体的特征。所以，平均指标与变异度指标的主要区别在于：平均指标说明分布数列的集中趋势，而变异度指标则说明分布数列的离中趋势。

二、变异度指标的作用

通过变异度指标可以分析总体各单位某一数量标志值的离中和对称程度，衡量平均指标的代表性，揭示事物变动的规律性，从而为经济管理和科学决策提供依据。

(一)变异度指标是衡量平均指标代表性大小的重要尺度

平均指标作为总体各单位某一数量标志的代表值，其代表性如何，取决于总体各单位该数量标志值之间的差异程度。这种关系表现为：总体的标志变异指标愈大，平均指标的代表性就愈小；反之，标志变异指标愈小，平均指标的代表性就愈大。例如，有两组各5个工人的基本工资资料如下（单位：元）：

甲组：600，700，800，900，1 000

乙组：700，750，800，850，900

这两个小组的平均工资都是800元，但各组工人工资的变异程度不同，因此这两个组的平均工资所具有的代表性也就不同。由于甲组各工资值的差异较大，所以其平均数的代表性就小；而乙组各工资值的差异较小，其平均数的代表性也就大。

(二)变异度指标是反映社会经济活动过程均衡性的一个重要指标

在经济管理中，变异度指标可以显示计划执行过程中的均衡性，为有效地组织节奏性生产，克服生产中时紧时松现象，提高经济管理工作的质量提供依据。例如，某企业两个车间某月份某产品生产计划完成情况如表4-18所示。

表4-18 某企业某月产品生产计划表 （单位：万 kg）

车间	计划数	实际完成							
		上旬		中旬		下旬		全月	
		绝对数	占全月(%)	绝对数	占全月(%)	绝对数	占全月(%)	绝对数	完成计划(%)
甲	15	4.5	30.0	5	33.3	5.5	36.7	15	100
乙	15	3.5	23.3	4.5	30.0	7.0	46.7	15	100

表4-18资料表明，甲、乙两个车间月产量计划都已完成。但执行计划过程中的节奏则不同。甲车间全月均衡地完成了生产计划，各旬计划完成率变异程度较小；而乙车间则前松后紧，各旬计划完成变异程度较大。显然，甲车间计划执行情况要优于乙车间。

此外，在抽样调查中，变异度指标还是确定必要抽样数目和计划抽样误差的必要依据。

第八节　变异度指标的计算

常用的变异度指标有全距、平均差、标准差、方差和离散系数，其中以标准差运用最普遍。

一、全距

全距是指一个变量数列中最大标志值与最小标志值之差。因为它是一个变量数列中两个极端数值之差，故又称为极差，一般用 R 表示，计算公式：

$$R = 最大标志值 - 最小标志值$$

例如，在上一节所列的两组工人工资资料中，全距为：

$$R_{甲} = 1\,000 - 600 = 400(元)$$

$$R_{乙} = 900 - 700 = 200(元)$$

虽然甲、乙两组工人的平均工资都是800元，但两组工人工资的极差不一样，即 $R_{甲} > R_{乙}$，所以乙组工人的平均工资更具有代表性。

如果统计资料经过整理，成为组距变量数列，则全距的近似值为：

$$R = 最高组的上限 - 最低组的下限$$

如果所遇组距变量数列属于开口组，则应先分别计算其最高组的上限和最低组的下限，然后再利用上述公式计算全距。

例如，某企业职工工资的分组资料如表4-19所示。

表4-19　某企业职工工资分组资料

月基本工资分组(元)	职工人数(人)
700以下	100
700～800	250
800～900	300
900～1 000	200
1 000以上	150
合计	1 000

最高组的上限 = 最高组的下限 + 邻组的组距 = 1 000 + 100 = 1 100(元)

最低组的下限 = 最低组的上限 - 邻组的组距 = 700 - 100 = 600(元)

$$R = \text{最高组的上限} - \text{最低组的下限} = 1\ 100 - 600 = 500(\text{元})$$

全距计算简便,意义清楚,但它易受极端数值的影响。统计资料是组距变量数列,尤其是遇到开口组资料时,全距的测定只能是一个近似值。

二、平均差

平均差是总体各单位的标志值与其算术平均数之差的绝对值的算术平均数。由于总体各单位的标志值与其算术平均数的离差总和恒等于0,即 $\sum(x-\bar{x})=0$,因而各项离差的算术平均数也恒等于0。所以,在计算平均差时,一定要采取离差的绝对值 $|x-\bar{x}|$ 形式才有意义。平均差能综合地反映总体中各单位标志值的变动影响,平均差大,其变异程度也大;反之,则小。常用 $A\cdot D$ 代表。

平均差的计算步骤:第一步,求总体各标志值的算术平均数;第二步,求总体标志值与其算术平均数的离差;第三步,求离差的绝对值;第四步,将离差绝对值的总和除以项数 (n) 或总次数 $(\sum f)$。

根据所掌握的资料不同,平均差可分为简单平均式与加权平均式两种。

(一)简单平均式

在资料未经分组时,采用简单平均式。其公式为:

$$A\cdot D = \frac{\sum|x-\bar{x}|}{n}$$

现以前面所举的甲、乙两组工人的工资资料(见表4-20)为例来说明。

表4-20 某企业甲、乙两组工人的工资资料

甲组			乙组		
工资(元)	离差	离差绝对值	工资(元)	离差	离差绝对值
x	$x-\bar{x}$	$\lvert x-\bar{x}\rvert$	x	$x-\bar{x}$	$\lvert x-\bar{x}\rvert$
600	-200	200	700	-100	100
700	-100	100	750	-50	50
800	0	0	800	0	0
900	100	100	850	50	50
1 000	200	200	900	100	100
合计	—	600	合计	—	300

$$\bar{x}_{甲} = \frac{\sum x}{n} = \frac{4\ 000}{5} = 800(\text{元})$$

$$A \cdot D_{甲} = \frac{\sum |x - \bar{x}|}{n} = \frac{600}{5} = 120(元)$$

$$\bar{x}_{乙} = \frac{\sum x}{n} = \frac{4\ 000}{5} = 800(元)$$

$$A \cdot D_{乙} = \frac{\sum |x - \bar{x}|}{n} = \frac{300}{5} = 60(元)$$

上例计算说明，在甲、乙两组工人平均工资相等的情况下，甲组的平均差大于乙组，因而其平均数的代表性比乙组小。

(二)加权平均式

在资料经过分组，形成次数不等的变量数列时，应采取加权平均式。其公式为：

$$A \cdot D = \frac{\sum |x - \bar{x}| f}{\sum f}$$

例如，某企业职工工资资料如表4-21所示。

表4-21　某企业职工工资资料

月工资分组（元）	工人数（人）	组中值	工资额（元）	离差	离差绝对数	离差绝对值×次数
	f	x	xf	$x-\bar{x}$	$\lvert x-\bar{x}\rvert$	$\lvert x-\bar{x}\rvert \cdot f$
700以下	100	650	65 000	−205	205	20 500
700～800	250	750	187 500	−105	105	26 250
800～900	300	850	255 000	−5	5	1 500
900～1 000	200	950	190 000	95	95	19 000
1 000以上	150	1 050	157 500	195	195	29 250
合计	1 000	—	855 000	—	—	96 500

$$\bar{x} = \frac{\sum xf}{\sum f} = \frac{855\ 000}{1\ 000} = 855.0(元)$$

$$A \cdot D = \frac{\sum |x - \bar{x}| f}{\sum f} = \frac{96\ 500}{1\ 000} = 96.5(元)$$

上例计算说明，该厂工人的月平均工资与各个工人的月工资额平均相差96.5元。如同其他企业对比，平均差的数值愈大，则其平均工资的代表性就愈小。

平均差含义明确，能较全面、客观地反映变量数列标志值平均变动程度，计算也较简便。但是，平均差以平均绝对离差的形式来表现，不利于进一步代数运算，因此在应用中受到一定的限制。

三、标准差和方差

在统计中最常用的变异度指标是标准差。所谓标准差，就是总体各单位的某一标志值与其算术平均数离差平方的算术平均数的平方根，故又称均方根差（简称均方差）。标准差的平方称为方差。标准差的意义与平均差基本相同，它也是各个标志值对其算术平均数的平均离差，但在数学处理上与平均差有所不同，它是采用平方的方法来消除离差的正负号，因此它比平均差更能准确地反映变量数列之间的离中程度，在统计工作中被广泛运用。

标准差的计算步骤：第一步，求总体各标志值的算术平均数；第二步，求总体各标志值与其算术平均数的离差；第三步，求离差的平方；第四步，求各项离差平方的算术平均数；第五步，对离差平方的算术平均数开平方。

根据所掌握的资料不同，标准差可分为简单平均式与加权平均式两种计算方法。

（一）简单平均式

在资料未经分组时，采用简单平均式。其公式为：

$$\sigma = \sqrt{\frac{\sum (x - \bar{x})^2}{n}}$$

式中的 σ 代表标准差。

现以甲、乙两组工人日产量资料（见表 4-22）为例来说明。

表 4-22　甲、乙两组职工的日产量资料

甲组			乙组		
日产量（件）	离差	离差平方	日产量（件）	离差	离差平方
x	$(x-\bar{x})$	$(x-\bar{x})^2$	x	$(x-\bar{x})$	$(x-\bar{x})^2$
60	-20	400	70	-10	100
70	-10	100	75	-5	25
80	0	0	80	0	0
90	10	100	85	5	25
100	20	400	90	10	100
合计	—	1 000	合计	—	250

$$\sigma_{甲} = \sqrt{\frac{\sum (x - \bar{x})^2}{n}} = \sqrt{\frac{1\ 000}{5}} = 14.14（件）$$

$$\sigma_{乙} = \sqrt{\frac{\sum (x-\bar{x})^2}{n}} = \sqrt{\frac{250}{5}} = 7.07(件)$$

上例计算说明,在甲、乙两组工人平均日产量相等的情况下,甲组的标准差大于乙组,因而其平均数的代表性比乙组小。

(二)加权平均式

在资料经过分组,形成次数不等的变量数列时,应采取加权平均式。其公式为:

$$\sigma = \sqrt{\frac{\sum (x-\bar{x})^2 f}{\sum f}}$$

以表4-23为例进行计算。

表4-23　某企业工人数及日产量资料

日产量分组(件)	工人数(人)	组中值	总产量(件)	离　差	离差平方	离差平方×次数
符　号	f	x	xf	$(x-\bar{x})$	$(x-\bar{x})^2$	$(x-\bar{x})^2 f$
70以下	100	65	6 500	-20.5	420.25	42 025.0
70～80	250	75	18 750	-10.5	110.25	27 562.5
80～90	300	85	25 500	-0.5	0.25	75.0
90～100	200	95	19 000	9.5	90.25	18 050.0
100以上	150	105	15 750	19.5	380.25	57 037.5
合　计	1 000	—	85 500	—	—	144 750

$$\sigma = \frac{\sum xf}{\sum f} = \frac{85\ 500}{1\ 000} = 85.5(元)$$

$$\sigma = \sqrt{\frac{\sum (x-\bar{x})^2 f}{\sum f}} = \sqrt{\frac{144\ 750}{1\ 000}} = 12.03(元)$$

四、离散系数

标准差和其他变异度指标一样,都是有计量单位的名数,均用绝对指标反映其标志变异程度。对于不同总体的社会现象,由于变异度指标的计量单位不同,不能直接进行对比;即使同类现象在平均指标不相等的情况下,也不能直接对比。这是因为变异度指标值的大小不仅受总体各单位标志值之间差异程度的影响,而且还直接受标志值本身水平高低的影响。例如,一组高工资的标准差必然大于一组低工资的标准差。所以说,标准差虽能正确地反映标志变异程度的大小,但利用它来比较平均数的代表性是有限的,只有在平均数相等的情况下，才能直接进行比较；如在平均数不等的情况下，就不能直接进行比较，这时必须计算离散系数才能进行比较。

（一）离散系数的概念与表达式

离散系数是指标志变异指标与相应的算术平均数相对比计算出来的相对数。其计算公式可表述为

$$离散系数=\frac{标志变异指标}{算术平均数}\times 100\%$$

（二）离散系数的分类

1. 全距系数

全距系数是指全距与算术平均值的比值形成的相对数。

$$V_R=\frac{R}{X}\times 100\%$$

2. 平均差系数

平均差系数是指平均差与算术平均值的比值形成的相对数。

$$V_{A.D.}=\frac{A.D.}{X}\times 100\%$$

3. 标准差系数

标准差系数是指标准差与算术平均数的比值形成的相对数。

$$V_\sigma=\frac{\sigma}{X}\times 100\%$$

例如，某车间有甲、乙两个作业班生产同种产品，已知甲班工人该产品日产量分组资料，见表4-24。

表4-24　某车间甲班工人某产品日产量分组资料

日产量（件）	工人数（人）f	组中值 x	xf	$(x-\bar{x})$	$(x-\bar{x})^2$	$(x-\bar{x})^2f$
6以下	6	5	30	−3.23	10.43	62.59
7～9	12	8	96	−0.23	0.05	0.60
10以上	8	11	88	2.77	7.67	61.36
合计	26	—	214	—	—	124.55

（1）试计算甲班工人平均日产量；

（2）又知乙班工人生产该产品平均日产量为9.4件，标准差为2.4件，试比较甲、乙两班哪个班的平均日产量代表性大。

解：（1）甲班工人平均日产量

$$\bar{x}=\frac{\sum xf}{\sum f}=\frac{214}{26}=8.23（件）$$

（2）甲班：标准差 $\sigma=\sqrt{\frac{\sum(x-\bar{x})^2f}{\sum f}}=\sqrt{\frac{124.55}{26}}$

$= 2.19$（件）

离散系数　$V=\frac{\sigma}{\bar{x}}=\frac{2.19}{8.23}=26.61\%$

乙班：离散系数 $V=\frac{\sigma}{\bar{x}}=\frac{2.4}{9.4}=25.53\%$

从甲、乙两班工人日产量离散系数上看，乙班工人平均日产量代表性大。

第九节　静态分析指标中 EXCEL 的应用

用 EXCEL 计算平均数、标准差等描述性统计量有两种方法：一是用函数；二是用“数据分析”工具。

第一次使用“数据分析”时，需在 EXCEL 工具菜单中选“加载宏”，选“分析工具库”。这样在“工具”菜单中就会出现“数据分析”。

下面用“描述统计”工具处理原始资料。

一、问题与数据

从某校所有参加一次英语考试的学生中，随机抽取 30 名学生记录其考试成绩，结果如下：

89	88	76	99	74	87	73	67	82	60
92	67	56	87	74	64	54	64	74	87
72	67	81	66	73	82	76	73	77	89

试用“描述统计”工具计算该样本的各描述统计特征。

二、操作步骤

（1）于 A1：A30 单元格区域中输入样本数据。

（2）从“工具”菜单中选择“数据分析”项；在所弹出的“数据分析”对话框的“分析工具”列表中选择“描述统计”工具，如图 4-6 所示。

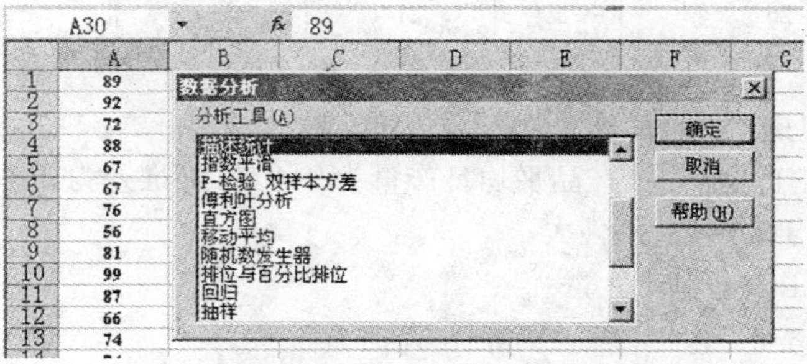

图 4-6　“数据分析”对话框

（3）单击“数据分析”对话框的“确定”按钮，弹出“描述统计”对话框。

（4）确定对话框中各选项（见图 4-7）。

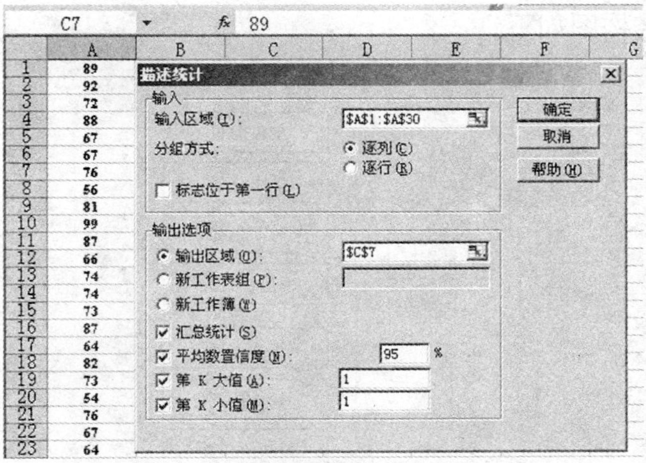

图 4-7 “描述统计”对话框

(5)单击“描述统计”对话框的“确定”按钮,结果如图 4-8 所示。

图 4-8 “描述统计”计算结果

“峰度”,EXCEL 工作表函数为 KURT,其计算公式为:

$$峰度 = \left\{\frac{n(n+1)}{(n-1)(n-2)(n-3)}\sum\left(\frac{x_i-\bar{x}}{S_{n-1}}\right)^4\right\} - \frac{3(n-1)^2}{(n-2)(n-3)}$$

“偏斜度”,EXCEL 工作表函数为 SKEW,其计算公式为:

$$偏斜度 = \frac{n}{(n-1)(n-2)}\sum\left(\frac{x_i-\bar{x}}{S_{n-1}}\right)^3$$

“置信度”,其计算公式为:$t(n-1,\frac{\alpha}{2}) \times \frac{S_{n-1}}{\sqrt{n}}$。

本章知识结构图如下：

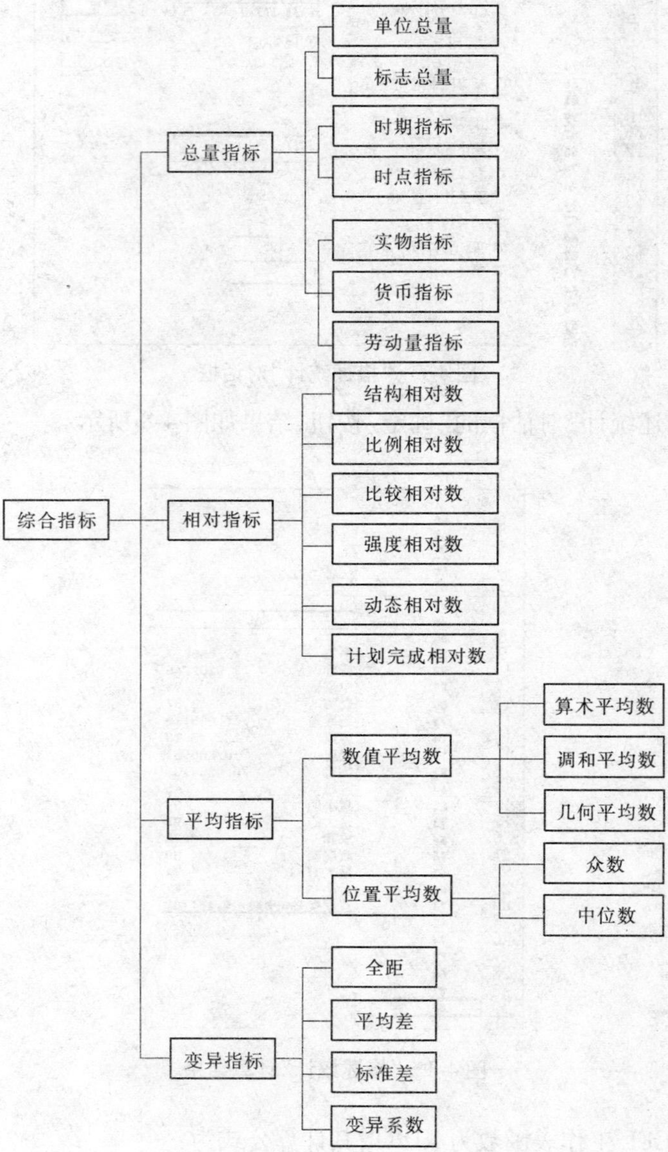

阅读材料 1

恩格尔系数发明者——恩格尔·厄恩斯特

恩格尔·厄恩斯特(Engel. Ernst,1821～1896 年),生于德累斯顿,德国统计学家,因发现恩格尔曲线和恩格尔定律闻名于世。他早年与法国社会学家弗雷德里克·勒普莱交往甚密,勒普莱对家庭问题很感兴趣,这使恩格尔开展了对家庭的调查。这些调查所收集到的开支数据使恩格尔确信,在家庭的收入与该户分配于食物和其他项目的支出之间,存在着一定联系。这是经济学中最早确立的定量函数关系之一。不仅如此,他还发现,收入较高的家庭用于食物的支出一般多于较穷的家庭,但食物开支在总预算中所占比重一般同收入成反比。从这一经验性规律出发,他进一步推断出,在经济发展过程中,相对于其他经济部门而言,农业将萎缩。1860～1882 年恩格尔在柏林任普鲁士统计局局长期间,以普鲁士统计局的名义为发展和加强官方统计学做了大量工作。他因反对俾斯麦(Bismarck)的保护主义政策而辞职。在研究工作中,他从成本方面特别研究了人类生活的价值。他还调查了价格对需求的影响。他对官方统计学的影响远不仅限于德国,1885 年他参与创立了国际统计学会。他于 1896 年在拉德博伊尔去世。

恩格尔最重要的贡献是发明了恩格尔系数。1857 年,他根据统计资料,对消费结构的变化得出一个规律:一个家庭收入越少,家庭收入中(或总支出中)用来购买食物的支出所占的比例就越大,随着家庭收入的增加,家庭收入中(或总支出中)用来购买食物的支出则会下降。推而广之,一个国家越穷,每个国民的平均收入中(或平均支出中)用于购买食物的支出所占比例就越大,随着国家的富裕,这个比例呈下降趋势。

恩格尔系数是根据恩格尔定律得出的比例数,是表示生活水平高低的一个指标。其计算公式如下:

$$\text{恩格尔系数}=\frac{\text{食物支出金额}}{\text{总支出金额}}$$

除食物支出外,衣着、住房、日用必需品等的支出,也同样在不断增长的家庭收入或总支出中,所占比重上升一段时期后,呈递减趋势。

恩格尔定律主要表述的是食品支出占总消费支出的比例随收入变化而变化的一定趋势。揭示了居民收入和食品支出之间的相关关系,用食品支出占消费总支出的比例来说明经济发展、收入增加对生活消费的影响程度。众所周知,吃是人类生存的第一需要,在收入水平较低时,其在消费支出中必然占有重要地位。随着收入的增加,在食物需求基本满足的情况下,消费的重心才会开始向穿、用等其他方面转移。因此,一个国家或家庭生活越贫困,恩格尔系数就越大;反之,生活越富裕,恩格尔系数就越小。国际上常常用恩格尔系数来衡量一个国家和地区人民生活水平的状况。根据联合国粮农组织提出的标准,恩格尔系数在 59% 以上为贫困,50%～59% 为温饱,40%～50% 为小康,30%～40% 为富裕,低于 30% 为最富裕。在我国运用这一标准进行国际和城乡对比时,要考虑到那些不可比因素,如消费品价格比价不同、居民生活习惯的差异以及由社会经济制度不同所产生的特殊因素。

恩格尔系数是国际上通用的衡量居民生活水平高低的一项重要指标,一般随居民家庭收入和生活水平的提高而下降。改革开放以来,我国城镇和农村居民家庭恩格尔系数已由 1978 年的 57.5% 和 67.7% 分别下降到 2005 年的 36.7% 和 45.5%。

(选自 MBA 智库百科(http://wiki.mbalib.com/))

阅读材料 2

本福特定律

本福特定律是指数字统计的一种内在规律,又称第一数字定律。它描述的是自然数 1 到 9 的使用频率,公式为 $F(d)=\lg[1+(1/d)]$(d 为自然数),此公式中 F 代表频率,d 代表待求证数字。其中1使用最多接近三分之一,2为17.6%,3为12.5%,依次递减,9的频率是4.6%。该定律根据其第二位奠基人弗兰克·本福特的名字被命名为本福特定律。

世界上千千万万的数据的开头数字是1到9中的任何一个数字,而且每个数字打头的概率本应该差不多,但如果你统计的数据足够多,就会惊讶地发现,打头数字是1的数据最多。

1935年,美国的一位叫做本福特的物理学家在图书馆翻阅对数表时发现,对数表的头几页比后面的页更脏一些,这说明头几页在平时被更多的人翻阅。本福特再进一步研究后发现,只要数据的样本足够多,数据中以1为开头的数字出现的频率并不是1/9,而是30.1%。而以2为首的数字出现的频率是17.6%,往后出现频率依次减少,9的出现频率最低,只有4.6%。在本福特之前,有一位深受尊敬的天文学家名为西蒙·纽库姆,他在1881年发现了这一定律。纽库姆同时代的科学家们并没有对他的科学发现引起足够重视。本福特和纽库姆两位科学家均对这一定律感到困惑:当浏览对数表书籍时,他们注意到书的开始部分要比结束部分脏得多。这就是说,他们的同事到图书馆后,选择各种各样学科书籍时首选第一页开始阅读。本福特对此疑问的观察要比纽库姆更深入一些。他开始对其他数字进行调查,发现各种完全不相同的数据,比如人口、物理和化学常数、棒球统计表以及斐波纳契数列数字中,均有这个定律的身影。换句话说就是只要是由度量单位制获得的数据都符合这一定律。另一方面,任意获得的和受限数据通常都不符合本福特定律。比如,彩票数字、电话号码、汽油价格、日期和一组人的体重或者身高数据是比较随意的,或者是任意指定的,并不是由度量单位制获得的。

科学家们仔细研究第一数字定律后,无法对这种现象做出合理解释。第一数字定律在许多方面都得到了应用,但对于这种数字奇异现象人们依旧是迷惑不解。数十年来,科学家紧随本福特对这一数字现象进行研究,但是除了发现更多的例子外,他们几乎没有发现有关比第一数字定律本身更多的东西。然而,科学家们还是发现一些奇特现象。比如,当对数据库中的第二重要数字进行调查时,该定律仍然发挥着作用,但是第二重要数字的重要性却降低。同样,第三和第四重要数字所展现出来的特征就开始变得相同起来,第五重要数字的频率为10%,刚好是平均数。第二个奇特现象引发了更多的科学兴趣。

科学家们已经使用该定律进行了许多实践应用。比如,一个公司的年度账目数据应当是满足这一定律,经济学家可以根据这一定律查找出伪造数据,因为伪造数据很难满足这一定律(非常有趣的是,科学家发现数字5和6,而不是1是最流行的数字,这表明伪造者试图在账目中间“隐藏”数据。)。2001年,美国最大的能源交易商安然公司宣布破产,当时传出了该公司高层管理人员涉嫌做假账的传闻。事后人们发现,安然公司在2001年到2002年所公布的每股盈利数字就不符合本福特定律,这证明了安然公司的高层领导确实改动过这些数据。

本福特定律最近还用于选举投票欺诈发现。科学家依据这一定律发现了2004年美国总统选举中佛罗里达州的投票欺诈行为,2004年委内瑞拉的投票欺诈和2006年墨西哥投票欺诈。

本福德定律的应用条件是:数据不能是规律排序的,比如发票编号、身份证号码等;数据不能经过人为修饰。所以,如果数据来自舞弊所得到的结果,则这些数据将不再服从本福德定律。注册会计师可以利用本福德定律来发现被审计单位舞弊，提高审计效果。

科学家托里斯说，"有关第一数字定律是通过脏书页发现的故事是完全不可信的。本福特定律不可否认已经得到应用。对我而言，它仿佛仅仅只是一个数字奇异现象。这就是简单中可能蕴涵有意想不到神奇之处的典型范例"。

（选自2007年12期《大科技》 作者：朱帆远）

习　题

一、填空题

1. 总量指标是__________，它是认识__________的起点，是__________的依据，是__________的基础。

2. 总量指标按其反映的内容不同可分为__________和__________；按其反映时间状况不同可分为__________和__________；按其采用计算单位不同可分为__________、__________和__________。

3. 相对数的表现形式有__________、__________两种。

4. 常用的相对数有__________、__________、__________、__________、__________和__________。

5. 当计划数为降低率时，计划完成情况相对数等于__________。

6. 水平法就是__________，它适合于__________，计算公式为__________，提前期等于__________。

7. 累计法是__________，它适合于__________，计算公式为__________，提前期等于__________。

8. 某城市商业网点密度为5个/千人，该指标为__________。

9. 美国的人均国民生产总值是中国的60倍，该指标为__________。

10. 某商品价格2006年是2005年的120%，则该指标为__________。

11. 积累与消费的比例为1∶3，①即消费额是积累额的3倍，②积累额占国民收入的25%。在这一资料中①是__________，②是__________。

12. 平均指标是__________，它具有__________和__________两个特点。

13. 平均指标主要有__________、__________、__________、__________、__________五种。

14. 调和平均数是__________，它有__________和__________两种，其计算公式是__________和__________，适用场合是__________。

15. 几何平均数是__________，它主要用于计算__________和__________，其种类有__________和__________两种，计算公式为__________和__________。

16. 某组有5名学生，年龄分别为19岁、19岁、20岁、18岁、17岁，则年龄的调和平均数是__________，算术平均数是__________。

17. 某班有30名学生,20名男生的统计平均成绩是85分,10名女生的统计平均成绩是70分,则全班学生的统计平均分数是________分。

18. 变异指标是________,它具有________和________两个作用,主要有________、________、________和________四种。

19. 甲厂工人劳动生产率为10 000元/人,乙厂工人劳动生产率为5 000元/人,标准差分别为400元和300元,则________的劳动生产率代表性大。

20. 应用平均指标应注意和________、________和________结合运用。

二、单项选择题

1. 结构相对数的分子和分母(　　)。

①只能是总体单位数

②只能是总体标志总量

③只能是时期指标

④可以是总体单位数,也可以是总体标志总量

2. 某年(甲)轻工业产值占农轻重的32.1%,(乙)轻工业产值是农业产值的34.6%,则结构相对数是(　　)。

①甲　　②乙　　③甲、乙　　④非甲、非乙

3. 下列指标中强度相对数是(　　)。

①某年工业总产值超额完成计划1.7%

②全国人均粮食产量为400kg

③我国钢产量为美国的52.6%

④职工的平均工资为300元

4. 若劳动生产率计划提高2%,实际提高6%,则超额完成计划(　　)。

①103.9%　　②3%　　③4%　　④3.9%

5. 按计划今年产量比去年应增加30%,实际比计划少完成了10%,则同上年相比今年产量的实际增长程度为(　　)。

①40%　　②60%　　③17%　　④120%

6. 加权算术平均数的大小(　　)。

①受各组标志值大小的影响,与各组次数无关

②受各组次数多少的影响,与各组标志值大小无关

③与标志值大小和次数均有关

④与标志值大小和次数均无关

7. 次数对算术平均数的影响作用取决于(　　)。

①次数本身绝对数的大小

②标志值本身大小

③作为次数的各组标志值在总体单位数中比重大小

④次数多的标志值对平均数的影响大

8. 当掌握的资料是分组资料，并已编制成变量数列且各组次数不等时，应采用(　　)计算算术平均数。

①$\bar{x}=\frac{\sum x}{n}$　②$\bar{x}=\frac{\sum xf}{\sum f}$　③$\bar{x}=\frac{\sum m}{\sum \frac{m}{x}}$　④$\bar{x}=\sqrt[n]{x_1 \cdot x_2 \cdots x_n}$

9. 由变量数列求算术平均数，在各组次数为频率形式且不等的情况下，应采用(　　)计算。

①$\bar{x}=\frac{\sum xf}{\sum f}$　②$\bar{x}=\frac{\sum x}{n}$　③$\bar{x}=\sum x \cdot \frac{f}{\sum f}$　④$\bar{x}=\frac{n}{\sum \frac{1}{x}}$

10. 已知甲、乙两城市某商品的单价及销售额，要求计算该商品在两城市的平均单价，则计算公式为(　　)。

①$\bar{x}=\frac{\sum xf}{\sum f}$　②$\bar{x}=\frac{\sum m}{\sum \frac{m}{x}}$　③$\bar{x}=\frac{n}{\sum \frac{1}{x}}$　④$\bar{x}=\frac{\sum x}{n}$

11. 已知甲、乙两城市某商品的单价及销售量，要求计算该商品在两城市的平均单价，则计算公式为(　　)。

①$\bar{x}=\frac{\sum xf}{\sum f}$　②$\bar{x}=\frac{\sum m}{\sum \frac{m}{x}}$　③$\bar{x}=\frac{n}{\sum \frac{1}{x}}$　④$\bar{x}=\frac{\sum x}{n}$

12. 由未分组资料确定中位数，则中位数是(　　)对应的变量值。

①$\frac{n}{2}$　②$\frac{n+1}{2}$　③$\frac{n-1}{2}$　④$\frac{\sum f}{2}$

13. 众数是(　　)。

①总体中出现最多的变量值　②总体中最大的变量值

③总体中出现的最小变量值　④变量值对应的最大次数

14. 变异指标中易受极端值影响的有(　　)。

①平均差　②标准差　③全距　④变异系数

15. 不同总体间标准差不能进行简单对比，这是因为(　　)。

①总体平均数不一样　②离散程度不一样

③总体单位数不一样　④离差平方和不一样

16. 有两类总体甲和乙的工资的标准差系数分别是 $V_{甲}=20\%$，$V_{乙}=25\%$，其平均工资的代表性(　　)。

①甲大于乙　②甲小于乙　③甲与乙相当　④无法判断

17. 有两类总体甲和乙工资的标准差分别是 $\sigma_{甲}=30$，$\sigma_{乙}=40$，其平均工资的代表性(　　)。

①甲大于乙　②甲小于乙　③甲与乙相当　④无法判断

18. 某工厂有两个车间，某年甲车间工人的平均工资为320元，乙车间的平均工资为

330 元，次年甲车间工人在全厂工人中的比重提高，乙车间的比重下降，但两个车间的平均工资没有变化，试问全厂工人平均工资次年比某年(　　　)。

①提高　　②降低　　③持平　　④无法判断

三、多项选择题

1. 某地区固定资产投资额为 120 亿元，则该指标为(　　　)。

①总量指标　　②时点指标　　③相对指标　　④价值量指标

2. 某地区人口总数为 100 万人，则该指标为(　　　)。

①实物量指标　　②时点指标　　③总量指标　　④总体单位总量

3. 某地区商品库存额为 500 万元，则该指标为(　　　)。

①劳动量指标　　②价值量指标　　③时点指标　　④总体标志总量

4. 某地区共有国营企业 1 000 个，则该指标为(　　　)。

①总体单位总量　　②时期指标　　③时点指标　　④价值量指标

5. 在计算和应用相对指标时，应注意(　　　)等问题。

①指标的可比性

②正确选择对比基数

③要与总量指标结合运用

④要与经济内容和相关的相对指标结合运用

6. 总量指标的计算方法有(　　　)。

①推算法　　②直接法　　③加权法　　④指数法

7. 平均指标具有(　　　)作用。

①用来比较同类现象在不同单位发展的一般水平

②同一单位不同时期的比较

③制定先进合理的定额的依据

④分析现象依存关系

8. 属于数值平均数的有(　　　)；属于位置平均数的有(　　　)。

①众数　　②简单算术平均数　　③中位数

④加权算术平均数　　⑤调和平均数　　⑥几何平均数

9. 在下列平均数中，不受极端值影响的是(　　　)。

①算术平均数　　②几何平均数

③调和平均数　　④众数　　⑤中位数

10. 反映某标志值一般水平的指标有(　　　)。

①算术平均数　　②标准差　　③众数

④中位数　　⑤平均差　　⑥标准差系数

11. 反映平均指标代表性大小的指标是(　　　)。

①平均差　　②标准差　　③标准差系数

④调和平均数　　⑤几何平均数　　⑥算术平均数

四、判断题

1. 总量指标的数值随研究范围而变化,范围越大,指标数值越小。(　　)

2. 反映总体单位某一数量标志的总和叫总体标志总量。(　　)

3. 总体标志总量和总体单位总量是固定不变的。(　　)

4. 相对指标的数值大小不随总体范围大小而变化。(　　)

5. 相对数是抽象化数值,所以相对数无计量单位。(　　)

6. 两个数字对比,分子数值同分母数值相差不大时,常用倍数表示。(　　)

7. 人口出生率、人口死亡率常用百分数形式表现。(　　)

8. 有名数就是分子与分母指标数值的计量单位同时使用。(　　)

9. 结构相对数比重之和为100%。(　　)

10. 积累与消费的比例叫比较相对数。(　　)

11. 成本利税率属于比较相对数。(　　)

12. 计划完成相对数大于100%就是超额完成了计划。(　　)

13. 计划完成相对数分子、分母的数值可以是绝对数,也可以是相对数和平均数。(　　)

14. 指标的可比性就是要求对比的两个指标必须有联系,并且指标内容、范围、计算方法等必须一致。(　　)

15. 低速度代表的水平不一定低,较大的相对数背后的绝对值可能很小。(　　)

16. 某高校女生占全部学生比重由2006年10%上升到2007年的20%,这两个指标分别是结构相对数和动态相对数。(　　)

17. 算术平均数计算要求是各标志值与各单位之间是一一对应的。(　　)

18. 由组距数列计算加权算术平均数首先要计算出各组的组中值。(　　)

19. 各个标志值与平均数离差之和等于零。(　　)

20. 各个标志值与平均数离差平方和为最大。(　　)

21. 众数只有在总体单位比较少、没有明显集中趋势的资料中才有意义。(　　)

22. 在一般情况下,可以用中位数代替算术平均数。(　　)

23. 中位数、众数、算术平均数的关系可用公式表示为:$m_0 = 3m_e - 2\bar{x}$。(　　)

24. 当各组变量值相等时,加权算术平均数就转化为简单算术平均数。(　　)

25. 由组距数列计算算术平均数,其结果不是精确值。(　　)

26. 当次数分布右偏时,算术平均数最小。(　　)

27. 变异指标与平均数代表性大小成反比。(　　)

28. 标准差不能进一步作代数运算。(　　)

29. 变异系数是反映标志值变动范围的绝对指标。(　　)

30. 若同类现象两平均数相等,可用平均差和标准差来比较两个平均数代表性大小。(　　)

31. 同质总体才能计算平均数。(　　)

32. 人均粮食产量是平均数。(　　)

33. 劳动生产率是平均数。(　　)

34. 计算平均工资时，报告期组平均工资或人数增加了，总平均工资一定增加。（　　）

五、问答题

1. 简述时期指标同时点指标的异同。
2. 简述各种相对数的异同。
3. 简述计划完成相对数的计算。
4. 简述位置平均数与算术平均数的关系。
5. 简述变异指标的种类及其计算方法。
6. 简述平均指标的计算。
7. 简述简单算术平均数和加权算术平均数的异同。

六、计算题

1. 某公司所属的三个工业企业的某年产值计划完成情况如下：

企业	全年计划产值(万元)	第一季度		第二季度		第三季度		第四季度	
		计划	实际	计划	实际	计划	实际	计划	实际
甲	80	10	8	15	12	30	25	25	
乙	60	8	8	12	12	25	27	15	
丙	40	6	8	10	12	16	20	8	
合　计	180	24	24	37	36	71	72	48	

①计算分析第三季度三个企业和全公司产值计划完成情况。

②计算计划执行进度相对数。

2. 某产品按五年计划规定最后一年的产量应达到 50 万 t，计划执行情况如下：

时段	第一年	第二年	第三年		第四年				第五年			
			上半年	下半年	一季度	二季度	三季度	四季度	一季度	二季度	三季度	四季度
产量(万 t)	44	45	22	24	11	12	12.5	12.5	13	12.5	12.5	13

试问该产品提前多长时间完成了五年计划规定的指标？

3. 现有甲、乙两国钢产量和人口资料如下：

项　目	甲国		乙国	
	基期	报告期	基期	报告期
钢产量(万 t)	3 000	3 300	5 000	5 250
年平均人口数(万人)	6 000	6 600	7 143	7 192

试通过计算动态相对数、强度相对数、比较相对数来分析甲、乙两国钢产量发展情况。

4. 某公司下属 20 家企业第一季度总产值计划完成情况如下：

计划完成(%)	企业数(个)	计划产值(万元)
90～100	3	80
100～110	12	400
110～120	5	120
合计	20	600

要求：计算该公司平均产值计划完成程度。

5. 某企业 6 月份职工工资资料如下：

工资(元)	工资总额(元)
1 000 以下	6 750
1 000～1 500	24 750
1 500～2 500	35 100
2 500～3 000	22 500
3 000 以上	5 100
合计	94 200

要求：计算该企业职工平均工资。

6. 甲、乙两组工人按日产量分组资料如下：

甲组		乙组	
日产量(件)	工人人数(人)	日产量(件)	工人人数(人)
20 以下	2	20 以下	3
20～30	4	20～30	4
30～40	5	30～40	5
40～50	6	40～50	6
50 以上	3	50 以上	2
合计	20	—	20

要求：

(1)分别计算甲、乙两组工人平均日产量；

(2)甲、乙两组工人日产量的标准差；

7. 某集团公司所属 22 个企业有关资料如下：

计划完成相对数(%)	企业数(个)	实际完成利润额合计(万元)
90 ~ 100	2	100
100 ~ 110	10	500
110 ~ 120	8	540
120 以上	2	200
合计	22	1 340

要求计算该公司所属企业利润额的平均计划完成程度相对数。

8. 某市奶粉厂甲、乙两车间生产阳光牌奶粉，每包标准重量定为 250 ± 2.5kg。从甲车间随机抽得 100 包，有关资料如下表，又已知乙车间奶粉平均重量为 500.8g/包，标准差为 5.4g。

按奶粉重量分组(g/包)	数量(包)
490 以下	3
490 ~ 494	8
494 ~ 498	18
498 ~ 502	40
502 ~ 506	17
506 ~ 510	10
510 以上	4
合计	100

试求：(1) 甲车间奶粉的平均重量；

(2) 甲车间奶粉重量的全距(近似值)；

(3) 甲车间奶粉的不合格率；

(4) 甲、乙两车间奶粉的平均重量哪一个更接近标准中心值？哪个车间的平均重量更具有代表性？

(5) 甲车间奶粉重量的众数和中位数；

(6) 甲车间奶粉重量属何种分布状态？

第五章　时间数列分析

教学目的和要求　通过本章的学习,要了解时间数列的概念和分类;掌握时间数列水平指标的概念和计算;熟练掌握动态平均指标概念和计算;熟练掌握时间数列的各种预测技术。

关键词　平均发展水平指标　平均发展速度指标　长期发展趋势

引导案例

历史故事　火烧葫芦谷

从公元228年起,诸葛亮曾五次出兵伐魏,其中第五次出兵斜谷,与司马懿相持三月,发生了“火烧葫芦谷”之战。

公元234年春天,诸葛亮带兵35万驻扎于祁山,司马懿调集40万兵马,在长安以西渭水一带摆开阵势,准备与诸葛亮决战。司马懿与诸葛亮相守百余日,诸葛亮数次挑战,司马懿就是不出战。诸葛亮乃遗巾帼妇人之服。司马懿大怒,上表请战。诸葛亮对司马懿老谋深算了如指掌,深知单用“巾帼女服”辱帅激将无济于事,于是诸葛亮一边布置部下储运粮草,在军营附近积土为丘,上盖芦席,撒满谷物,让鸟类聚啄于上,遥望宛如粮囤,以示军粮充足,迷惑魏军。一边亲自去察看地形。当他在渭河以南发现葫芦谷这一特殊地形时,心中无比喜悦,立刻想好一条妙计。葫芦谷地处两山之间,地势低洼,入口处狭窄,每次只能一人一马通过,而谷内却能容纳1 000多人。此地正是设防歼敌的绝妙地带。他发现葫芦谷沟深谷长,利于火攻时,一个诱敌深入,火烧葫芦谷的作战方案油然而生。他命高翔军沿渭河南岸用木牛流马运粮于谷中要道往来行走,让魏兵抢夺粮草;又密令屯军第五村城的将军马岱在葫芦谷中造木栅、掘深堑,而在谷外山上用柴草虚搭窝棚,谷内谷外暗积干柴及引火之物,令军士昼举七星旗于谷中,夜设七盏明灯于山上,以为暗号。一切准备妥当后,命马岱塞断葫芦谷后路,在谷中暗伏精兵,等司马懿入谷,即引火燃烧。令魏延至魏营讨战,且只许诈败,诱敌深入,只往七星旗或七盏明灯处败走,引魏军进入葫芦谷。蜀魏两军扎营仅有一河之隔,魏军遥望渭河南岸蜀兵成群结队,用木牛流马搬运粮草进入谷中,魏延连日讨战,诸葛亮又送巾帼女衣,这些都使司马懿大为恼火,便派夏侯霸、夏侯威引兵截击,半月之内,连胜数阵,并抢获不少木牛流马,俘虏蜀兵百余人,司马懿从被俘蜀军口中得知诸葛亮不在五丈原大营,而在葫芦谷西十余里驻守,亲自督运粮草。司马懿以为时机成熟,即分兵一路攻取五丈原蜀军大营,并亲率精兵随带二子司马师、司马昭进击葫芦谷,途遇魏延讨战,魏延诈败,司马懿追入葫芦谷,一心截获蜀军粮草,不料误中诸葛亮伏兵火攻之计,当司马懿等人追进葫芦谷中,只听一声炮响,山上的士兵投下无数的木头、石块堵塞了谷口,与此同时,也丢下无数根火把,引燃了谷内的干柴。霎那间,葫芦谷硝烟弥漫,火海一片。司马懿抱着司马师、司马昭大哭道:“我们父子都要死在这里了。”正在这时,忽然狂风大作,乌云密布,接着就下起大雨,浇灭了熊熊的烈火。司马懿喜上眉梢,连忙说道:“天不亡我,现在不杀出去,还待何时!”说时迟,那时快,他们父子带兵奋力冲杀,突破重围。诸葛亮在山上看到这一切,不禁长叹一声说:“谋事在人,成事在天!”

历史故事分析　诸葛亮本打算设计将魏军司马懿等烧死在葫芦谷,然而事与愿违。这果真是老天爷的安排吗?不是。这是当时多方面的地理因素与地理环境对天气影响的结果。

葫芦谷谷地入口窄、腹地阔,两边高、中部低,这种地形不利于空气流通。一旦谷内起火,气温开始升高,贴近地面的空气迅速受热膨胀上升,上层及周围冷空气则收缩下沉,形成强烈对流的山谷风,因此出现了狂风大作的现象。当谷底大量热气流上升到一定高度时,空气中的水汽又因气温降低而凝结成云雾,再加上柴草燃烧所产生的大量烟尘随空气上升到天空后,又为水汽凝结提供了理想的凝结核,从而加速了水汽的凝聚。这些云雾中的小水滴互相碰撞合并,体积就会逐渐变大,最终导致大雨倾盆的局面,浇灭了葫芦谷的大火,司马懿才得以脱险。“智者千虑,必有一失。”诸葛亮这位足智多谋的军事家,所设的“火烧葫芦谷”一计毕竟是失算了,他万万没有料到是山谷风的形成,及其对天气的影响而使他功败垂成。

(选自百度网　作者:龙配成)

故事启示　任何事物的发展过程中都会有不可预测的随机因素存在,作为一名军事指挥官,不仅要了解战地的地形状况,而且要善于预测一定的地理要素可能会产生的地理现象,从而得出万无一失的判断。如果说,诸葛亮当时考虑到葫芦谷起火后会产生山谷风而降雨,那么司马懿还能死里逃生吗?所以,掌握预测技巧十分重要。

第一节　时间数列概述

一、时间数列的概念

社会经济现象都不是静止不变的,它们时时刻刻都在不断发展变化。统计不仅要从静态上研究社会经济现象的数量特征和数量关系,而且要从动态上研究其发展变化过程、发展趋势及其发展规律。统计研究事物发展动态的一种重要方法,就是编制时间数列,并以此为依据,进一步分析现象的变化规律。

所谓时间数列,就是将反映社会经济现象的一系列统计指标的数值,按时间先后顺序加以排列而形成的统计数列,也叫时间序列或动态数列,如表 5-1 所示。

表 5-1　某地区 2003 ~2007 年国民经济指标

年　份	2003	2004	2005	2006	2007
工农业总产值(亿元)	33 394	42 654	59 297	86 079	110 397
人口年末数(万人)	115 823	117 171	118 517	119 850	121 121
工业总产值占工农业总产值比重(%)	84. 6	86. 9	88. 9	89. 3	89. 2
居民平均消费水平(元)	896	1 070	1 331	1 781	2 186

从表5-1看出，时间数列由两个基本要素组成：一是社会经济现象同一指标所属的时间。时间可长可短，时间长度可按年、半年、季、月、日的顺序将资料加以排列。时间的间隔长度可以相等，也可以不相等。另一个要素是反映社会经济现象统计指标的数值。

时间数列分析是统计中非常重要的动态分析方法之一。研究时间数列有重要的作用：第一，可以描述社会经济现象的发展状态和结果；第二，研究社会经济现象的发展速度、发展趋势，探索事物发展变化规律，并据以进行统计预测；第三，将互相联系的时间数列进行对比，可以研究有关现象的联系程度。

二、时间数列的种类

时间数列根据统计指标的表现形式不同，可以分为绝对数时间数列、相对数时间数列、平均数时间数列三种。其中，绝对数时间数列是基本数列，相对数时间数列和平均数时间数列是由绝对数时间数列派生而形成的数列。

（一）绝对数时间数列

把一系列同类绝对数指标按时间先后顺序排列起来所形成的时间数列，称为绝对数时间数列。它反映了社会经济现象在不同时期具有的实际规模及所达到的水平。由于绝对数指标可分为时期指标和时点指标，所以绝对数时间数列也相应地分为时期数列和时点数列。

1.时期数列

时期数列是将时期指标按照时间先后顺序排列而成的数列。数列中的每个时期指标均反映社会经济现象在一段时间内发展过程的总量。表5-1中的某地区历年工农业总产值就是一个时期数列。其特点是：

（1）可加性。数列中各时间上的同一指标值可以累计相加。相加后的指标值可以用来表明更长一段时间现象发展的总量。如每年的工农业总产值是当年各月工农业产值相加的结果，五年工农业总产值是五年中各年工农业产值的总和。

（2）指标数值大小随时期长短而变动。时期愈长，指标值愈大；反之，则相反。

（3）时期指标的取值。一般采用连续登记办法获得。因为时期数列的各指标值是反映现象在一段时间内发展过程的总量，它就必须在这段时间内把所发生的数量逐一登记后进行累计。

2.时点数列

时点数列是将时点指标按时间的先后顺序排列而成的数列，数列中的每个时点指标数值均反映社会经济现象在某一时点上所达到的水平。表5-1中某地区历年人口年末数就是一个时点数列。其特点是：

（1）不可加性。数列中各时点上的同一指标值是不能相加的。因为构成时点数列的某一时点的指标值，绝大部分又被统计到另一时点中去了，所以时点数列中经常出现总体的一些单位或标志值两次或多次被重复计算，使得数列中各时点的指标值加总起来没有任何实际意义。

（2）时点指标数值的大小同时点间隔长短不存在依存关系。因为时点数列的每一指标值只表明现象在某一瞬间上的数量，因而时点间隔长短对指标数字的大小没有直接影响。如按年末排列的人口总数就不一定都比按月末排列的人口总数大。

(3)时点数列指标的取值。一般采用间断登记办法获得。因为时点数列的各指标值都是反映现象在某一时刻上状况的数量,只要在某一时点上进行统计,取得该时点的资料,不必连续进行登记。

(二)相对数时间数列

把一系列性质相同的相对指标按时间先后顺序排列而形成的时间数列,就叫做相对数时间数列。相对数时间数列主要用以表明现象对比关系的发展变化情况,说明社会经济现象的比例关系、结构、速度的发展变化过程。表5-1所列工业总产值占工农业总产值的比重就是一个相对数时间数列。由于相对数时间数列是派生数列,而相对数的分子和分母既可能是时期指标,也可能是时点指标,从而使相对指标时间数列有三种构成形式。

(三)平均数时间数列

把一系列性质相同的平均指标按时间先后顺序排列而形成的时间数列,就叫做平均数时间数列。它表明社会经济现象一般水平的变化过程。表5-1所列的某地区居民平均消费水平就是一个平均数时间数列。

由于相对数时间数列和平均数时间数列的计算基数不同,所以这两种时间数列中各项指标数值不宜直接相加,因其相加的结果没有明确的实际意义。

三、编制时间数列的原则

为了使时间数列正确地反映社会经济现象的发展变化过程,必须遵循时间数列的编制原则。其中心问题就是保持数列中各个指标之间的可比性。可比性主要指以下几点。

(一)时间上要可比

时间数列的每个指标值所包含的时间范围应一致。一般说来,时期数列各个指标数值所属的时期宜相等,时点数列中各个指标之间的时点间隔宜相等。但也不能把这一原则绝对化,有时也要编制时间长短不等的时期数列和时点间隔不等的时点数列。这要根据研究问题的目的来确定。

(二)总体范围应一致

指标值的大小与被研究现象所属总体空间范围有直接关系。如果地区的行政区化、部门的范围有变化,那么前后时期各指标数值必须进行适当调整后,才能用来对比。

(三)指标的经济内容应一致

指标名称相同而内容不同的指标不能混合编制成一个时间数列。如不同期的农业总产值,其含义变化较大,在编制时间数列和进行比较时,便需调整。

(四)指标的计算口径应一致

计算口径主要指计算方法、计算价格、计算单位等。如果某种统计指标的计算方法作了重大改变,利用时间数列进行动态比较时,就要统一计算方法。统计指标的计算价格种类很多,同类指标计算价格不同,指标取值就不同,所以时间数列中的指标计算价格要统一,同时要注意指标计量单位要一致。

对时间数列可比性的要求,也不能绝对化,有时由于资料来源所限,只要大体可比,也能用来编制时间数列。

第二节　时间数列水平指标

时间数列水平，也就是现象发展水平。反映现象发展水平的指标有发展水平、平均发展水平、增长量和平均增长量。

一、发展水平

发展水平是指时间数列的每个指标数值。它反映社会经济现象在不同时期所达到的水平。它可以是总量指标、相对指标、平均指标。发展水平是进行动态分析和计算其他动态分析指标的基础。通常以符号 a 表示。

根据发展水平在时间数列中所处的位置，通常把数列中的第一个指标数值叫最初水平，以符号 a_0 表示，最后一个指标数值叫最末水平，以符号 a_n 表示，其余各项指标数值叫中间水平，以符号 a_1、a_2、⋯、a_{n-1} 表示。在对比两个时间数列的发展水平时，作为对比基础时期的指标值，称为基期发展水平，所要分析时期的指标值，称为报告期发展水平。随着研究目的的变化，发展水平的这些不同名称也随之加以改变。

二、平均发展水平

平均发展水平是将时间数列各期发展水平加以平均而得的平均数。统计上又称这种平均数为序时平均数或动态平均数。

序时平均数和前面讲的静态平均数（一般平均数）的共同之处是，将现象的个别数量差异抽象化，概括地反映现象的一般水平，但二者又有区别。序时平均数是根据时间数列计算的，它是将现象在不同时间上的数量差异抽象化，说明现象在不同时间上发展变化的趋势。静态平均数是根据变量数列计算的，它是将现象在同一时间上的数量差异抽象化，用以反映现象在具体历史条件下的一般水平。

由于时间数列有不同形式，所以序时平均数有不同的计算方法。

（一）绝对数时间数列序时平均数的计算

1. 由时期数列计算

时期数列中各个指标具有可加性。因此，一般采用简单算术平均法计算，即将数列中各指标数值相加除以时期数。计算公式为：

$$\bar{a} = \frac{a_1 + a_2 + \cdots + a_n}{n} = \frac{\sum a}{n} \tag{5-1}$$

式中，$\bar{a}$ 为序时平均数；a_1、a_2、⋯、a_n 为各时期发展水平；n 为时期数。

例如，表 5-1 中某地区 2003～2007 年工农业总产值的序时平均数为：

$$\bar{a} = \frac{\sum a}{n} = \frac{33\ 394 + 42\ 654 + 59\ 297 + 86\ 079 + 110\ 397}{5}$$

$$= \frac{331\ 821}{5} = 66\ 364.2\text{（亿元）}$$

2. 由时点数列计算

时点数列中的各项指标反映现象在某一时点上所达到的规模,事实上不可能取得一段时间内某一现象的全部时点资料,两个相邻的时点指标中间,总是相隔着一定时间。实际工作中由时点数列计算序时平均数,是在一定条件下推算出的近似值,这一条件就是假定在相邻时点之间现象是均匀变动的。根据时点间隔的不同情况,时点数列分连续性时点数列和间断性时点数列。序时平均数的计算又分以下几种情况:

(1)连续时点数列。如果时点数列资料是逐日登记又是逐日排列的,统计中将这样的时点数列视为连续时点数列。如果被研究现象每日的指标数值都有变动,称为每日变动的连续时点数列,如果被研究现象不是逐日变动,而是间隔几天变动一次,这样的数列称为间隔变动的连续时点数列。

每日变动的连续时点数列求序时平均数,采用简单算术平均法,其计算公式为:

$$\bar{a} = \frac{\sum a}{n} \tag{5-2}$$

例如,已知某企业一个月内每天的工人人数,要计算该月内每天平均工人数,就可将每天的工人人数相加,除以该月的日历日数。

对间隔变动的连续时点数列求序时平均数,采用加权平均法,其计算公式为:

$$\bar{a} = \frac{a_1f_1 + a_2f_2 + \cdots + a_nf_n}{f_1 + f_2 + \cdots + f_n} = \frac{\sum af}{\sum f} \tag{5-3}$$

例题如表 5-2 所示。

表 5-2　某企业 2008 年 8 月职工人数资料

日　期	1~9 日	10~20 日	21~25 日	26~31 日
日人数(人)	400	405	402	408

该企业 2008 年 8 月份平均人数:

$$\bar{a} = \frac{\sum af}{\sum f} = \frac{400 \times 9 + 405 \times 11 + 402 \times 5 + 408 \times 6}{9 + 11 + 5 + 6}$$

$$= \frac{12\ 513}{31} = 404(\text{人})$$

(2)间断时点数列。不是每日登记每日排列的时点数列为间断性时点数列。间断性时点数列又分间隔相等和间隔不等两种情况。

对于间隔相等的间断时点数列,其序时平均数计算的一般方法是:首末两项水平折半后与中间各项水平值相加,再被项数减一去除,即“首末折半法”。其计算公式为:

$$\bar{a} = \frac{\frac{a_1}{2} + a_2 + a_3 + \cdots + a_{n-1} + \frac{a_n}{2}}{n - 1} \tag{5-4}$$

例题如表 5-3 所示。

表 5-3　某企业月末职工人数资料

月　　份	3 月	4 月	5 月	6 月
职工人数(人)	1 400	1 420	1 430	1 480

该企业第二季度平均职工人数为：

$$\bar{a}=\frac{\frac{1\,400}{2}+1\,420+1\,430+\frac{1\,480}{2}}{4-1}=1\,430(\text{人})$$

对于间隔不等的间断时点数列，其序时平均数计算的一般方法是：对相邻两项相加除以 2，再用间隔长度(f)加权后求和，然后被总的间隔长度相除。其计算公式为：

$$\bar{a}=\frac{\frac{a_1+a_2}{2}f_1+\frac{a_2+a_3}{2}f_2+\cdots+\frac{a_{n-1}+a_n}{2}f_{n-1}}{f_1+f_2+\cdots+f_{n-1}}\tag{5-5}$$

例题如表 5-4 所示。

表 5-4　某企业 2007 年职工人数资料

日　　期	1 月 1 日	6 月 30 日	10 月 31 日	12 月 31 日
职工人数(人)	1 502	1 524	1 530	1 546

全年职工平均人数为：

$$\bar{a}=\frac{\frac{1\,502+1\,524}{2}\times6+\frac{1\,524+1\,530}{2}\times4+\frac{1\,530+1\,546}{2}\times2}{6+4+2}$$

$$=1\,522(\text{人})$$

(二)相对数时间数列序时平均数的计算

由于相对指标时间数列是由两个有联系的总量指标时间数列相应项对比的结果，因此相对指标时间数列计算序时平均数，不能根据相对数时间数列直接计算，而是先要分别计算出两个互相联系总量指标时间数列的序时平均数，然后再对比，求出相对数时间数列的序时平均数。用公式表示为：

$$\bar{c}=\frac{\bar{a}}{\bar{b}}\tag{5-6}$$

式中，$\bar{c}$ 为相对数时间数列的序时平均数；$\bar{a}$ 为相对数分子数列的序时平均数；$\bar{b}$ 为相对数分母数列的序时平均数。

具体计算又分以下几种情况：

(1)由两个时期数列对比形成的相对数时间数列求序时平均数，采用下列公式：

$$\bar{c}=\frac{\bar{a}}{\bar{b}}=\frac{\frac{\sum a}{n}}{\frac{\sum b}{n}}=\frac{\sum a}{\sum b}\tag{5-7}$$

由于 $c=\frac{a}{b}, a=bc$,所以 $\bar{c}=\frac{\sum a}{\sum b}=\frac{\sum bc}{\sum b}$;

由于 $c=\frac{a}{b}, b=\frac{a}{c}$,所以 $\bar{c}=\frac{\sum a}{\sum b}=\frac{\sum a}{\sum \frac{a}{c}}$。

我们可以根据所掌握的资料,灵活应用上述三个公式。

例题如表 5-5 所示。

表 5-5 某企业 2007 年产值资料

季　度	一季度	二季度	三季度	四季度
实际产值(万元)	150	160	170	165
计划产值(万元)	150	155	160	165

则 2007 年产值平均计划完成程度:

$$\bar{c}=\frac{\sum a}{\sum b}=\frac{150+160+170+165}{150+155+160+165}=\frac{645}{630}=102.38\%$$

(2)由两个时点数列对比形成的相对数时间数列求序时平均数,采用下列公式:

间隔相等的连续时点数列:

$$\bar{c}=\frac{\bar{a}}{\bar{b}}=\frac{\frac{\sum a}{n}}{\frac{\sum b}{n}}=\frac{\sum a}{\sum b} \tag{5-8}$$

间隔不等的连续时点数列:

$$\bar{c}=\frac{\bar{a}}{\bar{b}}=\frac{\frac{\sum af}{\sum f}}{\frac{\sum bf}{\sum f}}=\frac{\sum af}{\sum bf} \tag{5-9}$$

间隔相等的间断时点数列:

$$\bar{c}=\frac{\bar{a}}{\bar{b}}=\frac{\frac{\frac{a_1}{2}+a_2+\cdots+\frac{a_n}{2}}{n-1}}{\frac{\frac{b_1}{2}+b_2+\cdots+\frac{b_n}{2}}{n-1}}=\frac{\frac{a_1}{2}+a_2+\cdots+\frac{a_n}{2}}{\frac{b_1}{2}+b_2+\cdots+\frac{b_n}{2}} \tag{5-10}$$

间隔不等的间断时点数列:

$$\bar{c}=\frac{\bar{a}}{\bar{b}}=\frac{\frac{a_1+a_2}{2}f_1+\frac{a_2+a_3}{2}f_2+\cdots+\frac{a_{n-1}+a_n}{2}f_{n-1}}{\frac{b_1+b_2}{2}f_1+\frac{b_2+b_3}{2}f_2+\cdots+\frac{b_{n-1}+b_n}{2}f_{n-1}} \tag{5-11}$$

在计算的时候，根据所掌握的资料，选用适当的公式。

例题如表 5-6 所示。

表 5-6　某地区劳动力资源分配情况（年底数）

年份	2001	2002	2003	2004	2005	2006	2007
劳动力资源总数（万人）	62 114	64 066	65 607	66 960	68 364	69 732	70 982
社会劳动者（万人）	49 873	51 282	52 783	54 334	55 329	56 740	58 360

则某地区 2001～2007 年期间社会劳动者占劳动力资源的平均比重为：

$$\bar{c}=\frac{\bar{a}}{\bar{b}}=\frac{\frac{49\ 873}{2}+51\ 282+52\ 783+54\ 334+55\ 329+56\ 740+\frac{58\ 360}{2}}{\frac{62\ 114}{2}+64\ 066+65\ 607+66\ 960+68\ 364+69\ 732+\frac{70\ 982}{2}}$$

$$=\frac{324\ 584.5}{401\ 277}=80.89\%$$

（3）由一个时期数列和一个时点数列对比形成的相对数时间数列求序时平均数，可采用下列公式：

$$\bar{c}=\frac{\bar{a}}{\bar{b}}=\frac{\frac{\sum a}{n}}{\frac{\frac{b_1}{2}+b_2+\cdots+\frac{b_n}{2}}{n-1}} \tag{5-12}$$

或

$$\bar{c}=\frac{\bar{a}}{\bar{b}}=\frac{(\frac{a_1}{2}+a_2+\cdots+\frac{a_n}{2})/(n-1)}{\sum b/n} \tag{5-13}$$

例题如表 5-7 所示。

表 5-7　某企业第四季度资料

月　　份	9	10	11	12
工资总额（元）	8 000	10 560	12 740	15 300
月末职工人数（人）	100	120	140	150

则第四季度职工平均工资为：

$$\bar{c}=\frac{\bar{a}}{\bar{b}}=\frac{\frac{10\ 560+12\ 740+15\ 300}{3}}{\frac{\frac{100}{2}+120+140+\frac{150}{2}}{4-1}}=100.26（元）$$

实际工作中，如果掌握的资料不全，也可以根据指标之间的联系，由已知数推算未知数。

（三）平均数时间数列序时平均数的计算

平均数时间数列有静态平均指标时间数列和序时平均指标时间数列两种。

由静态平均数构成的时间数列求序时平均数，可仿照相对数时间数列求序时平均数的方法，先分别求分子数列和分母数列的序时平均数，然后将这两个序时平均数进行对比，即得静态平均数时间数列的序时平均数。

由序时平均数构成的时间数列求序时平均数，如果该时间数列的间隔期相等，可采用简单算术平均法计算；如果间隔期不相等，则以间隔期为权数，采用加权平均法计算。

例 1　某企业上半年有关资料如表 5-8 所示。

表 5-8　某企业上半年有关资料

月份	1	2	3	4	5	6
平均工资（元）	600	680	650	700	740	720
月底职工人数（人）	320	340	260	280	300	280

又知 1 月份初有职工 280 人。试求该企业今年上半年全部职工的平均工资。

解：据已知条件，先求各月份的工资总额：

$$1\text{ 月份工资总额} = 1\text{ 月份平均工资} \times 1\text{ 月份平均人数}$$

$$= 600 \times \frac{280 + 320}{2} = 180\ 000(\text{元})$$

同样可求得 2 月、3 月、4 月、5 月、6 月的工资总额分别如下：224 400、195 000、189 000、214 600、208 800 元。各月份工资总额数列是时期指标数列，各月底职工人数数列是时点数列，于是：

$$\text{总平均工资}\bar{c} = \frac{\text{工资总额的平均值}\bar{a}}{\text{职工人数的平均值}\bar{b}}$$

$$= \frac{(180\ 000 + 224\ 400 + 195\ 000 + 189\ 000 + 214\ 600 + 208\ 800) \div 6}{(\frac{280}{2} + 320 + 340 + 260 + 280 + 300 + \frac{280}{2}) \div 6}$$

$$= \frac{1\ 211\ 800 \div 6}{1\ 780 \div 6} = 680.787(\text{元})$$

在本题中，如仅有各月的平均工资数列，为了简便起见，常对该数列的值作简单算术平均。

由动态平均数所组成的平均数时间数列的序时平均数的计算方法是：在时期相等时，可直接采用简单算术平均法计算；在时间不相等时，则以时期作为权数，采用加权算术平均法计算。

例 2　某企业上半年职工人数如表 5-9 所示，试求上半年平均每月职工人数。

表 5-9　某企业上半年职工人数表

时间	1 月	2～3 月	2 季度
平均职工人数（人）	800	700	900

解：上半年平均每月职工人数 $= \dfrac{\sum xf}{\sum f}$

$$= \frac{800 \times 1 + 700 \times 2 + 900 \times 3}{1 + 2 + 3}$$

$$= 817(\text{人})$$

三、增长量

增长量是时间数列中各报告期发展水平与相比较的基期发展水平之差,反映社会经济现象报告期比基期增加或减少的数量,即

$$\text{增长量} = \text{报告期水平} - \text{基期水平}$$

根据分析目的而选择的比较期的不同,可将增长量分为三种。

1. 逐期增长量

即时间数列中各期发展水平与相应前期发展水平之差,说明现象逐期增加或减少的数量。用符号表示为:

$$a_1 - a_0, a_2 - a_1, \cdots, a_{n-1} - a_{n-2}, a_n - a_{n-1}$$

2. 累计增长量

即时间数列中各期发展水平与某一固定基期水平之差,说明现象在一定时期内总的增加或减少的数量。用符号表示为:

$$a_1 - a_0, a_2 - a_0, \cdots, a_{n-1} - a_0, a_n - a_0$$

累计增长量和逐期增长量的关系是:累计增长量等于逐期增长量之和。即

$$a_n - a_0 = (a_1 - a_0) + (a_2 - a_1) + \cdots + (a_n - a_{n-1})$$

例题如表 5-10 所示。

表 5-10　某省劳动者资料

年　　份	2002	2003	2004	2005	2006	2007
年末劳动者(万人)	9 407	9 949	10 147	10 533	11 015	11 742
逐期增长量(万人)	—	542	198	386	482	727
累计增长量(万人)	—	542	740	1 126	1 608	2 335

3. 年距增长量

在实际工作中,某些社会经济现象在发展过程中含有季节性变动,为了消除季节性波动的影响,需计算年距增长量。

$$\text{年距增长量} = \text{本期发展水平} - \text{去年同期发展水平}$$

四、平均增长量

平均增长量是时间数列中各逐期增长量的序时平均数,说明社会经济现象在一段时期内平均增加或减少的数量。计算公式为:

$$\text{平均增长量} = \frac{\text{逐期增长量之和}}{\text{逐期增长量个数}}$$

$$= \frac{\text{累计增长量}}{\text{时间数列项数} - 1}$$

如表5-10某省2003～2007年的劳动者平均增长量为：(542+198+386+482+727)/5=467(万人)。

第三节　时间数列速度指标

一、发展速度

发展速度是报告期水平与基期水平之比的动态相对数。它反映社会经济现象在不同时期的变化程度。计算公式为：

$$发展速度=\frac{报告期水平}{基期水平}\times 100\%$$

依据所用的基期不同，发展速度可分为定基发展速度和环比发展速度。

定基发展速度是报告期水平与某一固定期水平(通常是最初水平)之比，表明社会经济现象在一个较长时期内总的变动情况。用符号表示为：$\frac{a_1}{a_0}$、$\frac{a_2}{a_0}$、…、$\frac{a_n}{a_0}$。

环比发展速度是报告期水平与前一期水平之比，反映社会经济现象逐期的发展变动情况。用符号表示为：$\frac{a_1}{a_0}$、$\frac{a_2}{a_1}$、$\frac{a_3}{a_2}$、…、$\frac{a_n}{a_{n-1}}$。

定基发展速度和环比发展速度之间的关系表现在以下两个方面：

(1)定基发展速度等于环比发展速度的连乘积。用符号表示为：

$$\frac{a_n}{a_0}=\frac{a_1}{a_0}\times\frac{a_2}{a_1}\times\cdots\times\frac{a_n}{a_{n-1}}$$

(2)两个相邻时期的定基发展速度之比，等于相应期内的环比发展速度。用符号表示为：

$$\frac{a_n}{a_{n-1}}=\frac{a_n}{a_0}\div\frac{a_{n-1}}{a_0}$$

此外，在实际工作中还要计算年距发展速度。其计算公式为：

$$年距发展速度=\frac{报告期发展水平}{上年同期发展水平}\times 100\%$$

二、增长速度

增长速度是增长量与基期发展水平之比的相对数。它表明社会经济现象的增长(或降低)程度。其计算公式为：

$$增长速度=\frac{增长量}{基期发展水平}\times 100\%$$

由于对比基期不同，增长速度也可分为定基增长速度和环比增长速度。

定基增长速度，是累计增长量与某固定期水平之比的相对数，反映现象在较长时期内总的增长或下降的程度。用符号表示为：

$$\frac{a_1-a_0}{a_0},\frac{a_2-a_0}{a_0},\cdots,\frac{a_n-a_0}{a_0}$$

或
$$\frac{a_1}{a_0}-1,\frac{a_2}{a_0}-1,\cdots,\frac{a_n}{a_0}-1$$

所以说,定基增长速度等于定基发展速度减1。

环比增长速度是逐期增长量与前一期发展水平之比的相对数,反映现象逐期增长或下降的程度。用符号表示为:

$$\frac{a_1-a_0}{a_0},\frac{a_2-a_1}{a_1},\cdots,\frac{a_n-a_{n-1}}{a_{n-1}}$$

或
$$\frac{a_1}{a_0}-1,\frac{a_2}{a_1}-1,\cdots,\frac{a_n}{a_{n-1}}-1$$

所以说,环比增长速度等于环比发展速度减1。

可见,增长速度等于发展速度减1,当发展速度大于1时,增长速度为正值,表明现象的增长程度;当发展速度小于1时,增长速度为负值,表明现象的降低程度。

应用增长速度时应注意:

(1)环比增长速度与定基增长速度不能互相推算。因为环比增长速度连乘不等于定基增长速度。若要换算,则要先将环比增长速度加1,变为环比发展速度,而后再将各环比发展速度连乘得定基发展速度,最后将定基发展速度减1求得定基增长速度。

(2)增长速度和发展速度说明的问题不同。增长速度说明现象报告期水平比基期水平增长或降低了百分之几,而发展速度则说明某现象报告期水平是基期水平的百分之几。

此外,在实际工作中,为消除季节变动的影响,还须计算年距增长速度。

$$年距增长速度=\frac{报告期某月(季)水平-基期同月(季)水平}{基期同月(季)水平}$$

$$=年距发展速度-1$$

例题如表5-11所示。

表5-11 某地区劳动者人数资料

年份		2002	2003	2004	2005	2006	2007
劳动者人数(万人)		9 407	9 949	10 147	10 533	11 015	11 742
发展速度	定基(%)	—	145.76	107.87	111.97	117.09	124.82
	环比(%)	—	105.76	101.99	103.8	104.58	106.60
增长速度	定基(%)	—	5.76	7.87	11.97	17.09	24.82
	环比(%)	—	5.76	1.99	3.80	4.58	6.6

三、平均发展速度和平均增长速度

(一)平均发展速度

平均发展速度是某时期各期环比发展速度的序时平均数,反映社会经济现象在一个较长时期内发展变化的平均程度。

平均发展速度在实践中具有非常重要的作用。它首先是编制和检查计划的重要依据之一;其次它还经常用来对比不同时期、不同国家或地区同类社会经济现象发展变化情况;再次它还可以作为各种推算和预测的依据。

平均发展速度通常采用两种方法计算,即水平法和累计法。这两种方法的理论依据和应用场合各不相同。

水平法又称几何平均法。它的基本出发点是:从最初水平 a_0 出发,以平均发展速度 $\bar{x}$ 代替各环比发展速度 x_1、x_2、…、x_n,由此推算出期末计算水平与期末实际水平一致。即

$$a_0 \cdot x_1 \cdot x_2 \cdot \cdots \cdot x_n = a_n$$

所以

$$a_0 \cdot \underbrace{\bar{x} \cdot \bar{x} \cdot \cdots \cdot \bar{x}}_{n} = a_n$$

$$\bar{x}^n = \frac{a_n}{a_0}, \bar{x} = \sqrt[n]{\frac{a_n}{a_0}}$$

$\frac{a_n}{a_0}$为定基发展速度,根据定基发展速度等于相应各环比发展速度的连乘积的关系,所以上述公式可变为:

$$\bar{x} = \sqrt[n]{\frac{a_n}{a_0}} = \sqrt[n]{x_1 . x_2 . \ldots . x_n} = \sqrt[n]{\prod x}$$

$\frac{a_n}{a_0}$又是总速度,根据总速度计算平均发展速度的公式为:

$$\bar{x} = \sqrt[n]{R}$$

上述三个公式中,$\bar{x}$ 为平均发展速度,x_1、x_2、…、x_n 分别为各期环比发展速度;$\prod$ 为连乘符号;R 为总速度;n 为环比发展速度个数(n = 时间数列项数 - 1)。

以上三个计算公式,可根据占有的资料不同分别选用。具体计算方法多采用多功能计算器开多次方根直接求得。以表 5-11 为例计算某地区 2003 ~ 2007 年劳动者人数的平均发展速度:

$$\bar{x} = \sqrt[n]{\frac{a_n}{a_0}} = \sqrt[5]{\frac{11\ 742}{9\ 407}} = 104.53\%$$

$$\begin{aligned}\bar{x} &= \sqrt[n]{x_1 \cdot x_2 \cdot \cdots \cdot x_n} \\ &= \sqrt[5]{105.76\% \times 101.99\% \times 103.80\% \times 104.5\% \times 106.6\%} \\ &= 104.53\%\end{aligned}$$

$$\bar{x} = \sqrt[n]{R} = \sqrt[5]{1.248\ 2} = 104.53\%$$

三种计算公式结果是一致的。

累计法又称方程式法。它的基本出发点是:从最初水平 a_0 出发,以平均发展速度 $\bar{x}$ 代替各环比发展速度 x_1、x_2、…、x_n,由此推算出各期计算水平之和与各期实际水平之和一致。即

$$a_0\bar{x} + a_0\bar{x}^2 + a_0\bar{x}^3 + \cdots + a_0\bar{x}^n = a_1 + a_2 + \cdots + a_n = \sum a$$

所以 $$\bar{x}+\bar{x}^2+\cdots+\bar{x}^n=\frac{\sum a}{a_0}$$

解这个高次方程的正根，就是所求得的平均发展速度。但是求解这个方程式是比较复杂的，在统计工作中，往往利用事先编好的《平均增长速度查对表》来计算。

（二）平均增长速度

平均增长速度是某时期各期环比增长速度的序时平均数，表明现象在一个较长时期内逐期递增或递减的平均程度。

平均增长速度是不能根据各期环比增长速度来直接计算的，因为各期环比增长速度的连乘积不等于总增长速度。因此，计算平均增长速度必须先将总速度加1，变为总发展速度，再用几何平均法计算平均发展速度，并把所得结果减1，即得平均增长速度。即

$$平均增长速度=平均发展速度-1$$

例如，某地区工业总产值2007年要比2002年增长37.1%。求平均每年增长速度是多少？

解： 发展速度＝增长速度＋1＝37.1%＋1＝137.1%

平均发展速度＝$\sqrt[5]{137.1\%}$＝106.5%

平均增长速度＝106.5%－1＝6.5%

（三）计算和应用平均速度应注意的问题

（1）水平法和累计法是我国目前计算平均发展速度的基本方法。但两种方法的侧重点不同，前者是从最末水平出发来进行研究；后者是从各期水平累计总和出发来进行研究。因此，它们的应用条件也不同，同一资料，两种方法计算的结果也不相同。所以，在计算平均发展速度时要根据研究现象的性质、目的选择合适的方法。

（2）应用分段平均发展速度补充说明全时期的总平均速度。因为总平均速度仅能笼统地反映现象在较长时间内逐期平均发展的程度，而掩盖了现象在不同时期的波动状况。

（3）还要注意与环比发展速度结合进行分析。因为水平法计算的平均速度只考虑了最末水平和最初水平，中间各期水平无论怎样变化，对平均速度的高低都无影响。如果中间各期水平出现了特殊高低变化或者最初、最末水平受特殊因素的影响，就会降低甚至失去平均速度的意义。

（4）还要注意平均速度指标与原时间数列的发展水平、增长量、平均发展水平等指标结合应用，以便对研究现象作出比较确切和全面的认识。

第四节　时间数列趋势分析

社会经济现象的发展是许多复杂因素共同作用的结果，有些属于基本因素，它对事物的发展起决定性作用，使事物在较长一段时期内的发展变化呈现出一定趋向；有些是属于偶然、非基本因素，它对事物的发展只起局部的非决定性作用，使时间数列各期水平出现短期不规则的波动；还有些属于季节变更、消费或习惯性等因素，使时间数列出现季节性波动和循环变动。总之，影响事物发展变化的因素按性质不同可归纳为四类：长期趋势、季节变动、循环变动和不规则变动。本节重点介绍对长期趋势和季节变动的统计测定方法。

一、长期趋势

长期趋势是指现象在相当长的时期内,持续增长或不断下降的趋势。例如人民生活水平总的趋势是持续增长的,人口的死亡率总的趋势是持续下降的。

分析时间数列的长期趋势,有助于认识现象的变动规律,为预测事物未来的发展情况提供依据,对编制计划、管理国民经济、指导生产和正确决策都具有重要意义。

测定长期趋势的方法很多,常用的有:间隔扩大法、序时平均法、移动平均法、数学方程法,本节将重点介绍常用的间隔扩大法、移动平均法、数学方程法。

(一)间隔扩大法

这是测定长期趋势最原始、最简单的方法。当原始动态数列中各指标数值上下波动,现象变化规律表现不明显时,将动态数列指标值所属的时间单位予以扩大,然后对新时间单位内的指标值进行合并,便得到一个扩大了时距的动态数列。其作用是消除较小时距单位内偶然因素的影响,反映现象发展的基本趋势。

例如,某机器厂2007年各月生产机器台数资料如表5-12所示。

表5-12　某机器厂2007年各月生产机器台数资料

月份	1	2	3	4	5	6	7	8	9	10	11	12
机器台数(台)	410	420	520	430	450	510	530	400	510	490	560	540

从表5-12中可看出,数列变化并不均匀,即各月之间的机器台数起伏不定,用该动态数列不能清楚地反映该厂生产量变动的趋势。现将月资料整理成为季资料,如表5-13所示。

表5-13　某机器厂各季度生产机器台数

季度	1	2	3	4
机器台数(台)	1 350	1 390	1 440	1 590

间隔扩大后的资料,可以明显地显示出生产的机器台数呈现逐期增长的变化趋势。

间隔扩大法可以用间隔扩大总数,也可以用间隔扩大平均数来编制新的动态数列。把表5-13资料改用间隔扩大平均数编制成新的动态数列,如表5-14所示。

表5-14　某机器厂各季度平均生产机器台数

季度	1	2	3	4
平均机器台数(台)	450	463	480	530

由此也可以看出该厂机器生产量呈逐期增长的趋势。

应用间隔扩大法需要注意以下问题:

第一,这一方法只适用于时期数列,因为只有时期数列的发展水平才具有可加性。

第二,扩大的时距多大为宜,取决于现象自身的特点。对于呈现周期波动的数列,扩大的时距应该与波动周期相吻合;对于一般的动态数列,则要逐步扩大时距,以能够显示趋势变动方向为宜,时距扩大太多,信息易丢失。

第三,扩大的时距要一致,这样相应的发展水平才有可比性。

(二)移动平均法

移动平均法是将原时间数列的时距扩大,然后采用逐项递推移动的方法,分别计算一系列移动的序时平均数,形成一个新的派生的序时平均数列,在这个新的序时平均数列里,短期的偶然因素引起的变动被削弱了,从而呈现出明显的长期趋势,如表 5-15 所示。

表 5-15　某地区财政收入移动平均计算表

年份	总收入(亿元)	三年移动平均(亿元)	四年移动平均(亿元)	
			第一次	第二次
1995	1 085.2	—	—	
1996	1 089.5	1 099.57	—	—
			1 136.93	
1997	1 124.0	1 154.17		1 189.02
			1 241.1	
1998	1 249.0	1 291.63		1 338.22
			1 435.33	
1999	1 501.9	1 539.1		1 577.37
			1 719.4	
2000	1 866.4	1 876.2		1 859.39
			1 999.38	
2001	2 260.3	2 165.2		2 140.14
			2 280.9	
2002	2 368.9	2 419.07		2 415.98
			2 551.05	
2003	2 628.0	2 647.97		2 682.59
			2 814.13	
2004	2 949.0	2 962.53		2 969.38
			3 124.63	
2005	3 312.6	3 290.17		3 315.27
			3 505.9	
2006	3 610.9	3 692.2	—	—
2007	4 153.1	—	—	—

关于移动平均数的计算,以表 5-15 中"三年移动平均"为例,把原数列资料中时期扩大为 3 年,计算序时平均数。1～3 项序时平均数为:(1 085.2 + 1 089.5 + 1 124.0) ÷ 3 = 1 099.57,代替原来数列的第二项资料;2～4 项序时平均数为(1 089.5 + 1 124.0 + 1 249.0) ÷ 3 = 1 154.17,代替原来数列的第三项资料,依次类推。

采用移动平均法分析长期趋势时,应注意以下几点:

(1)移动长度应视研究现象本身变化特点而定。若数列各期水平存在自然波动周期,就以波动周期长度为移动长度,这样便于消除周期性波动,呈现出数列长期趋势;若数列各期水平无明显的周期波动,以用奇数项求移动平均数较简单,但奇数时距长度的选择要合适。

(2)凡是奇数项移动平均所得的序时平均数,则所平均时期的中间时期的值,即为长期趋势值。若采用偶数项作为移动的时距长度所求得的平均值,则需要再作一次两项移动平均以"正位",才是原数列的长期趋势值。

例如表 5-15 四年移动平均时,第一个移动平均数为(1 085.2 + 1 089.5 + 1 124.0 +

1 249.0) ÷ 4 = 1 136.93,第二个移动平均数为(1 089.5 + 1 124.0 + 1 249.0 + 1 501.9) ÷ 4 = 1 241.1,依次类推,“正位”则需取第一个移动平均数和第二个移动平均数的算术平均数作为第三个时期的趋势值,即$\frac{1\,136.93 + 1\,241.1}{2} = 1\,189$;依次类推。

(3)移动平均法的主要作用在于修匀数列,一般说,移动时距越长,修匀作用就越大,而得出移动平均数项目就越少,原数列信息量损失就越多。所以,不能直接根据修匀后的数列进行预测。

(三)数学方程法

数学方程法就是根据时间数列发展趋势形态用数学方法配合一个合适的方程式,然后依据此方程式求趋势值来分析长期趋势的方法。

时间数列的变动趋势有直线型和曲线型。对于曲线型现象,就某一段时间区间内的变化情况进行研究,它又具有线性变化的特点。因此,研究长期趋势变动的直线型是研究曲线型的基础。

1. 直线趋势方程

(1)最小平方法。最小平方法要求配合的长期趋势的理论值与原数列的实际值的离差平方和为最小,即

$$\sum (y - y_c)^2 = \text{最小值} \tag{5-14}$$

其中

$$y_c = a + bx$$

式中,y_c 为时间数列的长期趋势值;x 为时间数列中指标所属时间;a、b 为待定系数。

将 y_c 代入式(5-14)中,则 $\sum (y - a - bx)^2 = \text{最小值}$。根据数学分析中的极限原理,用偏微分方法可以得出求 a、b 的两个标准方程:

$$\begin{cases} \sum y = na + b\sum x \\ \sum xy = a\sum x + b\sum x^2 \end{cases}$$

解此方程组得:$\begin{cases} b = \dfrac{n\sum xy - \sum x \cdot \sum y}{n\sum x^2 - (\sum x)^2} \\ a = \bar{y} - b\bar{x} \end{cases}$

式中,n 为时间数列的项数。

为简化计算,可以原数列中间的时间为原点。具体做法是:当时间数列的项数为奇数时,可取中间一项时间顺序号为0,中间以前的时间序号为…、-3、-2、-1;中间以后的时间序号为1、2、3、…。当时间数列为偶数项时,中间以前的时间序号为…、-5、-3、-1;中间以后的时间序号为1、3、5、…。若按上述原则取值,从而使 $\sum x = 0$,则得简化公式:

$$\begin{cases} b = \dfrac{\sum xy}{\sum x^2} \\ a = \bar{y} \end{cases}$$

用简化公式计算的趋势值与上述方程基本上是一样的，所得的趋势直线方程实际上代表同一趋势线，不同的只是原点的改换。

此外，对于趋势类型的判别，可绘制散点图，也可根据动态指标来判定。若散点图呈直线趋势形态或时间数列的逐期增长量大体相等时，就可判定基本趋势是直线型的。

例题如表 5-16 所示。

表 5-16　某企业产量资料表

年　份	产量 y(台)	x	x^2	xy	y_c
2002	200	-2	4	-400	199.4
2003	208	-1	1	-208	207.2
2004	214	0	0	0	215.0
2005	220	1	1	220	222.8
2006	233	2	4	466	230.6
合计	1 075	0	10	78	—

根据上述资料，配合适当趋势方程。

解：该数列的逐期增长量大体相同，宜配合直线趋势方程。根据简化公式：

$$b = \frac{\sum xy}{\sum x^2} = \frac{78}{10} = 7.8$$

$$a = \bar{y} = \frac{\sum y}{n} = \frac{1\ 075}{5} = 215$$

则

$$y_c = a + bx = 215 + 7.8x$$

将 x 取值代入上述方程，即得趋势值，见表 5-16 最后一栏。

(2)半数平均法。半数平均法依据的是几何学中两点确定一条直线的原理。它是先将数列分为相等的两部分(如数列为奇数项，可丢掉中间一项)，然后由各部分各确定一个点，据此两点确定一条趋势直线，最后根据趋势直线说明现象的长期趋势。

半数平均法适用于现象近似呈线性变化趋势的时间数列。

据前半部分数列确定的点记为$(\bar{t}_1, \bar{y}_1)$，据后半部分数列确定的点记为$(\bar{t}_2, \bar{y}_2)$。其中$\bar{t}_1, \bar{t}_2$ 分别是前半部分和后半部分时间的平均值；$\bar{y}_1, \bar{y}_2$ 分别是前半部分和后半部分指标值的平均值。然后将两点的值代入两点式直线方程：

$$\frac{y - \bar{y}_1}{t - \bar{t}_1} = \frac{\bar{y}_2 - \bar{y}_1}{\bar{t}_2 - \bar{t}_1} \tag{5-15}$$

作代数变形后，将趋势直线方程记为：

$$\hat{y} = a + bt$$

据此趋势直线方程可以说明现象的长期趋势。

在具体计算时，可丢掉中间若干项，以使前后两部分的项数均为奇数，这样可以简化计算。

试根据表 5-17 中的资料，采用半数平均法确定趋势直线。

表 5-17 某自行车生产企业自行车产量

年份	1997	1998	1999	2000	2001	2002	2003	2004	2005
产量(万辆)	20	26	24	32	30	38	36	40	42

解：为计算简便，将年份 1997～2005 依次编码如下：

$$1,2,3,4,5,6,7,8,9$$

数列为奇数项（9 项），丢掉中间一项，则前后各半为偶数项（4 项）。为计算简便，再丢掉中间两项，这样前后各半为奇数项，最后据此确定两个点。

据前三项确定的点是 $A(2,23.33)$，据后三项确定的点是 $B(8,39.33)$

于是
$$\frac{y-23.33}{t-2}=\frac{39.33-23.33}{8-2}$$

解得
$$\hat{y}=17.99+2.67t$$

据此直线可知，该企业 1997～2005 年间自行车产量呈增长趋势。

2. 曲线趋势方程

（1）抛物线方程。

如果现象的发展，其逐期增长量的增长量（即各期的二级增长量）大体相同，则可考虑曲线趋势——配合抛物线方程。抛物线的一般方程为：

$$y_c=a+bt+ct^2$$

此抛物线方程的二级增长量是相等的，如表 5-18 所示。

表 5-18 抛物线方程计算表

t	$y=a+bt+ct^2$	逐期增长量	二级增长量
1	$a+b+c$	—	—
2	$a+2b+4c$	$b+3c$	—
3	$a+3b+9c$	$b+5c$	$2c$
4	$a+4b+16c$	$b+7c$	$2c$
5	$a+5b+25c$	$b+9c$	$2c$
⋮	⋮	⋮	⋮

从表 5-18 看，各期的二级增长量均为 $2c$。

上述抛物线方程式中，有 a、b、c 三个未定参数，根据最小平方法的要求，同样用求偏导数的方法，导出以下由三个方程组成的联立方程组

$$\begin{cases}\sum y=na+b\sum t+c\sum t^2\\ \sum ty=a\sum t+b\sum t^2+c\sum t^3\\ \sum t^2y=a\sum t^2+b\sum t^3+c\sum t^4\end{cases}$$

同样，为了计算方便，我们可以通过假设 t，使 $\sum t=0$，$\sum t^3=0$，则上述联立方程组

可简化为

$$\begin{cases}\sum y = na + c\sum t^2 \\ \sum ty = b\sum t^2 \\ \sum t^2 y = a\sum t^2 + c\sum t^4\end{cases}$$

例如,某省历年工业产品产量如表 5-19 所示。

表 5-19　某工业产品产量　　（单位:t）

年份	产品产量	逐期增长量	二级增长量
2000	988	—	—
2001	1 012	24	—
2002	1 043	31	7
2003	1 080	37	6
2004	1 126	46	9
2005	1 179	53	7
2006	1 239	60	7
2007	1 307	68	8
2008	1 382	75	7

据表 5-19 资料初步计算分析,各年二级增长量大体相等,所以,该产品产量发展的基本趋势比较接近于抛物线型,可配合一个抛物线方程。现列表 5-20 说明其计算过程。

表 5-20　粮食产量计算表

年份	t	y	ty	t^2	t^2y	t^4
2000	-4	988	-3 952	16	15 808	256
2001	-3	1 012	- 3 036	9	9 108	81
2002	-2	1 043	-2 086	4	4 172	16
2003	-1	1 080	-1 080	1	1 018	1
2004	0	1 126	0	0	0	0
2005	1	1 179	1 179	1	1 179	1
2006	2	1 239	2 478	4	4 956	16
2007	3	1 307	3 921	9	11 763	81
2008	4	1 382	5 528	16	22 112	256
合计	0	10 356	2 952	60	70 178	708

根据表中资料代入简化联立方程组得

$$\begin{cases}10\ 356 = 9a + 60c \\ 2\ 952 = 60b \\ 70\ 178 = 60a + 708c\end{cases}$$

用消元法,解得

$$\begin{cases} a = 1\ 126.03 \\ b = 49.20 \\ c = 3.69 \end{cases}$$

将 a、b、c 代入抛物线方程组，得

$$y_c = 1\ 126.03 + 49.20t + 3.69t^2$$

如果预测 2009 年产品产量，即 $t = 5$ 时

$$y_c = 1\ 126.03 + 49.20 \times 5 + 3.69 \times 5^2 = 1\ 464.28(\text{t})$$

(2)指数曲线方程。

如果现象的发展，其环比发展速度或环比增长速度大体相同，则可考虑曲线趋势——配合指数曲线方程。指数曲线的一般方程为：

$$y_c = ab^t$$

式中，a 为动态数列的基期水平；b 为现象的一般发展水平；t 为动态数列的时间。

进行指数曲线方程求解时，一般是将指数方程通过取对数转化成直线方程，然后按直线方程法确定出参数，然后再对直线方程求得的结果查反对数表还原。

先对上述方程式两边各取对数，得

$$\lg y_c = \lg a + t\lg b$$

设 $Y = \lg y_c$，$A = \lg a$，$B = \lg b$，则

$$Y = A + Bt$$

应用最小平方法求得联立方程组为

$$\begin{cases} \sum Y = nA + B\sum t \\ \sum tY = A\sum t + B\sum t^2 \end{cases}$$

同样使 $\sum t = 0$。上述联立方程组可简化为

$$\begin{cases} \sum Y = nA \\ \sum tY = B\sum t^2 \end{cases}$$

例如，某地区历年工业净产值资料如表 5-21 所示。

表 5-21　某地区历年工业净产值资料

年份	净产值(千万元)	各年环比增长速度(%)
2003	5.3	—
2004	7.2	36
2005	9.6	33
2006	12.9	34
2007	17.1	33
2008	23.2	36

表 5-21 资料表明，各年环比增长速度大体相同，所以该地区工业净产值发展的基本

趋势比较接近指数曲线型,可配合指数曲线方程求解。具体计算过程如表 5-22 所示。

表 5-22 工业净产值指数曲线方程计算表

年份	净产值 y(千万元)	t	$Y=\lg y$	$t\lg y$	t^2
2003	5.3	-5	0.724 3	-3.621 5	25
2004	7.2	-3	0.857 3	-2.571 9	9
2005	9.6	-1	0.982 3	-0.982 3	1
2006	12.9	1	1.110 6	1.110 6	1
2007	17.1	3	1.233 0	3.699 0	9
2008	23.2	5	1.365 5	6.827 5	25
合计	75.3	0	6.273 0	4.461 4	70

根据表 5-22 中数据代入,联立方程组得

$$\begin{cases}6.273\ 0=6A\\4.461\ 4=70B\end{cases}$$

解得

$$\begin{cases}A=1.045\ 5\\B=0.063\ 73\end{cases}$$

求反对数得

$$\begin{cases}a=11.104\ 5\\b=1.158\ 1\end{cases}$$

指数曲线方程式为

$$y_c=ab^t=11.104\ 5\times1.158\ 1^t$$

如果预测 2009 年该地区工业产值净值,即 $t=7$ 时:

$$y_c=ab^t=11.104\ 5\times1.158\ 1^7=31.03(\text{千万元})$$

综上所述,我们在分析社会经济现象发展的长期趋势时,应该注意到,不论将哪一种趋势向外延伸来预测未来可能达到的数值,都具有一定的假定性。因此,要做好经济预测工作,除用必要的数学方法来建立数学模型外,还要结合调查研究,具体情况分析,只有这样才能得出较为准确的结果。

二、季节变动

季节变动是指某些社会经济现象,由于受自然因素和社会条件的影响,在一年之内,随着季节更换而引起有规律性的变动。

一年当中季节的更换对社会现象的变动有一定影响,例如夏天汗衫、背心、冷饮的销售量就高于其他季节;铁路客运量以过年前后为最高。在有些情况下,季节变动会引起设备和劳动力使用不平衡,原料供应不足,运输能力不够,给经济活动带来诸多不便。分析季节变动的主要目的是为了取其利避其害,其意义如下:

(1)分析季节变动,掌握季节变动的规律,有利于指导当前的社会生产和各种经济活动。

(2)分析季节变动后,可以根据季节变动规律,配合适当的季节模型,结合长期趋势,

进行经济预测,规划未来的行动。

(3)分析季节变动,有利于消除季节变动对时间数列带来的影响,更好地研究长期趋势。

测定季节变动的方法很多,归纳起来为两大类。一类是不考虑长期趋势,即假定不存在长期趋势,用按月(季)平均法;另一类是考虑长期趋势的存在,剔除长期趋势影响后,再求季节变动。

(一)按月(季)平均法

按月(季)平均法的特点是把不同年份中的同一时期(如同月、同季)的数值相加求算术平均数,以消除不规则变动,求季节变动指数。在计算季节变动时,要用3年或更多年份的资料作为基本数据进行计算分析。这样才能较好地消除偶然因素的影响,使季节变动的规律性更切合实际。

例题如表5-23所示。

表5-23 某市水产公司各季水产品资料 (单位:t)

年份	一季度	二季度	三季度	四季度	合计
2005	1.05	0.85	2.04	1.48	—
2006	1.83	1.7	4.46	3.17	—
2007	3.21	3.85	6.33	4.80	—
季平均	2.03	2.13	4.28	3.15	2.898
季节比率(%)	70.06	73.51	147.71	108.71	400

具体计算步骤为:

(1)计算各年同季(月)的平均数,填入同季平均数栏。如一季度平均数 $=(1.05+1.83+3.21)\div 3=2.03$,其他季度类推。

(2)计算所有各时期的总平均数,把3年共12个季度的资料全部相加求平均数,或使用同季平均数来求总平均数。即

$$总平均数=\frac{2.03+2.13+4.28+3.15}{4}=2.8975$$

(3)将各个时期的同期平均数与总平均数对比,即得出季节比率,即季节比率 $=\frac{同季平均数}{总平均数}\times 100\%$。如第一季度的季节比率 $=\frac{2.03}{2.8975}=70.06\%$。

季节比率说明各期平均水平和全期平均水平相比高低的程度,也就是各期平均数占总平均数的百分比。如果季节比率等于100%,那么该时期不受季节变动的影响;如果季节比率大于100%,如上例中第三、四季情况,表明水产品销售处于旺季;如果季节比率小于100%,如上例中一季、二季情况,表明水产品销售处于淡季。

计算季节比率须注意:四个季节比率之和应等于400%,月度资料12个季节比率之和应等于1 200%。上例季节比率之和正好是400%。有时由于其他因素的干扰,季节比率之和不是400%或不是1 200%,就需要加以调整,求出调整系数。调整系数 $=\frac{400(1\ 200)}{实际季节比率之和}$,以此系数依次乘各季节比率,得调整的季节比率之和正好是400%(1 200%)。

此法的优点是计算简便，容易理解。缺点是未能消除长期趋势的影响，当数列中存在长期趋势时，所得的季节比率也就不能精确地反映季节变动。所以，对于长期趋势比较明显的动态数列，宜采用长期趋势剔除法来测定其季节变动。

（二）长期趋势剔除法

长期趋势剔除法是先对时间数列用移动平均法，求出长期趋势值，而后将其趋势值从原时间数列中剔除，再测定季节变动，计算季节比率。具体步骤如下：

（1）根据原时间数列季（月）的实际资料，用移动平均法求长期趋势值 y_c。

（2）将原数列实际水平除以趋势值（y/y_c），即得出剔除趋势因素后的新数列，作为季节比率的原始数据。

（3）将 y/y_c 的计算结果，再仿照按季（月）平均法的步骤计算季节比率。

（4）各季（月）季节比率之和应为400%，或1 200%。如果大于或小于此数，就需进一步调整，计算调整系数，用调整系数乘上各季（月）季节比率，即为所求季节比率（详见表5-24、表5-25）。

表5-24　某企业产值资料

年份	季度	产值 y（万元）	四项移动平均（万元）		y/y_c（%）
			一次	二次 y_c	
2005	1	140	—	—	—
	2	160	—	—	—
	3	27	114.25	116.00	23.28
	4	130	117.75	118.50	109.70
2006	1	154	119.25	119.50	128.87
	2	166	119.75	122.375	135.65
	3	29	125	127.00	22.83
	4	151	129	130.00	116.15
2007	1	170	131	131.50	129.28
	2	174	132	131.125	132.70
	3	33	134.25	—	—
	4	160	—	—	—

表5-25　该企业季节比率计算表

年份	一季度	二季度	三季度	四季度	合计
2005	—	—	23.28	109.70	—
2006	128.87	135.65	22.83	116.15	—
2007	129.28	132.70	—	—	—
季平均	129.075	134.175	23.055	112.925	99.81
季节比率（%）	129.32	134.43	23.10	113.14	400

这种方法由于先消除了长期趋势，所得的季节比率已不受突然增大数值的影响，测定的季节变动比较精确。

三、循环变动的测定

循环变动各个时期有不同的原因，变动的程度也有自己的特点，这和季节变动基于大体相同的原因和相对稳定的周期形成对照，所以不能用测定季节变动的方法来研究循环变动。通常用剩余法测定循环变动的程度。基本思想是：对各期时间数列资料用长期趋势和季节比率消除趋势变动和季节变动，而得反映循环变动与不规则变动的数列，然后再采用移动平均法消除不规则变动，便可得出反映循环变动程度的各期循环变动系数。

$$Y = T \cdot S \cdot C \cdot I$$

$$\frac{Y}{T \cdot S} = \frac{T \cdot S \cdot C \cdot I}{T \cdot S} = C \cdot I$$

将 $C \cdot I$ 数列进行移动平均修匀，则修匀后的数列即为各期循环变动的系数。

测定循环变动的程度，认识经济波动的某些规律，预测下一个循环变动可能产生的各种影响，以便充分利用有利因素，避免不利因素，对于保持国民经济持续稳定的发展有重要的意义。但是循环变动预测和长期趋势预测不同，循环变动主要属于景气预测，在很大程度上要依靠经济分析，仅仅对历史资料的统计处理是不够的。

第五节　动态数列分析中的 EXCEL 的应用

EXCEL 在“数据分析”宏中提供了三种时间数列计算方法，即常用的移动平均法、指数平滑法和回归法，利用这些宏可以计算出估计值、标准差、残差和拟合图。同时，如果配合使用 EXCEL 的“数据分析”某些宏与某些函数可以完成数学曲线拟合法。下面用数学曲线拟合法来分析相关数据。

在 EXCEL 中虽没有提供数学曲线拟合法的直接计算工具，但是通过配合使用某些宏与函数可以完成直线或曲线趋势的数学拟合。

（一）问题与数据

以 2000 年某企业销售额为例，销售资料见图 5-1。

（二）操作步骤

利用图形向导和添加趋势线可以完成直线趋势的数学拟合。其具体过程如下：

（1）利用图形向导生成折线图或利用移动平均宏生成折线图。

（2）在对生成的草图进行必要的修饰后，得到时序图。用鼠标左键选择折线，然后点击鼠标右键，选择“添加趋势线”操作，如图 5-1 所示。

（3）在“添加趋势线”操作中，选择“线性”趋势线（如图 5-2 所示），然后点击“选项”，在“选项”菜单选择输出“显式公式”和“显示 R 平方值”两项，如图 5-3 所示。然后按“确定”，得到如图 5-4 所示趋势线和直线趋势方程及 R 平方值。

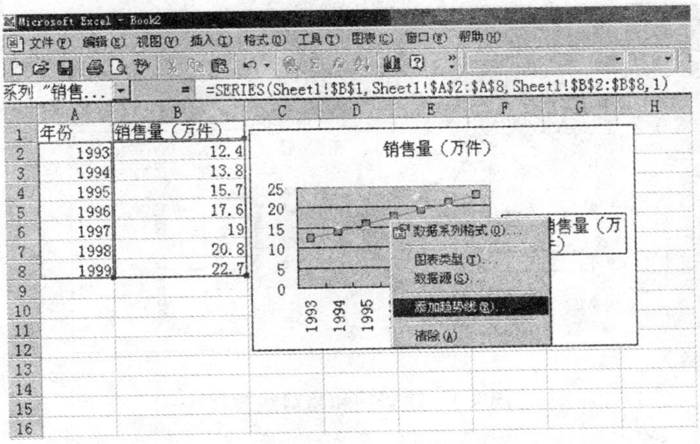

图 5-1　添加趋势线

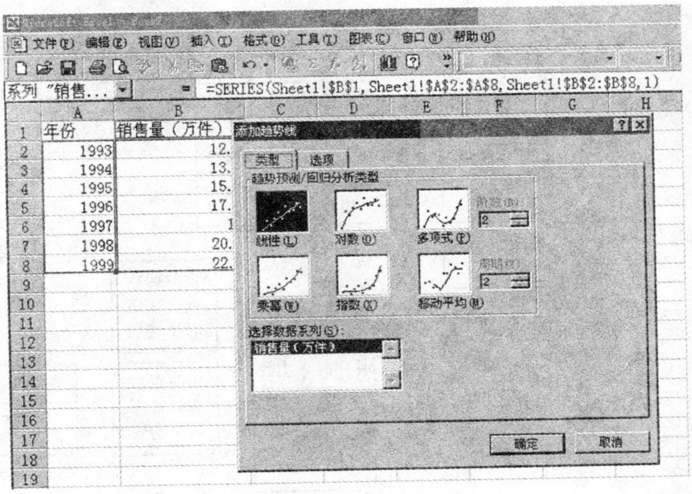

图 5-2　趋势线选项

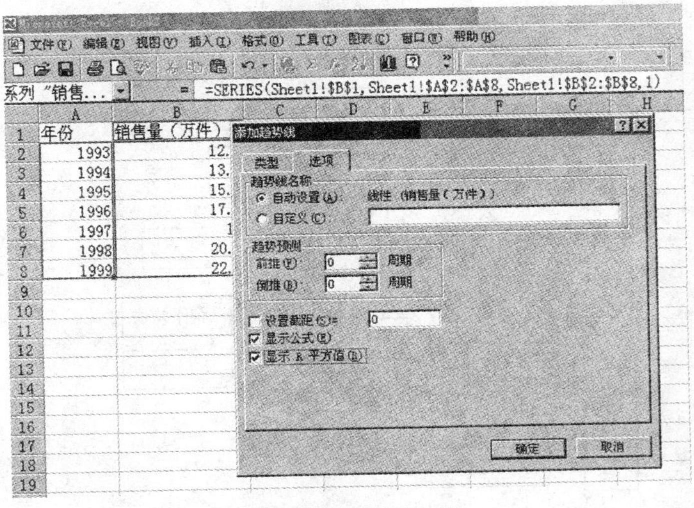

图 5-3　趋势线选项

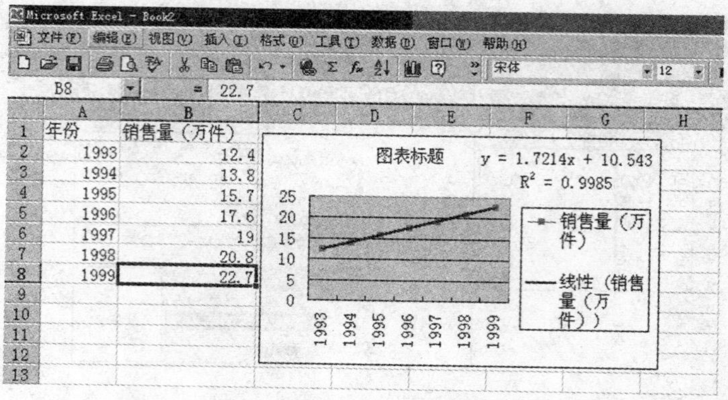

图 5-4　趋势线和趋势线方程

本章知识结构图如下：

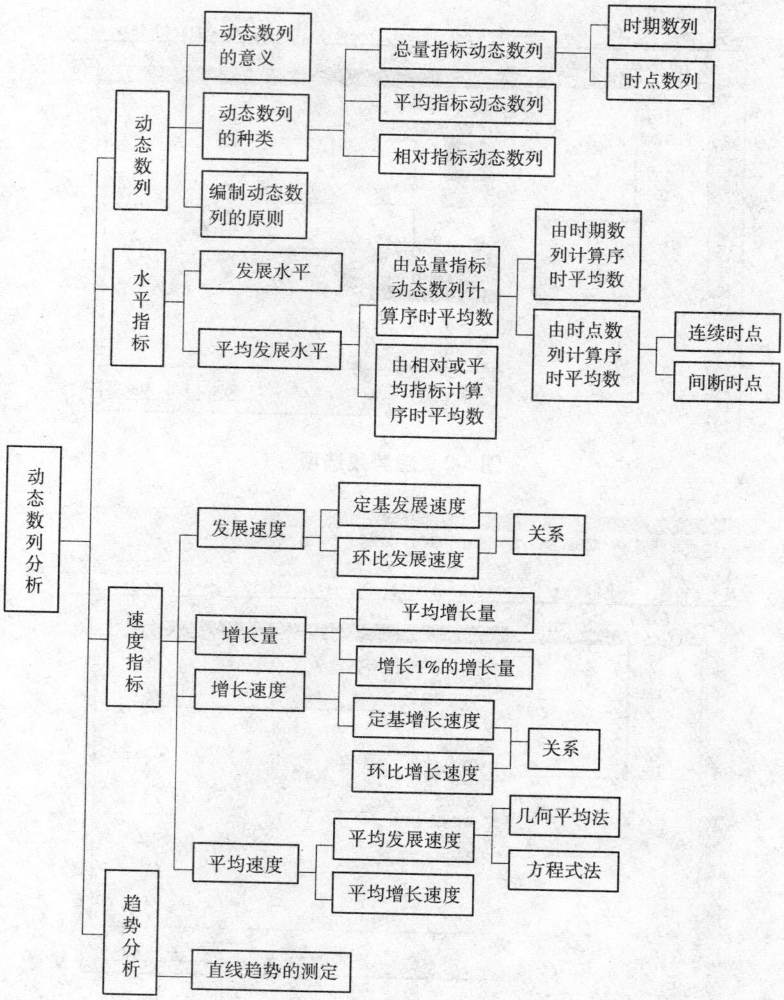

阅读材料1

捷径有时候就是一条弯路

1950年,朝鲜战争爆发后,美国五角大楼把所有的军用物资购买计划列为保密文件,这可急坏了一些投资家。因为许多投资家都想预测备战计划对股市的影响,而想正确地预测备战计划对股市的影响就必须知道美国政府对原材料的需求量,特别是对铝、铜和钢材的需求量。

美国国家工业联合会也想知道这些,可是在高度保密的情况下,知道这些简直比登天还难。就在美国国家工业联合会一筹莫展的时候,一个年轻人自告奋勇地站出来,说让他试试,这名年轻人就是格林斯潘。老板实在找不到其他合适的人,只好抱着试试看的心理,让他去了。

要知道美国政府对原材料的需求量,特别是铝、铜和钢材的需求量,只要翻看美国有关的文件就行了,这是一条最便捷的路径。可这是不可能的。正因为如此,在美国国家工业联合会偌大的机构里,虽然人才济济,但没有人愿意调查这一切。怎么办呢?格林斯潘想到了1949年,那时候朝鲜战争还没有爆发,军事会议在开听证会的时候召开,所以没有保密。于是,他花了大量精力研究一年来的新闻报道和政府公告,知道1950年和1949年美国空军的规模和装备基本一致。他从1949年的记录中知道了每个营有多少架飞机、新战斗机的型号、后备战斗机的数量,然后再预计出损耗量。有了这些,就能基本预测出朝鲜战争期间每个型号战斗机的需求量。

知道了每个型号战斗机的需求量,格林斯潘又找来各种飞机制造厂的技术报告和工程手册,一头扎了进去。这对他来说虽然有一定的难度,但通过一段时间的研读,他还是弄清了每个型号的战斗机需要多少铝、铜和钢材等原材料,然后再根据每个战斗机的需求量,轻易地算出了美国政府对原材料的总需求量。

仔细地算出来后,格林斯潘写了《空军经济学》等两篇很长的报告,发表在当时有很大影响力的《经济记录》上。由于他计算出的数字非常接近当时美国政府保密文件里的数字,因此给许多投资者带来了丰厚的回报。

格林斯潘正是凭着这次成功,引起了许多人的关注,也为他以后人生的辉煌打下了坚实的基础。1987年格林斯潘任美联储主席,其后4次获得连任。任期之长,在美联储历史上极为罕见。更难能可贵的是,在格林斯潘担任美联储主席18年多的时间里,美国经济出现了创纪录的长达10年的持续增长期,中间只发生过两次温和的衰退。

格林斯潘的这个故事诠释了一个简单的道理:很多时候,看上去最短、最方便的路,并不一定是一条捷径,因为走这条路不一定能成功。相反,一条看上去很弯的路,虽然可能需要花费很大的精力,但只有这样的路,才有可能让我们到达成功的顶点。捷径有时候就是一条弯路。同时也从另一个方面反映了格林斯潘高超的数字思维能力和预测技巧及精确的预测水平。

(选自2008年第4期《青春潮》 作者:肖华)

阅读材料 2

格林斯潘

格林斯潘于 1926 年 3 月 6 日出生于曼哈顿的华盛顿海兹区，很小的时候，格林斯潘父母就离了婚，他是由母亲抚养成人的。

在乔治·华盛顿中学时（这所学校也是亨利·基辛格的母校），格林斯潘显示了他的数学天才，但他首先津津乐道的却是音乐。在 20 世纪 40 年代中期，他在纽约著名的吉拉德学校接受了两年培训，因为他演奏低音单簧管和萨克斯管的技巧过人，因此就进入季罗姆摇摆乐队当了一名爵士乐演奏员。

但他周围全是专业乐师，在这些超级天才面前，他感到很自卑。他开始怀疑其音乐生涯的前程。当时，聪明绝顶的格林斯潘遇到幕间休息，总是躲在角落里啃大部头的经济和金融书籍。巡回演出一年以后，他离开了乐队，开始在纽约大学就读商业经济学。

经济学就像件得体的上衣一样非常适合格林斯潘，他于 1948 年以最优异的成绩毕业，并获得学士学位。两年后，他继续在纽约大学深造，攻读经济学硕士，随后又来到哥伦比亚大学攻读经济学博士。在哥伦比亚大学就读时，他已同画家琼·米契尔结婚。这时，他和著名的经济学家亚瑟·彭斯共同搞研究，两人成了挚友。

到了 1954 年，格林斯潘的婚姻宣告终止，他也中断了在哥伦比亚大学攻读的博士课程。尽管一再受挫，他仍走在快车道上。当时他才 28 岁，就同一位年纪稍大的纽约债券交易人联手，此人名叫威廉·图森，他们共同创办了一家咨询公司：图森－格林斯潘公司。在后来的 20 年里，格林斯潘一直把这家公司当做自己的职业基地。1958 年图森去世后，他就接过了公司的领导权，扩大经营，开发了一批在金融和制造业领域颇具影响的客户。同时，格林斯潘还为自己创造了一个新颖奇特、有利可图的小天地，即向高层企业管理人员提供经济分析意见。正如一位美联储官员日后所说："他是第一个专门向总裁们提供预测的人。"这种工作不仅在思维上有挑战性，也特别适合格林斯潘发挥个人才能，而且也因此使他变成了一位富人。

直到 1977 年，格林斯潘才拿到在纽约大学攻读的经济学博士学位。如果谁把美联储主席看成是教授式的人物，一听到这件事肯定会愕然。虽然他有 25 年时间没同书本打交道，但这段时间对他来讲极有价值。作为一名经济顾问，他学会了如何使用复杂的定量技术去预测分析宏观和微观经济动向，与此同时，他独创了一种"从最基层做起"的分析方法，而这种方法成了他在美联储的标志。

对处于这个神秘领域以外的人来讲，很难说清格林斯潘的方法论有多么独特。他从最小的细节开始，如库存量、产品交货时间等，研究许多数字，直至看到大轮廓的出现。他的一位朋友曾略带夸张地说："格林斯潘是这么一种人，他知道 1964 年出厂的雪佛莱轿车上用了多少个平头螺栓，他还知道如果拔去其中 3 个将会对国民经济造成什么影响。"

格林斯潘于 1968 年开始涉足政治。1974 年夏季，赫伯特·斯坦恩告知尼克松总统他不想再继续担任经济顾问委员会主任一职，白宫方面就此考虑聘请格林斯潘担任该职务。但格林斯潘坚决不干。由此可以看出，他热爱他在图森－格林斯潘公司的工作，不愿意让公司失去像他这样强有力的领导人。这时，亚瑟·彭斯，这位格林斯潘在哥伦比亚大学的良师益友，出面相劝当年的同窗好友。彭斯自 1970 年以来一直担任美联储主席。他对格林斯潘讲：图森－格林斯潘公司成立20年了，假如这时离了创始人还不能运转，这就正好说明这家公司存在着严重问题。格林斯潘认为彭斯的分析语重心长，便同意担任这项职务。

格林斯潘是担任经济顾问委员会主任这一重要职务的第一位“商业经济学家”，他很快就发现要对付许多商业方面的挑战。1987年格林斯潘任美联储主席，其后4次获得连任。任期之长，在美联储历史上极为罕见。更难能可贵的是，在格林斯潘担任美联储主席18年多的时间里，美国经济出现了创纪录的长达10年的持续增长期，中间只发生过两次温和的衰退。

如今，格林斯潘在美国经济中依然发挥着重要作用。

（选自MBA智库百科（http://wiki.mbalib.com/））

习 题

一、填空题

1.时间数列按指标形式不同可分为__________、__________和__________三种。

2.总量指标时间数列可分为__________、__________两种。

3.在时点数列中，两个相邻时点之间的距离称为__________。

4.时间数列水平指标有__________、__________、__________和__________四种；速度指标有__________、__________、__________和__________四种。

5.处于时间数列中首项的指标叫__________，处于末项的指标叫__________，处于中间各项的指标叫__________。

6.平均数时间数列是__________，它有__________和__________两种。

7.增长量是________。它有__________和__________两种，二者关系是__________和__________。

8.发展速度是________，它有__________和__________两种，二者关系是__________和__________。

9.计算平均发展速度方法有__________和__________两种。

10.影响时间数列变动因素有__________、__________、__________和__________。

11.长期趋势是__________；季节变动是__________。

12.运用最小平方法配合趋势线，必须满足__________和__________两个条件。

13.若发现社会经济现象发展的趋势大体上是按逐期等量增加或减少时，则可以认为这种现象发展趋势属于__________。

14.移动平均法是__________，移动项数越多，对数列的__________，但得到的移动平均数__________。

15.季节比率是__________。

二、单项选择题

1.时间数列中，指标数值是间断登记的是（　　）。

①时期数列　　　　　　　　②时点数列

③平均数时间数列　　　　　④相对数时间数列

2. 发展水平就是时间数列中原有的各项统计指标数值,它是由(　　　)表现的。

①总量指标和相对指标　　　②总量指标和平均指标

③相对指标和平均指标　　　④总量指标、相对指标和平均指标

3. 平均增长量与累计增长量的关系是(　　　)。

①平均增长量乘时期数等于累计增长量

②平均增长量等于累计增长量除以时间数列项数减 1

③平均增长量的连乘积等于累计增长量

④平均增长量乘时间数列项数减去 1 等于累计增长量

4. 动态数列中,平均发展速度是(　　　)。

①各时期定基发展速度的序时平均数

②各时期环比发展速度的算术平均数

③各时期环比发展速度的几何平均数

④各时期环比增长速度的几何平均数

5. 由时点数列计算序时平均数所掌握的时点资料不连续但其间隔相等,这时可用(　　　)来计算。

①$\bar{a}=\frac{\sum a}{n}$　　　②$\bar{a}=\frac{\sum af}{\sum f}$

③$\bar{a}=\frac{\frac{a_1}{2}+a_2+\cdots+\frac{a_n}{2}}{n-1}$　　　④$\bar{a}=\frac{\frac{a_1}{2}+a_2+\cdots+\frac{a_n}{2}}{n}$

6. 用水平法计算平均发展速度实质上只考虑了(　　　)。

①最初水平　　　　　　②最末水平

③最初水平和最末水平　④中间水平

7. 当掌握了总速度时,时期个数为 n,计算平均发展速度应用(　　　)来计算。

①$\bar{x}=\sqrt[n]{R}$　　②$\bar{x}=\sqrt[n]{x_1\cdot x_2\cdots x_n}$　　③$\bar{x}=\sqrt[n-1]{R}$　　④$\bar{x}=\sqrt[n]{\frac{a^n}{a_0}}$

8. 用方程法计算平均发展速度,其各期计算水平总和与各期实际水平总和的关系是(　　　)。

①各期计算水平总和大于各期实际水平总和

②各期计算水平总和小于各期实际水平总和

③各期计算水平总和等于各期实际水平总和

④各期计算水平总和可能大于也可能小于或等于各期实际水平总和

9. 若对建筑面积这类现象求平均发展速度,应采用(　　　)。

①水平法　　②累计法　　③算术平均法　　④水平法和累计法

10. 若对国民收入这类现象求平均发展速度,应采用(　　　)。

①几何平均法　　②方程式法　　③调和平均法　　④算术平均法

11. 在时间数列中若现象本身存在自然周期，则应以(　　)作为移动平均的项数。

①周期数　②奇数　③偶数　④4 项

12. 利用平均法配合直线的数学依据是(　　)。

①$\sum(x-\bar{x})=0$　②$\sum(y-y_t)=0$

③$\sum(x-\bar{x})^2=$最小值　④$\sum(y-y_t)^2=$最小值

13. 用最小平方法配合直线趋势，如果 $\hat{y}=a+bx$ 中，b 为负值，则这种直线呈(　　)。

①上升趋势　②不升不降　③下降趋势　④无法确定

14. 若现象的发展趋势大体上逐年按近似相同的增长速度增减变化时，则认为这种现象的基本发展趋势是属于(　　)。

①直线型　②抛物线型　③指数曲线型　④双曲线型

15. 在以年资料为单位编制的时间数列中，一般认为不含有(　　)因素的影响。

①长期趋势　②季节变动　③循环变动　④不规则变动

三、多项选择题

1. 时间数列具有(　　)作用。

①表明现象发展变化趋势及规律　②计算各种动态指标

③反映工作进度　④预测

2. 编制时间数列应遵循下列原则(　　)

①总体范围应该保持一致　②时间长短应统一

③指标经济内容应一致　④指标计算方法、计算单位应一致

⑤指标计价标准前后要一致

3. 用时距扩大法修匀时间数列的要求是(　　)。

①时距越大越好

②要按相等的间隔对原时间数列合并

③不能凭主观意志随意加大或缩小时距

④要根据现象的特点来决定时距大小

4. 计算季节比率的步骤是(　　)。

①消除长期趋势影响

②计算各年同月或同季的平均数

③计算总的月(季)平均数

④把各年同月(季)的平均数除以月(季)总平均数求得季节比率

四、判断题

1. 时期数列具有可加性，时期越长，指标数值越大。(　　)

2. 相对数时间数列有六种形式。(　　)

3. 时点数列中指标数值同时点间隔有关联，时点间隔越长，指标数值越大。(　　)

4. 发展水平指标在文字叙述上习惯用“增加了”或“降低了”表示。(　　)

5. 年距增长量等于本期发展水平减去年同期发展水平。(　　)

6. 两个相邻的定基增长速度之比等于相邻的环比增长速度。(　　)

7. 平均发展速度等于平均增长速度减100%。(　　)

8. 在时间数列中,若现象本身没有自然周期,一般采用偶数项作为移动平均的项数,只需一次移动即可成功。(　　)

9. 数学修匀法只测定直线趋势现象。(　　)

五、问答题

1. 简述时间数列同变量数列的异同。
2. 简述时期数列同时点数列异同。
3. 简述序时平均数同静态平均数异同。
4. 简述由时点数列计算序时平均数的方法。
5. 已知环比增长速度,如何求总增长速度?
6. 简述用几何平均法和方程式法求平均发展速度的异同。
7. 简述由相对数和平均数时间数列求序时平均数的方法。

六、计算题

1. 某企业职工人数资料如下所示:

月份	1月	2月	3月	4月	5月	6月	7月
月初人数	506	516	518	526			
月平均人数				549	579	588	598

要求:①填空;②计算第一季度、第二季度及上半年职工平均人数。

2. 某零售商店某年第一季度零售额、月初库存额、流通费用资料如下:

月份	1月	2月	3月	4月
零售额(千元)	11.07	11.60	11.50	
月初库存额(千元)	6.80	6.75	6.70	6.50
流通费用额(千元)	1.08	1.02	0.98	

试计算第一季度月平均商品流转次数和商品流通费用率。

3. 某校2004~2007年年初女生占全部学生的比重如下:

年份	2004	2005	2006	2007
年初女生人数(人)	2 800	3 000	3 500	3 700
比重(%)	32	33	35	40

求在此期间女生占全部学生的平均比重。

4. 某地区重点年份的年底人口资料如下:

年份	2000	2001	2002	2003	2004	2005	2006
年底人口总数(万人)	54 167	57 482	64 653	72 538	95 809	99 622	113 368
城镇人口(万人)	5 765	7 163	9 949	10 170	11 994	13 870	29 651

试计算2000~2006年城镇人口占总人口数的平均比重。

5. 某工厂一季度全员劳动生产率和职工人数资料如下：

月份	全员劳动生产率(万元/人)
1月	0.010 1
2月	0.008 6
3月	0.011 5

时期	全部职工人数(人)
上年末	1 400
1月10日	增110
2月4日	增10
3月3日 至3月底无变化	减50

要求计算一季度平均每月劳动生产率。

6. 根据下列资料填空：

年　份		2001	2002	2003	2004	2005	2006	2007
发展水平(万元)		288					420	
增减量(万元)	逐期		6					
	累计			35.4				
发展速度(%)	环比							
	定基				120			
增长速度(%)	环比						10.5	
	定基							56.3

7. 试根据上述资料计算 2001 ~ 2007 年的平均发展速度，用水平法的三个公式来计算。

8. 某企业 1994 至 2005 年各年产值资料如下：

年份	1994	1995	1996	1997	1998	1999	2000	2001	2002	2003	2004	2005
产值(万元)	500	700	600	800	850	1 000	950	1 200	1 150	1 205	1 250	1 300

试根据上述资料计算：

①用时距扩大法(时距扩大为三年总产值和平均产值)编制新的时间数列；

②用移动平均法(按三年移动总数和移动平均)编制新的时间数列；

③用平均法分析发展趋势，并预测 2010 年的产值；

④用最小平方法分析发展趋势，并预测 2010 年的产值。

9. 某牛奶场牛奶产量季节变动资料如下：

(单位：万 t)

月份	1	2	3	4	5	6	7	8	9	10	11	12
2005 年	15	19	27	27	33	33	26	21	22	20	15	15
2006 年	16	24	34	33	40	40	28	23	25	23	19	18
2007 年	18	26	32	40	40	46	32	25	27	22	17	15

要求根据上述资料求出季节比率。

第六章　统计指数

教学目的和要求　通过本章的学习，要了解统计指数的概念和分类；掌握各种指数的概念和计算；熟练掌握利用指数体系进行因素分析；掌握常见的各种统计指数。

关键词　综和指数　平均指数　指数体系

引导案例

小知识：CPI

消费者物价指数（Consumer Price Index），英文缩写为 CPI，是反映与居民生活有关的产品及劳务价格统计出来的物价变动指标，通常作为观察通货膨胀水平的重要指标。如果消费者物价指数升幅过大，表明通胀已经成为经济不稳定因素，央行会有紧缩货币政策和财政政策的风险，从而造成经济前景不明朗。因此，该指数过高的升幅往往不被市场欢迎。例如，在过去 12 个月，消费者物价指数上升 2.3%，那表示，生活成本比 12 个月前平均上升 2.3%。当生活成本提高，你的金钱价值便随之下降。也就是说，一年前收到的一张 100 元纸币，今日只可以买到价值 97.70 元的货品及服务。一般说来，当 CPI > 3% 的增幅时，我们称为 INFLATION，就是通货膨胀；而当 CPI > 5% 的增幅时，我们把它称为 SERIES INFLATION，就是严重的通货膨胀。

中国的 CPI 包括食品、衣着、医疗保健和个人用品、交通及通讯、娱乐教育文化用品及服务、居住、杂项商品与服务等八类，但近几年来民众消费所占比重最大、价格上涨最厉害的消费支出项目并没有包括在 CPI 中，如民众教育消费、医疗保险、住房消费等。举个例子，国家统计局公布的 CPI 指数之中，我国居住类人均年支出仅 700 元左右，而这些费用仅够支付每个家庭的水电费，在北京、上海等大城市，这个数字甚至还不够，至于住房消费中的物业管理费、房租、购房消费等项目就更没有包括在其中了。事实上，这几年国内经济持续发展最大的动力是个人住房消费，如果不把它包括到整个社会的总消费中，那么这个数字就不能反映整个社会真实的消费水平，如果这个比重无法反映在 CPI 中，那么 CPI 就不能反映真实的消费价格水平。

第一节　统计指数概述

一、统计指数的意义和作用

统计指数法是统计研究社会经济现象数量关系综合变动情况的方法。统计指数的概念有广义和狭义之分。从广义上说，指数一词的含义，就是指一切说明社会经济现象变动程度的相对数都叫做指数。如前面讲过的动态相对数（发展速度）也都属于指数的范畴。狭义的指数则只限于广义指数中的一部分，即仅指综合性的总指数。从狭义上说，指数只是用来反映不能直接加总的多因素组成的复杂社会经济现象的综合变动程度的相对数。

本章讨论的主要是狭义的指数编制方法,同时,也利用指数法原理对社会经济现象数量变动的因素进行分析。

统计指数的作用就狭义而言,主要有以下几点:

(1)统计指数可以用来综合反映不可同度量的复杂现象的综合变动的方向和变动程度,这是总指数的主要作用。指数一般是用百分数表示的相对数。这个百分数大于或小于100%,分别表示升降变动的方向。比如,零售物价指数为108%,说明多种商品的价格涨了8%。

(2)统计指数可以分解分析受多因素影响的复杂社会经济现象的总变动中,各因素的影响方向和影响程度。例如分析工业总产值的变动中受产品产量和产品价格的影响,这种影响程度可以从相对数和绝对数两个方面来分析。

(3)统计指数可以分析社会经济现象在长时间内的发展变动趋势。在连续编制的动态指数数列中,可以反映事物的发展变化趋势,也可以用于对比分析有联系而性质不同的时间数列之间的变动关系。

二、统计指数的分类

统计在研究复杂现象总体数量的变动关系中,应用着各种指数。为了研究的需要,可以从不同的角度对指数进行分类。

(一)总指数、组指数和个体指数

按照指数所反映的对象范围不同,可以把指数分为总指数、组指数和个体指数。总指数是综合表明不可同度量的多种事物总体数值变动的相对数。例如综合反映多种产品成本变动程度的成本总指数,综合反映多种商品价格变动程度的价格总指数等。可见,狭义的指数指的就是总指数。指数法的运用要与科学分组法相结合,因而在编制总指数的同时,往往还要编制组指数或类指数。用于反映总体内部各部分现象数量上的变动程度的相对数称为组指数或类指数。如工业总产值指数分为重工业总产值指数和轻工业总产值指数,零售物价指数分为食品类、衣着类、日用品类等物价指数。个体指数是表明个别现象或单一现象数量变动程度的相对数。如某一种产品的产量、价格或成本变动的相对数,为个体指数。个体指数的计算公式如下:

个体产量指数 $$K_Q=\frac{Q_1}{Q_0} \tag{6-1}$$

个体价格指数 $$K_P=\frac{P_1}{P_0} \tag{6-2}$$

个体成本指数 $$K_Z=\frac{Z_1}{Z_0} \tag{6-3}$$

上述三式中,Q_1、Q_0 分别为某产品报告期和基期的产量;P_1、P_0 分别为某产品报告期和基期的价格;Z_1、Z_0 分别为某产品报告期和基期的单位成本。可见,个体指数就是单项事物为对象的动态相对数,也是发展速度。

(二)数量指标指数和质量指标指数

按照指数所表示的指标性质和内容的不同,分为数量指标指数和质量指标指数。

数量指标指数,是指反映社会经济现象数量多少、规模大小的总量变动的相对数。如反映多种产品产量变动的相对数;反映多种商品销售量变动的相对数。这些产量指数、销售量指数,都是数量指标指数,也称物量指数。

质量指标指数,是指反映质量指标变动的相对数。如说明多种商品物价变动的相对数,说明多种产品单位成本变动的相对数,说明劳动生产率变动的相对数等。这些相对数用以反映经济工作质量的好坏,都称为质量指标指数。

(三)总量指标指数与平均指标指数

按照指标形式不同分为总量指标指数和平均指标指数。

总量指标指数,是利用总量指标的对比来反映现象总量变动的指数。如商品销售量指数、产品产量指数等。

平均指标指数,是指利用平均指标的对比以反映现象的一般水平变化的指数。如劳动生产率指数、平均工资指数等。

在指数方法中,计算个体指数是比较简单的。因此,指数理论主要是研究不能同度量现象综合变动的总指数。编制总指数是指数理论的核心。其编制方法主要有综合指数和平均指标指数两种。下面先分别讨论指数的两种编制方法。

第二节　综合指数

一、综合指数的意义

综合指数是总指数的一种形式。它是由两个总量指标对比形成的指数。凡是一个总量指标可以分解为两个或两个以上的因素指标时,将其中一个或一个以上的因素指标固定下来,仅观察其中另一个因素指标的变动程度,这样的总指数就叫综合指数。在这里,被固定的指标称为同度量因素。也就是说,在编制综合指数时,为了使不能直接相加的那些现象(如不同产品或商品)的数值过渡为能够相加的数值的那个因素称为同度量因素。可见,同度量因素有两种作用:一是使原来不能相加的现象数值过渡到能够相加;二是对各个不同变量值起着权衡轻重的作用,即权数作用。综合指数就是把各种不能直接相加的社会经济现象,通过同度量因素的媒介作用变为综合数值,再进行动态对比的相对指标。例如,各种销售的商品量不能直接相加,乘以同一时期的价格,使不能相加的销售商品量过渡到能够相加的商品销售额,两个不同时期的商品销售额就构成了综合指数的分子和分母,它们的比值,可以综合反映各种商品销售量的变动程度。分子减分母的绝对差额说明由于销售量的变动引起销售额的变动程度。进一步说明分子减分母的绝对差额,也说明由于销售量变动引起销售额变动的实际经济效果。

设分别用 K_P、K_Q 代表价格总指数和销售量总指数:

$$K_P = \frac{\sum P_1Q_1}{\sum P_0Q_1} \tag{6-4}$$

$$K_Q = \frac{\sum Q_1P_0}{\sum Q_0P_0} \tag{6-5}$$

上两式中的 P_1、P_0、Q_1、Q_0 分别表示报告期、基期的价格和销售量。两式的分子和分母都是综合各种商品的不同总量而成的，所以从形式上看都是综合指数。而两式中分别有一个因素 Q_1、P_0 固定不变，即作为同度量因素，使不能直接加总的那些现象的数值过渡到能够相加的数值进行对比，所以它们都是综合指数。

就上述价格指数来看，它是两个销售额指标之比，分子是报告期的实际销售额，分母是一个假定的销售额（即用基期价格估计的报告期的销售额）。由于把销售量（Q_1）固定下来了，所以指数反映的只是在一定销售量条件下各种商品价格的综合变动程度。同样，就上述销售量指数来看，它也是两个价值指标（销售额）之比，分子是一个假定的销售额（即用基期的价格估计的报告期的销售额），分母是基期的实际销售额。由于把销售价格 P_0 固定下来了，所以指数所反映的只是在一定销售价格条件下各种商品销售量的综合变动程度。

综合指数的特点是：第一，原则上分子、分母所包含的研究对象（例如商品）范围必须一致；第二，它所研究的多种事物的度量单位不同，不能直接加总；第三，它从现象的联系分析中来确定与研究现象联系的同度量因素，并以其在客观实际过程中是否有现实意义为标准，来选择同度量因素的时期；第四，它可以通过同度量因素将不可同度量的多种商品或产品的数量指标或质量指标以总量指标形式综合起来；第五，在由总量指标对比时，要固定同度量因素，以测定指数化指标的平均变动程度；第六，它的测定要以全面调查资料为基础，不存在抽样问题。由于综合指数具有这些特点，它既可以综合反映现象的相对变动程度，又可以用分子、分母的差数来表明由于经济现象变动所产生的绝对效果。

二、综合指数的编制方法

综合指数公式可以分别按数量指标指数和质量指标指数两个总指数类别来进行研究。

（一）数量指标指数

反映数量指标变动的综合指数，称为数量指标综合指数。如商品销售量综合指数、产品产量综合指数等。试以表 6-1 中的销售量指数的计算为例说明数量指标的编制原理。

表 6-1　某商店商品销售量和价格资料

商品名称	计量单位	销售量		价格（元）		个体指数	
		基期 Q_0	报告期 Q_1	基期 P_0	报告期 P_1	$K_Q=\frac{Q_1}{Q_0}$	$K_P=\frac{P_1}{P_0}$
甲	双	2 000	3 000	40	42	1.50	1.05
乙	件	3 500	3 100	50	60	0.86	1.20
丙	顶	2 000	2 500	10	15	1.25	1.50
合计	—	—	—	—	—	—	—

为了测定三种商品销售量的总变动，以商品价格如基期价格或报告期价格为同度量因素，可得两种不同的计算公式：

$$K_Q = \frac{\sum Q_1 P_0}{\sum Q_0 P_0}（拉斯贝尔物量指数） \tag{6-6}$$

$$K_Q = \frac{\sum Q_1 P_1}{\sum Q_0 P_1}（派许物量指数） \tag{6-7}$$

在编制数量指标指数时，常用式(6-6)来编制物量指数。以基期价格为同度量因素编制数量指标指数，目的在于说明在价格水平不变的情况下，销售量的综合变动程度。

将表 6-1 的资料代入式(6-6)：

$$K_Q = \frac{\sum Q_1 P_0}{\sum Q_0 P_0} = \frac{3\ 000 \times 40 + 3\ 100 \times 50 + 2\ 500 \times 10}{2\ 000 \times 40 + 3\ 500 \times 50 + 2\ 000 \times 10}$$

$$= \frac{300\ 000}{275\ 000} = 1.091 \times 100\% = 109.1\%$$

$$\sum Q_1 P_0 - \sum Q_0 P_0 = 300\ 000 - 275\ 000 = 25\ 000（元）$$

计算结果表明，三种商品销售量平均上升 9.10%，由于销售量增长而增加的销售额为 2.5 万元。

（二）质量指标指数

质量指标指数，在产品成本指数、产品（或商品）价格指数等。现以物价指数为例来说明质量指标指数的基本公式。

物价指数要以商品销售量为同度量因素，或为基期销售量，或为报告期销售量，其计算公式可分为两种：

$$K_P = \frac{\sum P_1 Q_0}{\sum P_0 Q_0}（拉斯贝尔物价指数） \tag{6-8}$$

$$K_P = \frac{\sum P_1 Q_1}{\sum P_0 Q_1}（派许物价指数） \tag{6-9}$$

在编制物价指数时，常用式(6-9)。以报告期销售量为同度量因素的目的在于说明在报告期销售量条件下的价格综合变动程度。

下面用表 6-1 中的资料说明以报告期的销售量为同度量因素的物价指数的编制方法。

根据表 6-1 所给资料，按式(6-9)计算的商品销售量固定在报告期的物价指数为

$$K_P = \frac{\sum P_1 Q_1}{\sum P_0 Q_1} = \frac{3\ 000 \times 42 + 3\ 100 \times 60 + 2\ 500 \times 15}{3\ 000 \times 40 + 3\ 100 \times 50 + 2\ 500 \times 10}$$

$$= \frac{349\ 500}{300\ 000} = 1.165（或 116.5\%）$$

$$\sum P_1 Q_1 - \sum P_0 Q_1 = 349\ 500 - 300\ 000 = 49\ 500（元）$$

计算结果表明，三种商品价格报告期比基期提高 16.5%，随着价格的上升，居民在维持报告期生活水准的情况下，在该商店购物需要多支出 4.95 万元。

第三节　平均数指数

平均数指数，是对个体指数进行加权平均而求得的总指数。平均数指数也是编制总指数的一种重要形式，而且它本身具有独立的意义。我国农副产品收购价格指数和零售商品物价指数等都是采用平均数指数的形式计算的。

平均数指数的基本形式有两种：一种是加权算术平均数指数，另一种是调和平均数指数。

平均数指数与综合指数既有区别又有联系。二者的区别在于计算形式不同，二者的联系在于都是总指数的一种计算形式，在特定权数条件下，二者之间有变形关系，即平均数指数可以看做综合指数的一种变形形式。

一、加权算术平均数指数的编制

算术平均数指数，是计算出各种产品或商品数量指标或质量指标的个体指数后，用加权算术平均法加以综合汇总，即对个体指数进行加权平均计算的。用个体物价指数$\left(K_P=\frac{P_1}{P_0}\right)$或个体物量指数$\left(K_Q=\frac{Q_1}{Q_0}\right)$求加权算术平均数指数公式如下：

$$\text{加权算术平均数指数}=\frac{\sum K_Q Q_0 P_0}{\sum Q_0 P_0} \qquad (6\text{-}10)$$

上式中，Q_0P_0 表示基期总值指标，用基期总值加权计算的算术平均数指数是比较常用的算式。现举例如下（见表6-2）。

表6-2　某商店销售情况资料

商品名称	计算单位	基期销售额（元）Q_0P_0	个体销售量指数 $K_Q=\frac{Q_1}{Q_0}$	$K_QQ_0P_0$（元）
甲	双	80 000	1.500 0	120 000
乙	件	175 000	0.885 7	155 000
丙	顶	20 000	1.250 0	25 000
合计	—	275 000	—	300 000

$$\text{加权算术平均数的销售量指数}=\frac{\sum K_Q Q_0 P_0}{\sum Q_0 P_0}=\frac{300\ 000}{275\ 000}=109.1\%$$

计算结果表明，三种商品销售量报告期比基期综合提高了9.1%。

其计算结果与综合销售量指数的计算结果完全一致。这说明以算术平均数指数形式计算数量指标总指数时，在采用基期总值 Q_0P_0 为权数的特定条件下，其计算结果与物量指数相同。也只有在这种条件下，加权算术平均数指数才是数量指标综合指数的变形形式。因此,当我们掌握了各种数量指标个体指数和基期的总值 Q_0P_0 时,就可以运用加权算术平均数指数公式来计算数量指标总指数。

二、调和平均数指数的编制

调和平均数指数,是在计算各产品或商品数量指标或质量指标的个体指数的基础上,用加权调和平均法进行平均计算,多以报告期总值指标为权数,也有以基期总值指标为权数的。以报告期总值为权数的调和平均数指数计算公式如下:

$$\text{调和平均数指数} = \frac{\sum Q_1P_1}{\sum \frac{1}{K_P}Q_1P_1} \tag{6-11}$$

例题如表 6-3 所示。

表 6-3　某商店销售情况资料

商品名称	计量单位	报告期销售额 P_1Q_1(元)	个体价格指数 $K_P=\frac{P_1}{P_0}$	$\frac{1}{K_P}Q_1P_1$(元)
甲	双	126 000	1.05	120 000
乙	件	186 000	1.20	155 000
丙	顶	37 500	1.50	25 000
合计	—	349 500	—	300 000

三种商品加权调和价格指数:

$$\text{加权调和价格指数} = \frac{\sum Q_1P_1}{\sum \frac{1}{K_P}Q_1P_1} = \frac{349\ 500}{300\ 000} = 116.5\%$$

计算结果表明,三种商品价格报告期比基期上升 16.5%。

从上面可以看出,计算结果与综合价格指数完全一样。这说明,以调和平均数指数形式计算质量指标指数时,在采用报告期总值指标 Q_1P_1 为权数的特定条件下,它与综合质量指标指数计算结果相同,也只有在这种情况下,加权调和平均数指数才是质量指标指数,才是质量指标综合指数的变形形式。因此,当掌握了各种个体质量指标指数和报告期价值量资料时,就可以运用加权调和平均数指数公式计算质量指标总指数。

第四节　指数体系和因素分析法

一、指数体系的概念

指数体系是指三个或三个以上的有联系的经济指数之间如能构成一定的数量对等关系,就可以把这种经济上有联系、数量上保持一定关系的三个或三个以上的指数之间的客观联系称为指数体系。研究两因素指数要用三个指数,研究多因素指数要用三个以上的指数所形成的指数体系。指数体系一般保持两个对等关系,即总变动指数等于若干个因素的连乘积;实际发生的总差额等于若干因素影响差额之和。

就综合指数而言,三个指数之间形成的指数体系可以用公式表示如下:

$$\text{总产值指数} = \text{出厂价格指数} \times \text{产品产量指数}$$

$$\frac{\sum P_1Q_1}{\sum P_0Q_0} = \frac{\sum P_1Q_1}{\sum P_0Q_1} \times \frac{\sum P_0Q_1}{\sum P_0Q_0} \tag{6-12}$$

$$\text{生产支出总额指数} = \text{成本指数} \times \text{产品产量指数}$$

$$\frac{\sum Z_1Q_1}{\sum Z_0Q_0} = \frac{\sum Z_1Q_1}{\sum Z_0Q_1} \times \frac{\sum Q_1Z_0}{\sum Q_0Z_0} \tag{6-13}$$

$$\text{商品销售额指数} = \text{物价指数} \times \text{商品销售量指数}$$

$$\frac{\sum P_1Q_1}{\sum P_0Q_0} = \frac{\sum P_1Q_1}{\sum P_0Q_1} \times \frac{\sum Q_1P_0}{\sum Q_0P_0} \tag{6-14}$$

三个指数体系内部不仅存在如上述的指数之间的数量对等关系,而且各个指数所代表的绝对数额变动之间也存在一定的数量对等关系。分别表示如下:

$$\text{总产值增加额} = \text{由于出厂价格变动所产生的增加额} + \text{由于产品产量变动所产生的增加额}$$

$$\sum P_1Q_1 - \sum P_0Q_1 = \left(\sum P_1Q_1 - \sum P_0Q_1\right) + \left(\sum Q_1P_0 - \sum Q_0P_0\right) \tag{6-15}$$

$$\text{生产支出增加额} = \text{由于单位产品成本变动所产生的增加额} + \text{由于产品产量变动所产生的增加额}$$

$$\sum Z_1Q_1 - \sum Z_0Q_0 = \left(\sum Z_1Q_1 - \sum Z_0Q_1\right) + \left(\sum Z_0Q_1 - \sum Z_0Q_0\right) \tag{6-16}$$

$$\text{商品销售增加额} = \text{由于物价变动所产生的增加额} + \text{由于商品销售量变动所产生的增加额}$$

$$\sum P_1Q_1 - \sum P_0Q_1 = \left(\sum P_1Q_1 - \sum P_0Q_1\right) + \left(\sum Q_1P_0 - \sum Q_0P_0\right) \tag{6-17}$$

上述各式的增加额是代数增加额,可以为正,也可以为负。

四个指数所形成的指数体系,要按合理的顺序排列。一般是数量指标在前,质量指标在后;主要指标在前,次要指标在后。即要根据现象各因素之间的内在联系加以确定。在多因素分析中,为了测定某一因素的影响,要把其他因素加以固定。现举例如下:

$$\text{原材料支出总额指数} = \text{产量指数} \times \text{单耗指数} \times \text{原材料单价指数}$$

用符号表示为:

$$\frac{\sum Q_1M_1P_1}{\sum Q_0M_0P_0} = \frac{\sum Q_1M_0P_0}{\sum Q_0M_0P_0} \times \frac{\sum Q_1M_1P_0}{\sum Q_1M_0P_0} \times \frac{\sum Q_1M_1P_1}{\sum Q_1M_1P_0} \tag{6-18}$$

Q、M、P 分别为产量、单耗、原材料单价，则工业产品原材料支出额为 QMP。

而绝对数额增减变动存在的数量对等关系用符号表示为：

$$\sum Q_1M_1P_1 - \sum Q_0M_0P_0 = (\sum Q_1M_0P_0 - \sum Q_0M_0P_0) + (\sum Q_1M_1P_0 - \sum Q_1M_0P_0) + (\sum Q_1M_1P_1 - \sum Q_1M_1P_0) \quad (6\text{-}19)$$

即　　原材料支出增加额＝由于产量变动所产生的增加额＋由于单耗变动所产生的增加额＋由于原材料单价变动所产生的增加额

在统计实践中，应用指数体系可以对社会经济现象的变动情况进行因素分析。

二、因素分析法

因素分析法是根据指数体系分析受多因素影响的社会经济现象的总变动中，各因素的影响方向和影响程度的方法。在总指数的编制中，某些社会经济现象客观上可以分解为两个或两个以上因素的组合，如产品产量、价格是产值的两个组成因素，产量、单耗、原材料单价是原材料费用支出总额的三个组成因素。因此，产值的变动受产量和价格变动两个因素的影响，而原材料费用支出总额受产量、单耗和原材料单价三个因素的影响。分析时，要固定其中一个或几个因素，观察另一个因素变动的程度，从而揭示出现象动态中的具体情况和变动原因。这种方法就是因素分析法。

指数因素分析法按经济现象分解因素的多少，分为两因素分析法和多因素分析法，而两因素分析法是因素分析中最常用和最基本方法。

（一）总量指标变动两因素分析

利用指数体系进行总量指标变动两因素分析时，要保持指数间的对等关系。在采用假定方法计算时，各因素指数的同度量因素必须配套，即在同度量因素选择的时间上要相互交叉。在我国统计实践中，一般采用如下公式：

$$\frac{\sum P_1Q_1}{\sum P_0Q_0} = \frac{\sum P_1Q_1}{\sum P_0Q_1} \times \frac{\sum Q_1P_0}{\sum Q_0P_0} \quad (6\text{-}20)$$

$$\sum P_1Q_1 - \sum P_0Q_0 = (\sum P_1Q_1 - \sum P_0Q_1) + (\sum Q_1P_0 - \sum Q_0P_0) \quad (6\text{-}21)$$

即数量指标指数要采用基期的质量指标做同度量因素，而质量指标指数采用报告期的数量指标做同度量因素，从而使指数体系成立。现举例如下（见表6-4）。

表6-4　某商店商品数量、价格及销售额

商品名称	计量单位	数量		价格（元）		销售额（元）		
		Q_0	Q_1	P_0	P_1	P_0Q_0	P_1Q_1	P_0Q_1
甲	匹	1 000	1 150	100	100	100 000	115 000	115 000
乙	吨	2 000	2 200	50	55	100 000	121 000	110 000
丙	件	3 000	3 150	20	25	60 000	78 750	63 000
合计	—	—	—	—	—	260 000	314 750	288 000

根据上述资料对总量指标进行两因素分析。

(1)总量指标指数：

$$K_{QP}=\frac{\sum P_1Q_1}{\sum P_0Q_0}=\frac{314\ 750}{260\ 000}=1.210\ 6\times 100\%=121.06\%$$

$$\sum P_1Q_1-\sum P_0Q_0=314\ 750-260\ 000=54\ 750(\text{元})$$

$$=5.475\text{ 万元}$$

(2)数量指标指数：

$$K_Q=\frac{\sum P_0Q_1}{\sum P_0Q_0}=\frac{288\ 000}{260\ 000}=1.107\ 7\times 100\%=110.77\%$$

$$\sum P_0Q_1-\sum P_0Q_0=288\ 000-260\ 000=28\ 000(\text{元})$$

$$=2.8\text{ 万元}$$

(3)质量指标指数：

$$K_P=\frac{\sum P_1Q_1}{\sum P_0Q_1}=\frac{314\ 750}{288\ 000}=1.092\ 9\times 100\%=109.29\%$$

$$\sum P_1Q_1-\sum P_0Q_1=314\ 750-288\ 000=26\ 750(\text{元})$$

$$=2.765\text{ 万元}$$

三个指数之间的关系如下：

相对数关系：121.06% =110.77% ×109.29%

绝对数关系：5.475(万元) =2.8(万元) +2.675(万元)

计算结果表明，该商店三种商品的销售额报告期比基期增长21.06%，是由于销售量增长10.77%、商品价格上升9.29%共同影响的结果。商品销售额增加5.475万元，是由于销售量变动使之增加2.8万元，价格变动使之增加2.675万元共同影响的结果。

(二)总量指标变动多因素分析

总量指标变动多因素分析，是指用多因素现象的指数体系进行分析。就其分析的对象和目的来说，与总量指标两因素分析是相同的，所不同的是，现象变动受三个或三个以上因素的影响。

在对多因素现象的变动进行因素分析时，同样要保持多因素指数体系中的配套和数量对等关系。现以工业产品原材料支出总额分解为三个因素的资料为例来说明总量指标变动多因素分析法(见表6-5)。

$$\text{原材料支出总额指数}=\frac{\sum Q_1M_1P_1}{\sum Q_0M_0P_0}=\frac{249.80}{230.40}=108.42\%$$

该企业生产两种产品所支付的原材料总额的变动绝对额为：

$$\sum Q_1M_1P_1-\sum Q_0M_0P_0=249.80-230.40=19.40(\text{万元})$$

表 6-5　某企业原材料支出情况资料

产品	产量（件）		原材料单位产品消耗量（kg/件）		原材料单价（元/kg）		原材料支出总额（万元）			
	基期 Q_0	报告期 Q_1	基期 M_0	报告期 M_1	基期 P_0	报告期 P_1	$Q_0M_0P_0$	$Q_1M_0P_0$	$Q_1M_1P_0$	$Q_1M_1P_1$
甲	800	840	36	33	30	31	86.40	90.70	83.16	85.93
乙	1 200	1 440	30	28	30	31	108.00	129.60	120.96	124.99
丙	1 200	1 440	12	10	25	27	36.00	43.20	36.00	38.88
合计	—	—	—	—	—	—	230.40	263.52	240.12	249.80

分解计算三个因素指数：

$$\text{产量指数} = \frac{\sum Q_1M_0P_0}{\sum Q_0M_0P_0} = \frac{263.52}{230.40} = 114.38\%$$

产量增加影响原材料支出的增加额：

$$\sum Q_1M_0P_0 - \sum Q_0M_0P_0 = 263.52 - 230.40 = 33.12(\text{万元})$$

$$\text{单耗指数} = \frac{\sum Q_1M_1P_0}{\sum Q_1M_0P_0} = \frac{240.12}{263.52} = 91.12\%$$

单耗降低影响原材料支出的减少额

$$\sum Q_1M_1P_0 - \sum Q_1M_0P_0 = 240.12 - 263.52 = -23.40(\text{万元})$$

$$\text{原材料价格指数} = \frac{\sum Q_1M_1P_1}{\sum Q_1M_1P_0} = \frac{249.80}{240.12} = 104.03\%$$

原材料价格上升影响原材料支出增加额：

$$\sum Q_1M_1P_1 - \sum Q_1M_1P_0 = 249.80 - 240.12 = 9.68(\text{万元})$$

以上三个因素指数所组成的指数体系，反映它们的变动方向和程度，对企业原材料支付总额的变动影响关系如下：

$108.42\% = 114.38\% \times 91.12\% \times 104.03\%$

三个因素影响绝对值的变动对原材料支出总额变动关系如下：

19.40（万元）=33.12（万元）+（−23.40 万元）+9.68（万元）

第五节　平均指标指数

一、平均指标指数的意义

平均指标指数，是用两个不同时期的同一经济量的平均指标值对比而形成的指数，以反映某种经济量的变动程度。这种由两个平均指标值对比形成的指数称为平均数指数。它的一般公式可以表示如下：

$$K = \frac{\bar{x}_1}{\bar{x}_0} \tag{6-22}$$

式中，$\bar{x}_1$ 为报告期某一经济量的平均数；$\bar{x}_0$ 为基期某一经济量的平均数。

常见的平均指标指数有平均单位成本指数、平均工资指数、平均劳动生产率指数等。

以平均工资指数为例，对平均指标指数的特点进行考察。

平均工资指数公式如下：

$$K = \frac{\bar{x}_1}{\bar{x}_0} = \frac{\dfrac{\sum x_1 f_1}{\sum f_1}}{\dfrac{\sum x_0 f_0}{\sum f_0}} \tag{6-23}$$

式中，$\bar{x}_1$ 为报告期平均工资；$\bar{x}_0$ 为基期平均工资；$\sum x_1 f_1$ 为报告期工资总额，即报告期各级平均工资乘各级工人数之和；$\sum f_1$ 为报告期各级工人数之和；$\sum x_0 f_0$ 为基期工资总额，即基期各级平均工资乘各级工人数之和；$\sum f_0$ 为基期各级工人之和。

从上述公式可以看出，它是两个不同时期平均工资之比。

这个平均工资指数可以改写为如下公式：

$$K = \frac{\sum x_1 \dfrac{f_1}{\sum f_1}}{\sum x_0 \dfrac{f_0}{\sum f_0}} \tag{6-24}$$

从上式可以看出：在分组条件下，平均工资指数反映两个因素的变动的影响，即各级工人工资水平变动的影响和各级工人数在全部工人总数中所占比重变动的影响。因此，考察两个因素对平均指标变动的影响方向和影响程度，就可以采用平均指标指数两因素分析法。

二、平均指标指数两因素分析

应该强调，平均指标变动的因素分析，必须与科学的分组方案密切配合，只有依据分析的任务要求，正确地选择分组标志对现象总体进行分组，分析结构变动的影响才有现实意义。

平均指标指数两因素分析要计算可变组成指数、固定组成指数和结构影响指数。

(一)可变组成指数

可变组成指数又称可变构成指数，简称可变指数。统计中把反映平均指标变动程度的指数叫做可变组成指数。这种指数既反映总体各单位或各组水平的变动，也反映总体结构变动的影响。总之，这个总平均指数是两个时期平均指标对比关系的指数。如工人平均工资可变组成指数、劳动生产率可变组成指数，其计算公式如下：

$$\text{平均工资可变组成指数} = \bar{K} = \frac{\bar{x}_1}{\bar{x}_0} = \frac{\sum x_1 f_1}{\sum f_1} \Big/ \frac{\sum x_0 f_0}{\sum f_0}$$

$$= \frac{\sum x_1 \dfrac{f_1}{\sum f_1}}{\sum x_0 \dfrac{f_0}{\sum f_0}} \tag{6-25}$$

$$\text{劳动生产率可变组成指数} = \bar{K} = \frac{\bar{Q}_1}{\bar{Q}_0} = \frac{\sum Q_1 T_1}{\sum T_1} \Big/ \frac{\sum Q_0 T_0}{\sum T_0}$$

$$= \frac{\sum Q_1 \dfrac{T_1}{\sum T_1}}{\sum Q_0 \dfrac{T_0}{\sum T_0}} \tag{6-26}$$

上两式中，$\bar{Q}$、$\bar{Q}_0$ 分别为报告期和基期的劳动生产率总的平均水平；Q_1、Q_0 分别为报告期和基期各组劳动生产率水平；T_1、T_0 分别为报告期和基期各组职工人数；$\frac{T_1}{\sum T_1}$ $\frac{T_0}{\sum T_0}$ 分别为报告期和基期各组人员占总体人员比重，即人员结构。

可变指数分子与分母的差$\left(\text{即}\frac{\sum x_1 f_1}{\sum f_1} - \frac{\sum x_0 f_0}{\sum f_0}\right)$，表示总体平均数增减变动的绝对差额。

（二）固定组成指数

固定组成指数又叫固定结构指数。固定组成指数是将总体各组的人员结构固定在报告期，以消除人员结构变动的影响，只反映各组变量值或各级水平变动的影响，这种人员结构固定的总平均指数称为固定组成指数。如平均工资固定组成指数，其计算公式如下：

$$\text{平均工资固定组成指数} = \frac{\sum x_1 f_1}{\sum f_1} \Big/ \frac{\sum x_0 f_1}{\sum f_1} \tag{6-27}$$

显然，固定组成指数是在可变指数的基础上，把作为权数的总体结构固定在报告期，表明在没有结构变动影响的条件下，总体内各标志值或各组水平的变动方向和变动程度，以及对总平均数的影响。

两个平均数的差数$\left(\frac{\sum x_1 f_1}{\sum f_1} - \frac{\sum x_0 f_1}{\sum f_1}\right)$，即对总平均数变动的实际影响额。

（三）结构影响指数

结构影响指数，就是结构变动影响指数。结构影响指数是在总体平均水平的变动中将各组水平固定在基期上，只反映总体结构影响的总平均指数，称为结构影响指数。其计算公式如下：

$$\text{平均工资结构影响指数} = \frac{\sum x_0 f_1}{\sum f_1} \Big/ \frac{\sum x_0 f_0}{\sum f_0} \tag{6-28}$$

这个指数表明，当各组水平固定在基期时，由于总体结构的变动，对总体平均数变动的影响方向和影响程度。

两个平均数的差数$\left(\frac{\sum x_0 f_1}{\sum f_1} - \frac{\sum x_0 f_0}{\sum f_0}\right)$，是对总平均数变动的实际影响额。

三个指数的关系为：

平均指标的可变组成指数 = 平均指标的固定组成指数 × 平均指标的结构影响指数

三个指数的关系用字母表示为：

$$\frac{\sum x_1 f_1}{\sum f_1} \Big/ \frac{\sum x_0 f_0}{\sum f_0} = \left(\frac{\sum x_1 f_1}{\sum f_1} \Big/ \frac{\sum x_0 f_1}{\sum f_1}\right) \times \left(\frac{\sum x_0 f_1}{\sum f_1} \Big/ \frac{\sum x_0 f_0}{\sum f_0}\right) \tag{6-29}$$

三个指数的绝对数关系用字母表示为：

$$\frac{\sum x_1 f_1}{\sum f_1} - \frac{\sum x_0 f_0}{\sum f_0} = \left(\frac{\sum x_1 f_1}{\sum f_1} - \frac{\sum x_0 f_1}{\sum f_1}\right) \times \left(\frac{\sum x_0 f_1}{\sum f_1} - \frac{\sum x_0 f_0}{\sum f_0}\right) \tag{6-30}$$

上面三个指数的关系称为平均指数体系。

下面以平均工资指数为例，说明平均指标指数两因素分析（见表6-6）。

表6-6　某企业工人数及月工资资料

工人分组	工人数（人）		月工资水平（元/人）		工资总额（元）		
	f_0	f_1	x_0	x_1	$x_0 f_0$	$x_1 f_1$	$x_0 f_1$
技术工	400	700	600	650	240 000	455 000	420 000
辅助工	300	320	500	550	150 000	176 000	160 000
合计	700	1 020	557.14	631	390 000	631 000	580 000

(1) $$\text{平均工资可变组成指数} = \frac{\bar{x}_1}{\bar{x}_0} = \frac{\sum x_1 f_1}{\sum f_1} \Big/ \frac{\sum x_0 f_0}{\sum f_0}$$

$$= \frac{631\ 000}{1\ 020} \Big/ \frac{390\ 000}{700}$$

$$=\frac{618.6}{557.1}=111\%$$

月平均工资增加额 $=\bar{x}_1-\bar{x}_0=618.6-557.1=61.5$（元/人）

计算结果表明，该企业工人总平均工资报告期比基期提高了11%，平均每人月工资增加61.5元/人。

(2) 平均工资固定结构指数 $=\frac{\sum x_1f_1}{\sum f_1}\Big/\frac{\sum x_0f_1}{\sum f_1}$

$$=\frac{6\ 310\ 000}{1\ 020}\Big/\frac{580\ 000}{1\ 020}$$

$$=\frac{618.6}{568.6}=108.79\%$$

计算结果表明，各组平均工资提高了8.79%。由于各组工人平均工资提高，使企业总平均工资增加的绝对额为：

$$\frac{\sum x_1f_1}{\sum f_1}-\frac{\sum x_0f_1}{\sum f_1}=618.6-568.6=50\text{（元/人）}$$

(3) 平均工资结构影响指数 $=\frac{\sum x_0f_1}{\sum f_1}\Big/\frac{\sum x_0f_0}{\sum f_0}$

$$=\frac{580\ 000}{1\ 020}\Big/\frac{390\ 000}{700}$$

$$=\frac{568.6}{557.1}=102\%$$

计算结果表明，由于工人数结构变动使平均工资上升2%，由于工人结构变动使企业总平均工资增加的绝对额为：

$$\frac{\sum x_0f_1}{\sum f_1}-\frac{\sum x_0f_0}{\sum f_0}=568.6-557.1=11.5\text{（元/人）}$$

三个指数之间的联系为：

$$111\%=108.79\%\times102\%$$

绝对数之间的联系为：

$$61.5\text{（元/人）}=50\text{（元/人）}+11.5\text{（元/人）}$$

如果在计算了三个综合指数之后，没有进行分析，也可在全部计算完之后，进行综合分析。如：

计算结果表明，该厂工人的总平均工资报告期比基期提高了11%，这是由于各组平均工资提高8.79%和工人数结构变动使平均工资提高2%综合影响的结果。从绝对数看，总平均工资增加61.5元，是由于组平均工资变动使之增加50元，工人结构变动使之增加11.5元共同影响的结果。

本章知识结构图如下：

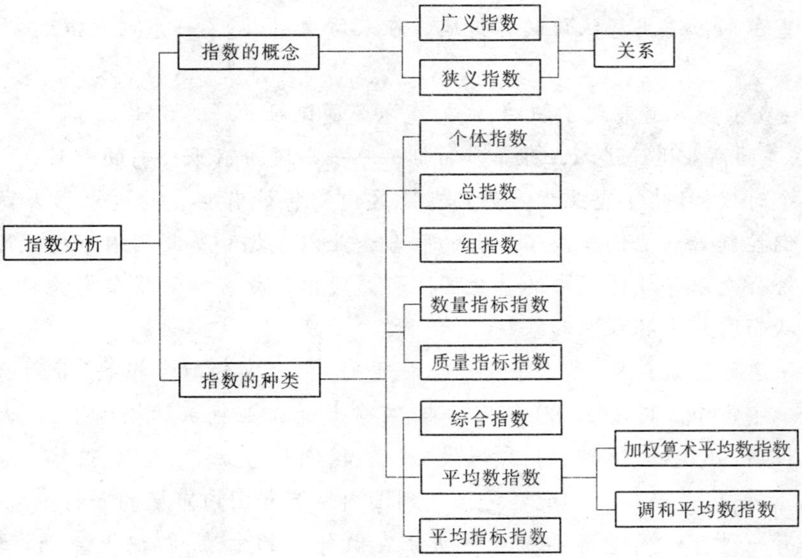

阅读材料 1

分析报告之父——查尔斯·道的故事

查尔斯·道，1851 年 11 月 6 日出生在康涅狄格州斯特灵的一个农场里。在他 6 岁时，父亲就去世了。此后的很多年里，他一直在自家的农场里帮助母亲从事艰苦的劳动。大概十三四岁时，他离开了农场，后来还从事过 20 种不同的工作以赡养母亲。长期的艰苦生活磨炼了查尔斯·道的意志，使他变得成熟坚韧、谦虚谨慎，更难能可贵的是，他始终怀有自己的理想，从未放弃过努力。虽然只上过小学，但是查尔斯·道的最大梦想却是当一名记者。

1872 年，通过一个偶然的机会，21 岁的查尔斯·道加入马萨诸塞州斯普灵菲尔德的《共和党人报》，真正成为了一名记者。这家报纸在当时的美国有着很好的声誉，而报社著名编辑赛缪·保尔斯更是业界的佼佼者。此后 3 年时间里，在保尔斯的训练指导下，他学会了很多有用的写作技巧，为他后来开创自己的事业打下了坚实的基础。

1875 年查尔斯·道离开了斯普灵菲尔德，来到罗得岛州的普罗文顿斯，加入《普罗文顿斯晨星和晚报》报社工作。两年后，这家报社停业了。于是他就转到了《普罗文顿斯日报》。查尔斯·道很快就融入了新环境，干得得心应手，也越来越自信。在这里查尔斯·道遇到了他未来的合作伙伴——爱德华·戴维斯·琼斯。

当时的琼斯年仅 20 岁，刚刚走出伍斯特专科学校的大门，即将步入布朗大学继续深造。年轻气盛的琼斯思维活跃，有人形容其就像一匹神经紧张的烈马，脾气暴躁，却拥有闪电一样的思维。查尔斯·道非常尊敬琼斯受过的教育，也非常欣赏琼斯的才华和抱负；而琼斯则很敬佩查尔斯·道谦逊踏实的工作作风，所以他们很快便成为了朋友。

在《普罗文顿斯日报》,查尔斯·道第一次开始接触财经方面的新闻写作。1879 年,他被选中跟随一些金融资本家去科罗拉多州的里德维尔做市场调研。这个喧闹的西部小矿城便成了查尔斯·道思想认识的转折地。在采访中,他写了一系列的报道文章,取得了巨大的成功。

1879 年,查尔斯·道来到了纽约,成为克尔曼通讯社的一名记者。

内战后,美国商业迅速进入工业革命时期——一个股份有限公司的新时代。查尔斯·道成长于这个时代,目睹了企业生产产品在地区内销售被有实力的追求巨大商业利润的工业资本家们控制着。他们组成了庞大的联合企业以发掘和垄断国内市场。他们也把企业的股份卖给公众以寻找传说中的黄金国。可是股票价格经常被华尔街的联合投资者们控制、垄断,从而引起它的暴涨和暴跌。

查尔斯·道已经认识到,急需一个组织把更好的、可靠的财务报告,带到这个在混乱中成长的金融宇宙中。19 世纪 80 年代后期,在贪婪的工业巨头的操纵下,庞大的具有垄断性质的托拉斯,在钢铁、制铜、制铝、煤炭,玻璃、糖酒等行业中产生。虽然当时的公司几乎都是本地公司,但是查尔斯·道还是预见到国内经济和国内市场的一种抽象的概念,而且还预测到有一种可以衡量那些工业巨头正在做什么的方法,即把握金融市场总趋势。他认为这才是最有价值的信息,也正是当时的华尔街和金融市场所缺少的。

这时,完成学业的琼斯来到他身边。他们开始着手筹划自己的公司。1882 年 11 月,道－琼斯公司成立了,在华尔街 15 号一个狭小的办公室里开始了他们的股票信息服务业务。公司里只有一台打字机和一部电话。1882 年底,道－琼斯公司出版了一份只有两页的晚报。他们把华尔街的金融信息手写在劣质的纸张上,并复抄了 24 份,定名为《顾客晚报》,还雇人帮着分发。报纸迅速取得了成功。华尔街认识到查尔斯·道这个安静的总是记下看到的所有事情的人,在用毫不夸张的语言发布着极为精确的信息。通过对股票收盘价的研究,查尔斯·道发现可以发明一个反映市场总体走势的"晴雨表",即股票平均指数。1884 年 7 月 3 日,他在《顾客晚报》上首次刊登了一项包含 11 种股票的指数,其中包括 9 家铁路公司和两家汽轮公司股票的平均价格,又被称做"铁路平均指数"。道琼斯指数一经推出,就迅速被华尔街所接受。它使股票市场改变了以往的面貌,缓解了华尔街股票交易面对的迷茫困境,给人们带来一盏指路的明灯。

1889 年,道－琼斯公司开始着手进行报纸的改版工作。7 月 8 日,《华尔街日报》问世了,查尔斯·道成为第一任主编。报纸的核心内容一直都是他的具有开创性的指数。他的发明对华尔街的影响十分深刻,金融家和投机者们已经离不开这些数字了。100 年后,查尔斯·道提出的平均指数以及登载它的《华尔街日报》,不但影响到华尔街,而且还影响了全世界。由于《华尔街日报》发展非常迅速,道－琼斯公司也有了一个比以前大得多的办公室。查尔斯·道没有满足于已有的成绩。经过几年反复不断的研究,他总结出了众所周知的"道氏理论",又发明了"工业平均指数",即当时被认为投机性最强的 12 家工业公司股票的平均收盘价,并于 1896 年 5 月 26 日首次在《华尔街日报》上发表。从此之后,"道琼斯工业平均指数"与"铁路平均指数"(现称为运输平均指数)一起刊登在每一期《华尔街日报》上,直至今天。查尔斯·道因为是第一个真正研究股票交易并且找到其内在因素的人，而被称为“分析报告之父”。

1902 年 3 月 14 日，道－琼斯公司以 13 万美元的价格，卖给了波士顿和费城新闻出版社的拥有者克拉伦斯·沃克尔·拜伦。拜伦是个工作狂，与他同样能干的妻子杰茜成为董事会的主席，并负责公司的日常管理工作。这年的 12 月 4 日，51 岁的查尔斯·道在布鲁吉村的家中平静地离开了人世，但是，他给华尔街、给美国留下了一份丰厚的遗产，那就是道琼斯指数和《华尔街日报》。

拜伦一家把《华尔街日报》带进了新世纪。当时报纸的发行量达到 7 000 份，而到 1920 年时，报纸的发行量已经达到 18 750 份。拜伦引进了现代的印刷设备，同时对公司内部新闻部门也进行了改革，规模大大地扩张了。进入 20 世纪年代以来，每天印刷的报纸已经超过 5 万份。

经过 100 多年的不断拓展和很多优秀人才的努力，现在道－琼斯公司已是一个集商业新闻和金融信息服务为一体的国际集团，而《华尔街日报》则是美国发行量最大的报纸，拥有 170 多万的读者。它与一些世界著名报纸合办的专版，在这些报纸所覆盖的地区拥有 700 万读者。目前 30 个国家的 34 种报纸均附有《华尔街日报》财经专版。

对于金融世界、特别是投资股票的人们而言，道琼斯指数和《华尔街日报》就是他们的圣经。

1917 年美国介入第一次世界大战，这是对道琼斯指数的第一次考验。忧心忡忡的美国政府于 1914 年 7 月 30 日关闭了纽约股票交易所。但是无法自控的贸易商们转移到户外，在被称做“马路交易”的地方当街交易。股票交易所很快重新营业，并且创造了一个特例，即不管发生什么情况交易所永远开放。在被萧条严重破坏的 20 世纪 30 年代里，富兰克林·罗斯福总统认识到必须实施一些必要的控制，以避免市场再次遭到类似的毁灭性破坏。

残酷且耗资巨大的第二次世界大战造成了庞大的财政赤字，通过战争积聚起来的资金为商品的需求创造了条件。当战争结束时，道琼斯指数又恢复了元气。于是股票市场的交易又开始活跃了。1954 年，道琼斯指数反弹到了 381 点，甚至达到 1929 年以前的最高点。房子、汽车、宇宙飞船以及娱乐，这些消费使企业赚取利润。数以百万计的工人飞快地加入到日益壮大的中产阶级行列，产生了 20 世纪五六十年代的前所未有的繁荣景象以及对道琼斯指数的需求。正像查尔斯·道预言的那样，涌现出了一个被金融市场和生产同时驾驭的国家。

1972 年，道琼斯指数达到了 1 000 点，几乎每个上市公司都举行了庆祝会。道琼斯指数用了 76 年才达到 1 000 点，又用了 14 年达到 2 000 点之后，后来只用了 8 年就达到了 4 000点、5 000 点和 6 000 点。让人不可思议的是，近一个多世纪前查尔斯·道的一个念头，竟然成为今天生活的重要因素。

道琼斯指数这天才的发明，尽管人人都在费尽心机翘首以待，遗憾的是，永远没有人知道明天的股市。在这场变幻莫测而又引人入胜的游戏当中，赢家和输家都不是永恒的。看起来，只有道琼斯指数是永恒的！

（选自蓝天出版社《差距在哪里》　作者：杨　澜）

阅读材料 2

股神——巴菲特

沃伦·爱德华·巴菲特 1930 年 8 月 30 日出生在内布拉斯加州的奥马哈。他的父亲爱华德·巴菲特一直居住在奥马哈,是当地的证券经纪人和共和党议员。巴菲特在童年时代就对数字十分着迷,心算能力很强。巴菲特 8 岁时,便开始阅读他父亲的有关股票市场的书籍。巴菲特 11 岁时就在他父亲担任经纪人的公司开户。同年,他购买了他的第一只股票——市政服务公司优先股。巴菲特 16 岁高中毕业时,已经积攒了 6 000 美元。

本杰明·格雷厄姆的经典著作《理性投资者》有关证券投资的部分对巴菲特产生了深远的影响。格雷厄姆强调理解企业内在价值的重要性。他始终坚信:投资者只要能正确计算企业的内在价值并以低于企业内在价值的价格购入其股票就能发家致富。格雷厄姆的这种评估方法引起了巴菲特对数字的重视。

1956 年,凭着从格雷厄姆那里学来的投资知识以及亲友的金融背景,巴菲特开办了一家合伙投资公司。这时他只有 25 岁。

巴菲特的这家投资公司由 7 个合伙人组成,共出资 105 000 美元,巴菲特是总负责人,他自己仅投入 100 美元。此后的 13 年,在巴菲特的管理下,合伙公司的年均投资收益率达到了 29.5%。取得这样的成就相当不易。因为在这 13 年里,道琼斯工业指数下跌了 5 次,而巴菲特的合伙投资公司却是芝麻开花节节高,从来没有发生过衰退。

巴菲特向他的合伙人承诺说:"我们的投资是建立在股票内在价值基础上的,并不是随波逐流。"合伙公司"将尽力把长期资本损失(而不是随行逐市的短期损失)减少到最小"。合伙期间,巴菲特不仅采用少数股权方式进行投资,而且还通过股票的大量购买,控制了 7 个公众公司和私人公司。到 1965 年,合伙公司的资产达到 2 600 万美元。

1969 年,巴菲特决定结束投资合伙关系。他认为股票市场正处于高度投机的氛围之中,真正的价值在投资分析与决策中所起作用越来越小。投资者收回了自己的资本份额,然后各奔东西。有些投资者转投市政债券,有些则由巴菲特推荐给了一位基金管理人,剩下的其他一些成员,包括巴菲特本人在内,则把资产转至于 1962 年收购的贝克夏·哈斯维公司,形成了新的合伙关系。巴菲特在新的合伙公司中的股权增至 2 500 万美元,足以控制公司。在此后的 20 年里,巴菲特与贝克夏·哈斯维公司的财富双双飞涨。

巴菲特在贝克夏·哈斯维公司内部采用了一套基于工作业绩的奖励制度。奖励与公司规模、个人年龄或者公司的总体盈利水平无关。巴菲特认为,表现出色的部门和人员应该得到相应的奖励,无需理会公司股票价格是上涨还是下跌。公司经理人员的奖励应根据他们在自己的责任领域内是否成功地达到了目标。巴菲特并不采用分送认股权的奖励制度,而是在每年年底,向每个经理人员签发支票,有些支票的数额相当大。许多人用这笔奖金购买了贝克夏·哈斯维公司的股票,最终与公司股东共担风险。

巴菲特信奉本·格雷厄姆的理论,本·格雷厄姆告诉巴菲特,投资者与投机者最基本的区别在于他们对股票估价的态度。格雷厄姆指出,投机者往往企图预测股票价格变动并希望从中套利。相反,投资者却是寻求在合理的价位购买公司股票。格雷厄姆还告诉巴菲特,成功的投资者往往是那些个性稳定的人,投资者最大的敌人不是股票市场,而是他自己。即使投资者具有数学、财务、会计方面的高超能力,如果不能掌握自己的情绪,仍难以从投资行动中获益。巴菲特提醒他的股东，要想投资成功，就必须对企业具有良好的判断并使自己免受"市场先生"控制的情绪旋风之害，巴菲特自己常把格雷厄姆的比喻牢记在心中，以便使自己摆脱市场情绪的感染和左右。

格雷厄姆说："一个人离华尔街越远，对所谓股票市场预测与选择买卖时机的主张也就会越发怀疑。"因为奥马哈与纽约有一个较为适宜的距离，巴菲特对市场预测毫不相信也就不足为奇了。巴菲特不去预测短期的市场动向，也不相信任何其他人能够预测。他长期以来一直认为"股票预测的唯一价值是使财富的统计数字好看一些"。巴菲特不去预计在什么时间里市场行情会上升或下降。他的目标是适度的。他曾开玩笑说："我们只不过简单地尝试在别人贪婪时沮丧，而在别人沮丧时贪婪。"人们通常认为个人与大的机构投资者竞争时，处于不利的地位。巴菲特认为这种观点是错误的。按照巴菲特的说法，个人只有在迫不得已的时机卖出股票时才处于不利地位。巴菲特强调投资者必须为市场的变动做好财务与心理上的准备，必须料到普通股的价格是会波动的。如果你想投资股票市场，那么你必须具备眼见你所持有的股票价格跌了一半而不惊慌失措的能力。

巴菲特已经赢得了作为一个老练精明的投资者的声望。这是因为他往往在几乎整个华尔街仇恨或者漠视一个好企业的时候却购买它的股票。巴菲特 80 年代购买通用食品公司和可口可乐公司股票时，整个华尔街对此嗤之以鼻，很少有人认为购买这些公司股票有何令人激动之处。事实是当菲利普·莫里斯公司 1985 年收购通用食品公司时，巴菲特所持有的通用食品公司股票已经增值了三倍。而至贝克夏·哈斯维公司 1988 ~ 1989 年购买可口可乐公司股票以来，可口可乐公司的股价上涨了四倍。

在其他的案例中，巴菲特也表现出即使在金融恐慌期间，也不怕作出重大购买决策的胆识。巴菲特认为，"造成证券低价最普遍的原因是悲观主义，有时是弥漫全部的，有时又仅局限于一家公司或一个行业。我们希望在这样的环境下投资，不是因为我们喜欢悲观主义，而是我们喜欢由此而产生的价格，乐观主义是理性投资者的敌人"。

（选自百度网：名人知识库）

习 题

一、填空题

1. 从指数包括的范围不同，指数可分为______________和______________。

2. 指数的概念有__________和__________两种。总指数是指__________的指数。

3. 统计指数的主要作用是__________________。

4. 计算总指数时为了解决现象的量不能直接相加而使用的一个媒介因素是__________。

5. 同度量因素的作用是______________和______________。

6. 拉氏指数的同度量因素均固定在______________，派氏指数的同度量因素均固定在______________。

7. 指数体系是____________________________。

8. 平均指标指数是＿＿＿＿＿＿＿＿＿＿＿＿＿＿，它可分解为＿＿＿＿＿＿指数和＿＿＿＿＿＿指数。

二、单项选择题

1. 由两个总量指标对比形成的指数一般情况是(　　)。

①个体指数　　②综合指数

③可变指数　　④平均数指数

2. 由两个平均指标对比形成的指数一般情况是(　　)。

①个体指数　　②综合指数

③可变指数　　④平均数指数

3. 下列指数中，属于数量指数的是(　　)。

①物价指数　　②产量指数

③单位成本指数　　④劳动生产率指数

4. 综合指数是一种(　　)。

①个体指数　　②平均数指数

③简单指数　　④加权指数

5. 加权算术平均数指数可变形为综合指数所用的特定权数是(　　)。

①基期总额　　②报告期总额

③固定权数　　④假定期总额

6. 由三个指数组成的指数体系中，两个因素指数的同度量因素通常(　　)。

①均固定在基期　　②均固定在报告期

③固定在报告期和基期的中间时点　　④一个固定在基期，一个固定在报告期

7. 若企业产值增长 50%，价格增长 25%，则产量增长(　　)。

①25%　　②2%　　③75%　　④20%

8. 某地区居民，以同样多的人民币，2007 年比 2006 年少购买 15% 的商品，则该地的物价(　　)。

①上涨了 15%　　②下降了 15%

③上涨了 17.6%　　④上涨了 66.7%

9. 若职工平均工资增长 10.4%，固定构成工资指数增长 15%，则职工人数结构影响指数为(　　)。

①96%　　②126.96%　　③101.56%　　④125.4%

三、多项选择题

1. 下列属于质量指数的有(　　)。

①农产品产量指数　　②农产品价格指数

③商品批发价格指数　　④单位成本指数

2. 如果用 p 表示商品价格，用 q 表示商品零售量，则公式 $\sum p_1q_1 - \sum p_0q_1$ 的意义是(　　)。

①综合反映价格变动和销售量变动的绝对额

②综合反映多种商品价格变动而增减的销售额

③综合反映多种商品销售量变动的绝对额

④综合反映由于价格变动而使消费者增减的货币支出额

3. 下列属于拉氏指数的有(　　)。

① $\frac{\sum p_1q_0}{\sum p_0q_0}$　　② $\frac{\sum p_0q_1}{\sum p_0q_0}$　　③ $\frac{\sum p_1q_1}{\sum p_0q_1}$　　④ $\frac{\sum p_1q_1}{\sum p_1q_0}$

4. 将综合指数 $\frac{\sum p_1q_1}{\sum p_0q_1}$ 变为加权调和平均数指数时,必须掌握的资料是(　　)。

①综合指数的分子　　②综合指数的分母

③个体指数　　④ $\sum p_1q_0$

5. 平均数指数是(　　)。

①个体指数的加权平均数　　②类指数的加权平均数

③由两个平均数对比的指数　　④在一定权数下是综合指数的变形公式

6. 反映平均指标变动的指数是(　　)。

①可变构成指数　　②固定构成指数

③调和平均指数　　④算术平均指数

四、判断题

1. 综合指数是由两个综合指标对比形成的。(　　)

2. 广义的指数是指反映事物变动的各种相对数。(　　)

3. 平均数指数计算所用的资料,既可以是全面调查资料,也可以是由非全面调查得到的资料。(　　)

4. 某地区的物价指数为112%,表明用同样多的人民币比上年综合少购买12%的商品。(　　)

五、简答题

1. 简述统计指数种类。

2. 简述综合指数的编制原则。

3. 简述平均数指数和综合指数的关系。

4. 指数体系中指数之间的数量对等关系表现在哪两个方面?

5. 采用可变指数体系分析平均工资变动时,采用的三个平均指标指数各有什么含义?

六、计算题

1. 某地三种商品的价格和销售量资料如下:

商品名称	计量单位	价格(元)		销售量	
		基期	报告期	基期	报告期
甲	m	36	40	450	500
乙	个	57	52	500	600
丙	件	18	18	200	400

试计算：

①该地区三种商品的价格指数；

②该地区三种商品的销售量指数；

③该地区三种商品的销售额的变动进行因素分析。

2. 某商店三种商品的销售资料如下：

商品名称	销售额(万元)		今年销售量比去年增长(%)
	去年	今年	
甲	150	180	8
乙	200	240	5
丙	400	450	15

试计算：

①该商店三种商品销售量指数；

②该商店三种商品销售额和价格指数；

③对销售额的变动进行因素分析。

3. 三种商品报告期价格分别比基期上涨了5%、10%、2%，报告期三种商品销售额分别为300元、400元、250元。试问三种商品的综合物价指数为多少？

4. 甲、乙两企业生产同一品种的产品，其成本资料如下：

企业	单位成本(元)		产量比重(%)	
	基期	报告期	基期	报告期
甲	10	4.5	40	60
乙	5	9.5	60	40

试分析不同企业产量结构和单位成本水平的变动对两企业总平均单位成本变动的影响情况。

5. 某企业全员劳动生产率资料如下：

车间	平均职工人数(人)		全员劳动生产率(元/人)	
	一季度	二季度	一季度	二季度
甲	900	600	1 588	2 000
乙	1 000	1 400	2 909	3 429

试从相对数和绝对数两方面分析该企业全员劳动生产率二季度比一季度变动所受的因素影响。

第七章　抽样调查

教学目的和要求　通过本章的学习，要了解抽样调查的概念和作用；掌握各种抽样调查方法的概念和计算；熟练掌握抽样调查的区间估计方法；掌握样本容量的计算。

关键词　样本　等距抽样　简单纯随机抽样

引导案例

历史故事　黔之驴

黔中道这个地方原本没有驴子，有个喜好多事的人用船运载了一头驴进入黔地。运到后却没有什么用处，便把它放置在山下。老虎见到它，一看原来是个巨大的动物，把它当做神奇的东西。于是隐藏在树林中偷偷看它。老虎渐渐地走出来接近它，十分小心谨慎，不知道它是什么东西。

一天，驴子一声长鸣，老虎非常害怕，远远地逃走；认为驴子将要咬自己，非常恐惧。然而，老虎来来往往地观察它，觉得驴子好像没有什么特殊的本领似的，渐渐地习惯了它的叫声，又靠近它前前后后地走动，但老虎始终不敢和驴子搏击。慢慢地，老虎又靠近了驴子，态度更为随便，碰擦倚靠，冲撞冒犯它。驴非常愤怒，用蹄子踢老虎。老虎因此而欣喜，盘算此事，心想到："驴子的本领只不过如此罢了！"于是跳跃起来，大声吼叫，咬断驴子的喉咙，吃完了它的肉，才离去。

历史故事分析　贵州这个地方本没有毛驴，老虎对它知之甚少，所以不敢贸然行动。老虎只好先观察它，然后逐渐走近它，冲撞冒犯它，最后推测到毛驴的本事不过是吼叫两声，所以就进攻毛驴，并吃了它。

故事启示　由部分推断总体是抽样调查的重要内容，所以掌握抽样调查的知识非常重要。

第一节　抽样调查概述

一、抽样调查的概念

抽样调查是一种非全面调查，它是调查总体中的一部分单位，用这一部分单位的指标数值推断总体的指标数值的一种方法。

从总体中抽选一部分单位进行调查，可以有两种方法。一种是有意识地抽选，就是调查者根据自己对总体情况的了解和判断，有意识地选择若干个有代表性的单位来进行调查。另一种是随机抽选，即在抽选具体单位时，不掺杂调查者的主观判断，而是使总体中的每个单位都有同等的机会被抽到，这个抽选原则通常称为"随机原则"。在我国，只将按随机原则抽选单位的调查叫做抽样调查。

二、抽样调查的特点

(1)只抽取总体中的一部分单位进行调查。这是和全面调查的区别,全面调查要调查总体中所有的单位。

(2)用一部分单位的指标数值去推断总体的指标数值。这是和重点调查的区别。重点调查也是非全面调查,但是它的调查结果不用来推断总体的指标数值。

(3)抽选部分单位时要遵守随机原则。这是和典型调查的主要区别。典型调查的结果也可以用来推断总体的情况。但它不按照随机原则选择单位。

(4)抽样调查会产生抽样误差,抽样误差可以计算,并且可以加以控制。

三、抽样调查的作用

抽样调查是一种用途广泛的调查方法,是使用得很普遍的一种非全面调查方法,它的作用是:

(1)对于无限总体只能进行抽样调查,不可能进行全面调查。

(2)有些事物在测量或试验时有破坏性,不可能进行全面调查。例如灯泡耐用时间试验,电视机抗震能力试验,罐头食品的卫生检查,人体白血球数量的化验等,都是有破坏性的,都不可能进行全面调查,而只能使用抽样调查。

(3)有些总体从理论上讲可以进行全面调查,但实际上办不到。例如,了解某森林区有多少棵树,职工家庭生活状况如何等。从理论上讲这是些有限总体,可以进行全面调查,但实际上办不到,也不必要。对这类情况的了解要采用抽样调查方法。

(4)部分抽样调查资料不经推断可以代替全面资料。例如,物价指数、城乡人民生活水平调查等。

(5)和全面调查相比较,抽样调查能节省人力、费用和时间,而且比较灵活。

抽样调查的调查单位比全面调查少得多,因而既能节约又能比较快地得到调查的结果,这对许多工作都是很有利的。例如,农产量全面调查的统计数字要等收割完毕以后一段时间才能得到,而抽样调查的统计数字在收获的同时就可以得到,一般能早得到两个月左右,这对于安排农产品的收购、储存、运输,对安排生产、进出口等都是很有利的。

由于调查单位少,有时可以增加调查内容。因此,有的国家在人口普查的同时也进行人口抽样调查,一般项目通过普查取得资料,另一些项目则通过抽样调查取得资料。这样既可以节省调查费用和时间,又丰富了调查内容。

利用抽样推断的方法,可以对某种总体的假设进行检验,来判断这种假设的真伪,以决定取舍。例如,新教学法的采用,新工艺、新技术的改革,新医疗方法的使用等是否收到明显效果,需要对未知的或不完全知道的总体作出一些假设,然后利用抽样调查的方法,根据实验材料对所作的假设进行检验,作出判断。

随着抽样理论的发展,抽样技术的进步,抽样方法的完善和统计队伍业务水平的提高,抽样调查方法将在社会经济生活中得到愈加广泛的运用。

第二节　抽样调查基本理论

一、全及总体和抽样总体

在抽样调查中,有两种不同的总体即全及总体和抽样总体。

(一)全及总体(简称总体)

全及总体是指所要认识对象的全体。总体是由具有某种共同性质的许多单位组成的,因此总体也就是具有同一性质的许多单位的集合体。例如我们要研究某城市职工的生活水平,则该城市全部职工即构成全及总体。我们要研究某乡粮食单产水平,则该乡的全部粮食播种面积即是全及总体。

通常全及总体的单位数用大写的英文字母 N 来表示。作为全及总体,单位数 N 即使有限,但总是很大,大到几千、几万、几十万、几百万。例如人口总体、棉花纤维总体、粮食产量总体等。对无限总体的认识只能采用抽样的方法,而对于有限总体的认识,理论上虽可以应用全面调查来收集资料,但实际上往往由于不可能或不经济而借助抽样的方法以求得对有限总体的认识。

(二)抽样总体(简称样本)

抽样总体是从全及总体中随机抽取出来,代表全及总体部分单位的集合体。抽样总体的单位数通常用小写英文字母 n 表示,对于全及总体单位数 N 来说,n 是个很小的数,它可以是 N 的几十分之一、几百分之一、几千分之一、几万分之一。一般说来,样本单位数达到或超过 30 个称为大样本,而在 30 个以下称为小样本。社会经济现象的抽样调查多取大样本,而自然实验观察则多取小样本。以很小的样本来推断很大的总体,这是抽样调查的一个特点。

如果说全及总体是唯一确定的,那么抽样样本就完全不是这样。一个全及总体可能抽取很多个抽样总体,全部样本的可能数目和每一样本的容量有关,它也和随机抽样的方法有关。不同的样本容量和取样方法,样本的可能数目也有很大的差别。抽样本身是一种手段,目的在于对总体作出判断,因此样本容量要多大,要怎样取样,样本的数目可能有多少,它们的分布又怎样,这些都关系到对总体判断的准确程度,都需要加以认真研究。

二、全及指标和抽样指标

(一)全及指标

根据全及总体各个单位的标志值或标志特征计算的、反映总体某种属性的综合指标,称为全及指标。由于全及总体是唯一确定的,根据全及总体计算的全及指标也是唯一确定的。

不同性质的总体,需要计算不同的全及指标。对于变量总体,由于各单位的标志可以用数量来表示,所以可以计算总体平均数。

$$\overline{X} = \frac{\sum X}{N} \tag{7-1}$$

对于属性总体，由于各单位的标志不可能用数量来表示，只能用一定的文字加以描述，所以就应该计算结构相对指标，称为总体成数，用大写英文字母 P 表示。它说明总体中具有某种标志的单位数在总体中所占的比重。变量总体也可以计算成数，即总体单位数在所规定的某变量值以上或以下的比重，视同具有或不具有某种属性的单位数比重。

设总体 N 个单位中，有 N_1 个单位具有某种属性，N_0 个单位不具有某种属性，$N_1 + N_0 = N$，P 为总体中具有某种属性的单位数所占的比重，Q 为不具有某种属性的单位数所占的比重，则总体成数为：

$$P = \frac{N_1}{N} \tag{7-2}$$

$$Q = \frac{N_0}{N} = \frac{N - N_1}{N} = 1 - P \tag{7-3}$$

此外，全及指标还有总体标准差 σ 和总体方差 σ^2，它们都是测度总体标志值分散程度的指标。

$$\sigma^2 = \frac{\sum (X - \bar{X})^2}{N} \quad 即 \sigma = \sqrt{\frac{\sum (X - \bar{X})^2}{N}} \tag{7-4}$$

（二）抽样指标

由抽样总体各个标志值或标志特征计算的综合指标称为抽样指标。和全及指标相对应还有抽样平均数 $\bar{x}$、抽样成数 p、样本标准差 σ_i 和样本方差 ${\sigma_i}^2$ 等。$\bar{x}$ 和 p 用小写英文字母表示，以示区别。

$$\bar{x} = \frac{\sum x}{n} \tag{7-5}$$

设样本 n 个单位中有 n_1 个单位具有某种属性，n_0 个单位不具有某种属性，$n_1 + n_0 = n$，p 为样本中具有某种属性的单位数所占的比重，q 为不具有某种属性的单位数所占的比重，则抽样成数为：

$$p = \frac{n_1}{n} \tag{7-6}$$

$$q = \frac{n_0}{n} = \frac{n - n_1}{n} = 1 - p \tag{7-7}$$

样本的方差和样本标准差分别为：

$${\sigma_i}^2 = \frac{\sum (x - \bar{x})^2}{n} \quad 即 \sigma_i = \sqrt{\frac{\sum (x - \bar{x})^2}{n}} \tag{7-8}$$

由于一个全及总体可以抽取许多个样本，样本不同，抽样指标的数值也就不同，所以抽样指标的数值不是唯一确定的。实际上抽样指标是样本变量的函数，它本身也是随机变量。

三、抽样方法和样本可能数目

样本的可能数目既和每个样本的容量有关，也和抽样的方法有关。当样本容量为既定时,则样本的可能数目便决定于抽样的方法。抽样方法不同又可以从取样方式不同和对样本的要求不同等方面来研究。

根据取样的方式不同,抽样方式可分为重复抽样和不重复抽样两种。

重复抽样的方法是这样来安排的:从总体 N 个单位中要随机抽取一个容量为 n 个样本,每次从总体中抽取一个,把它看做一次试验,连续进行 n 次试验构成一个样本。每次抽出一个单位把结果登记下来又放回,重新参加下一次的抽选。因此,重复抽样的样本是由 n 次相互独立的连续试验所组成的。每次试验是在完全相同的条件下进行的。每个单位中选或不中选机会在每次都完全一样。

不重复抽样的方法是这样安排的,从总体 N 个单位中要抽取一个容量为 n 个样本,每次从总体中抽取一个,连续进行 n 次抽选,构成一个样本。但每次抽选一个单位就不再放回参加下一次的抽选,因此不重复抽样有这些特点:样本由 n 次连续抽选的结果组成,实质上等于一次同时从总体中抽 n 个组成一个样本。连续 n 次抽选的结果不是相互独立的,第一次抽选的结果影响下一次抽样,每抽一次总体的单位数就少一个,因此每个单位的中选或不中选机会在各次是不同的。

根据对样本的要求不同,抽样方法又有考虑顺序抽样和不考虑顺序抽样两种。

考虑顺序抽样,即从总体 N 个单位中抽取 n 个单位构成样本,不但要考虑样本各单位的不同性质,而且还考虑不同性质各单位的中选顺序。相同构成成分的单位,由于顺序不同,也作为不同样本。例如,从 1、2、3 三个数码中取两个数码排成一个两位数,显然十位数取 1、个位数取 2 和十位数取 2、个位数取 1 是完全不同的,因为前者构成 12,而后者构成 21,有完全不同的意义。应该视为两种不同的样本。

不考虑顺序抽样,即从总体 N 个单位中抽取 n 个单位构成样本。只考虑样本各单位的组成成分如何,而不问单位的抽选顺序。如果样本的成分相同,不论顺序有什么不同,都作为一种样本。例如从三个产品中抽取两个进行质量检验,第 1 个选 1 号产品、第 2 个选 2 号产品组成一组,和第 1 个选 2 号产品、第 2 个选 1 号产品组成一组是没有什么差别的。

以上抽样方法两种分类还存在交叉情况,因而有考虑顺序的不重复抽样数目、考虑顺序的重复抽样数目、不考虑顺序的不重复抽样数目和不考虑顺序的重复抽样数目等四种。

(一)考虑顺序的不重复抽样数目

即通常所说的不重复排列数。一般地说,从总体 N 个不同单位每次抽取 n 个不重复的排列,组成样本的可能数目记作 A_N^n 由下列公式计算:

$$A_N^n = N(N-1)(N-2)\cdots(N-n+1) = \frac{N!}{(N-n)!} \tag{7-9}$$

(二)考虑顺序的重复抽样数目

即通常所说的可重复排列数。一般地说,从总体 N 个不同单位每次抽取 n 个允许重复的排列,组成样本的可能数目记作 B_N^n,由下列公式计算:

$$B_N^n = N^n \tag{7-10}$$

(三)不考虑顺序的不重复抽样数目

即通常所说的不重复组合数。一般地说,从总体 N 个不同单位每次抽取 n 个不重复的组合，组成样本的可能数目记作 C_N^n，由下列公式计算：

$$C_N^n = \frac{N(N-1)(N-2)\cdots(N-n+1)}{n!} = \frac{N!}{n!(N-n)!} \tag{7-11}$$

（四）不考虑顺序的重复抽样数目

即通常所说的可重复组合数。一般地说，从 N 个不同单位抽取 n 个允许重复的组合记作 D_N^n，它等于 $N+n-1$ 个不同单位每次抽取 n 个不重复组合，亦即：

$$D_N^n = C_{N+n-1}^n \tag{7-12}$$

应用以上公式，首先应该注意分析样本的要求，采用恰当的抽样方法，针对提出的问题确定样本的数目，有时还需要多种方法结合起来应用。

四、抽样推断的理论基础

就数量关系来说，抽样推断是建立在概率论的大数法则基础上，大数法则的一系列定理为抽样推断提供了数学依据。

大数法则是关于大量的随机现象具有稳定性质的法则。它说明如果被研究的总体是由大量的相互独立的随机因素所构成，而且每个因素对总体的影响都相对较小，那么对这些大量因素加以综合平均的结果，因素的个别影响将相互抵消，而显现出它们共同作用的倾向，使总体具有稳定的性质。

具体地说，大数法则的意义可以归纳为如下几个方面：

（1）现象的某种总体规律性，只有当具有这种现象的足够多数的单位综合汇总在一起的时候，才能显示出来。因此，只有从大量现象的总体中，才能研究这些现象的规律性。

（2）现象的总体性规律，通常是以平均数的形式表现出来。

（3）当所研究的现象总体包含的单位越多，平均数也就越能够正确地反映出这些现象的规律性。

（4）各单位的共同倾向（这些表现为主要的基本的因素）决定着平均数的水平，而各单位对平均数的离差（这些表现为次要的、偶然的因素）则会由于足够多数单位的综合汇总的结果，而相互抵消，趋于消失。

联系到抽样推断来看，大数法则证明：如果随机变量总体存在着有限的平均数和方差，则对于充分大的抽样单位数 n，可以几乎趋近于 1 的概率，来期望抽样平均数与总体平均数的绝对离差为任意小，即对于任意的正数 α 有：

$$\lim_{n\to\infty} P(|\overline{x_i} - \overline{X}| < \alpha) = 1 \tag{7-13}$$

式中，$\overline{x_i}$ 为抽样平均数；$\overline{X}$ 为总体平均数；n 为抽样单位数。

这从理论上揭示了样本和总体之间的内在联系，即随着抽样单位数 n 的增加，抽样平均数 $\bar{x}$ 有接近于总体平均数 $\overline{X}$ 的趋势，或者说，抽样平均数 $\bar{x}$ 在概率上收敛于总体平均数 $\overline{X}$。

大数法则论证了抽样平均数趋近于总体平均数的趋势，这为抽样推断提供了重要的依据。但是，抽样平均数和总体平均数的离差究竟有多大？离差不超过一定范围的概率究竟有多少？这个离差的分布怎样？大数法则并没有给出什么信息。这个问题要利用另一重要定理，即中心极限定理来研究。中心极限定理是研究变量和的分布序列的极限原理。论证：如果总体变量存在有限的平均数和方差，那么不论这个总体变量的分布如何，随着抽样单位数 n 的增加，抽样平均数的分布便趋近于正态分布。

这个结论对于抽样推断是十分重要的，因为在经济现象中变量和的分布是普遍存在的，例如城市用电量是千家万户用电量的总和，所以城市用电量分布可以视为各户用电量总和的分布。又如产品标准规格的偏差是由许多独立因素综合形成的，所以产品规格离差的分布可以视为许多独立因素之和的分布等。根据中心极限定理，我们有理由相信，这些分布都趋近于正态。也可以这样说，在现实生活中，一个随机变量服从于正态分布未必很多，但多个随机变量和的分布趋近于正态分布则是普遍存在的。抽样平均数也是一种随机变量和的分布，因此在抽样单位数 n 充分大的条件下，抽样平均数也趋近于正态分布，这为抽样误差的概率估计提供了一个极为有效而且方便的条件。

第三节　抽样平均误差

一、抽样误差的概念

抽样误差是指样本指标和总体指标之间数量上的差别，以数学符号表示：$|\bar{x}-\bar{X}|$；$|p-P|$。抽样调查是用样本指标推断总体指标的一种调查方法，而推断的根据就是抽样误差。因此，怎样计算、使用和控制抽样误差是抽样调查的重要问题。为此，首先要把抽样误差的概念搞清楚。理解抽样误差可以从下面两方面着手：

第一，抽样误差是指由于抽样的随机性而产生的那一部分代表性误差，不包括登记误差，也不包括可能发生的偏差。

代表性误差也有两种：一种是偏差，是指破坏了抽样的随机原则而产生的误差，如抽选到一个单位后，调查者认为它偏低或偏高，把它剔除掉产生的偏差。这种偏差在进行抽样调查时应该设法避免，它不包括在抽样误差这个概念之内。另一种是指遵守了随机原则但可能抽到各种不同的样本而产生的误差。这种误差是必然会产生的，但可以对它进行计算，并设法加以控制，抽样误差就是指这种随机误差。

第二，随机误差有两种：实际误差和抽样平均误差。实际误差是一个样本指标与总体指标之间的差别 $|\bar{x}-\bar{X}|$，$|p-P|$，这是无法知道的误差。抽样平均误差是指所有可能出现的样本指标的标准差，也可以说是所有可能出现的样本指标和总体指标的平均离差。抽样实际误差是无法知道的，而抽样平均误差是可以计算的。在讨论抽样误差时指的是抽样平均误差。

二、影响抽样平均误差的因素

为了计算和控制抽样平均误差，需要分析影响抽样平均误差的因素。抽样平均误差大小主要受以下三个因素的影响。

（一）全及总体标志的变动程度

全及总体标志的变动程度越大，抽样平均误差就越大；全及总体标志的变动程度越小，则抽样平均误差越小。两者成正比例关系。例如，总体各单位标志值都相等，即标准差为零时，那么抽样指标就等于全及指标，抽样平均误差也就不存在了。这时每个单位都可作代表，平均指标也无需计算了。

（二）抽样单位数的多少

在其他条件不变的情况下，抽取的单位数越多，抽样平均误差越小；样本单位数越少，抽样平均误差越大。抽样平均误差的大小和样本单位数成反比例关系。这是因为抽样单位数越多，样本单位数在全及总体中的比例越高，抽样总体会愈接近全及总体的基本特征，总体特征就愈能在抽样总体中得到真实反映，假定抽样单位数扩大到与总体单位数相等时，抽样调查就变成全面调查，抽样指标等于全及指标，实际上就不存在抽样误差。

（三）受抽样组织方式的不同影响

抽样平均误差除了受上述两个因素影响外，还受不同的抽样组织方式的影响。这部分将在以后章节讨论。

三、抽样平均误差的意义和计算方法

抽样平均误差就是抽样平均数（或抽样成数）的标准差。它反映抽样平均数（或抽样成数）与全及平均数（或全及成数）的平均误差程度。由于样本是按随机原则抽取的，从同一总体抽取同样单位数的样本可以有多种不同的取法。每个样本都有自己的抽样平均数和抽样成数，一系列的抽样平均数和一系列的抽样成数就可以计算抽样平均数（或抽样成数）的标准差。

下面分别讨论抽样平均数平均误差和抽样成数平均误差的计算问题。

（一）抽样平均数的抽样平均误差

1. 重复抽样抽样平均数的抽样平均误差

以$\mu_{\bar{x}}$表示抽样平均数的平均误差，根据数理统计推导出：

$$\mu_{\bar{x}} = \frac{\sigma}{\sqrt{n}} \qquad (7\text{-}14)$$

上式表明，抽样平均数的平均误差仅为全及总体标准差的$\frac{1}{\sqrt{n}}$。例如，当样本单位数为100时，则平均误差仅为总体标准差的$\frac{1}{10}$。这说明，一个总体的某一标志的变动度可能很大，但抽取若干单位加以平均之后，抽样平均数的标准差比总体的标准差大大地缩小了，所以抽样平均数作为估计量是更有效的。从上式还可以看出，抽样平均误差和总体标志变动度的大小成正比，而和样本单位的平方根成反比。例如，抽样平均误差要减少1/2，则样本单位数必须增大到4倍；要减少为原来的1/3，则样本单位数就要扩大到9倍等。

例如，有4个工人，各人每月产量分别是40、50、70、80件，现在随机从其中抽取2人，并求平均加工零件数，用以代表4人总体的平均产量水平。

如果采取重复抽样方法，则所有可能样本以及平均产量资料如表7-1、表7-2所示。

样本平均数的平均数：

表 7-1　全及指标方差计算表(一)

序号	样本变量 x	样本平均数 $\bar{x}$	平均数离差 $[\bar{x}-E(\bar{X})]$	离差平方 $[\bar{x}-E(\bar{X})]^2$
1	40,40	40	-20	400
2	40,50	45	-15	225
3	40,70	55	-5	25
4	40,80	60	0	0
5	50,40	45	-15	225
6	50,50	50	-10	100
7	50,70	60	0	0
8	50,80	65	5	25
9	70,40	55	-5	25
10	70,50	60	0	0
11	70,70	70	10	100
12	70,80	75	15	225
13	80,40	60	0	0
14	80,50	65	5	25
15	80,70	75	15	225
16	80,80	80	20	400
合计	—	960	—	2 000

表 7-2　全及指标方差计算表(二)

序号	产量 X	产量离差 $(X-\bar{X})$	离差平方 $(X-\bar{X})^2$
1	40	-20	400
2	50	-10	100
3	70	10	100
4	80	20	400
合计	240	—	1 000

$$E(\bar{x})=\frac{\sum \bar{x}}{\text{样本可能数目}}=\frac{960}{16}=60(\text{件})$$

$$\mu_{\bar{x}}=\sqrt{\frac{\sum[\bar{x}-E(\bar{X})]^2}{\text{样本可能数目}}}=\sqrt{\frac{2\ 000}{16}}=11.18(\text{件})$$

现在我们直接从 4 人月产量总体求总平均产量和产量标准差。

总平均产量 $\overline{X}=\frac{\sum X}{N}=\frac{240}{4}=60$(件)

标准差 $\sigma=\sqrt{\frac{\sum(X-\overline{X})^2}{N}}=\sqrt{\frac{1\ 000}{4}}=15.81$(件)

抽样平均误差 $\mu_{\bar{x}}=\frac{\sigma}{\sqrt{n}}=\frac{15.81}{\sqrt{2}}=11.18$(件)

上例计算表明:

(1)抽样平均数的平均数等于全及平均数,即 $E(\bar{x})=\overline{X}$,上例两者都等于 60 件。

(2)抽样平均误差,即抽样平均数的标准差等于总体标准差的 $\frac{1}{\sqrt{n}}$,$\mu_{\bar{x}}=\frac{\sigma}{\sqrt{n}}$。上例两者计算的结果都等于 11.18 件。

2. 不重复抽样抽样平均数的抽样平均误差

根据数理统计推导出:

$$\mu_{\bar{x}}=\sqrt{\frac{\sigma^2}{n}\left(\frac{N-n}{N-1}\right)} \tag{7-15}$$

在总体单位数 N 很大的情况下,可以近似地表示为:

$$\mu_{\bar{x}}=\sqrt{\frac{\sigma^2}{n}\left(1-\frac{n}{N}\right)} \tag{7-16}$$

从式(7-16)可以看出,不重复抽样平均方差等于重复抽样平均方差乘以校正因子 $(1-\frac{n}{N})$。$\sqrt{1-\frac{n}{N}}$一定是大于 0、小于 1 的正数,$\sqrt{\frac{\sigma^2}{n}}$乘上这个小于 1 的正数,必然小于原来的数。所以,不重复抽样平均误差的数值一定小于重复抽样的抽样平均误差。在一般情况下,总体单位数很大,抽样比例$\frac{n}{N}$很小,则$\sqrt{1-\frac{n}{N}}$接近于 1。因此,$\sqrt{\frac{\sigma^2}{n}(1-\frac{n}{N})}$与$\sqrt{\frac{\sigma^2}{n}}$的数值是接近的。在实际工作中,在没有掌握总体单位数的情况下,或者总体单位数 N 很大时,一般均用重复抽样平均误差公式来计算不重复抽样的平均误差。

我们仍以 4 个工人为例,月产量分别为 40、50、70、80 件。现用不重复抽样的方法,随机抽取 2 个工人,并求平均产量,所有可能样本以及样本平均数如表 7-3 所示。

样本平均数的平均数

$$E(\overline{X})=\frac{\sum \bar{x}}{\text{样本可能数目}}=\frac{720}{12}=60(\text{件})$$

$$\mu_{\bar{x}}=\sqrt{\frac{\sum[\bar{x}-E(\overline{X})]^2}{\text{样本可能数目}}}=\sqrt{\frac{1\ 000}{12}}=9.13(\text{件})$$

表 7-3　不重复抽样方差计算表

序号	样本变量 x	样本平均数 $\bar{x}$	平均数离差 $[\bar{x}-E(\bar{X})]$	离差平方 $[\bar{x}-E(\bar{X})]^2$
1	40,50	45	-15	225
2	40,70	55	-5	25
3	40,80	60	0	0
4	50,40	45	-15	225
5	50,70	60	0	0
6	50,80	65	5	25
7	70,40	55	-15	225
8	70,50	60	0	0
9	70,80	75	15	225
10	80,40	60	0	0
11	80,50	65	5	25
12	80,70	75	15	225
合计	—	720	—	1 000

根据已经计算的总体平均数 $\bar{X}=60$ 件，总体标准差 $\sigma=15.81$ 件，也就可以计算不重复抽样的平均误差为：

$$\mu_{\bar{x}}=\sqrt{\frac{\sigma^2}{n}\left(\frac{N-n}{N-1}\right)}=\sqrt{\frac{250}{2}\times\left(\frac{4-2}{4-1}\right)}=9.13(\text{件})$$

由此可见，不重复抽样抽样平均误差 9. 13 件小于重复抽样抽样平均误差 11. 18 件。

(二)抽样成数的抽样平均误差

在掌握抽样平均数的平均误差公式的基础上，再来探求抽样成数的平均误差公式是比较简便的。只需将全及成数的标准差平方代替公式中的全及平均数的标准差的平方，就可以得到抽样成数的平均误差公式。

在本章第二节我们已经介绍了成数的概念，成数是表示具有所研究标志的单位数在总体中所占的比重。在总体中一部分单位具有某一标志，以 $X=1$ 来表示；另一部分单位不具有这一标志，以 $X=0$ 来表示。

$$P=\frac{N_1}{N},Q=\frac{N_0}{N}$$

则
$$P+Q=\frac{N_1}{N}+\frac{N_0}{N}=1,Q=1-P$$

根据这些条件，成数的平均数和标准差平方可以计算如下：

成数的平均数：

$$\overline{X}_P = \frac{\sum xf}{\sum f} = \frac{1 \times N_1 + 0 \times N_0}{N} = \frac{N_1}{N} = P$$

成数的标准差平方：

$$\begin{aligned}
\sigma_P{}^2 &= \frac{\sum (x - \overline{X})^2 f}{\sum f} = \frac{(1-P)^2 N_1 + (0-P)^2 N_0}{N_1 + N_0} \\
&= \frac{(1-P)^2 N_1 + P^2 N_0}{N} = \frac{(1-P)^2 N_1}{N} + \frac{P^2 N_0}{N} \\
&= (1-P)^2 P + PQ = (1-P)^2 P + P^2(1-P) \\
&= (1-P)P[(1-P)+P] = P(1-P)
\end{aligned}$$

可见，成数的平均数就是成数本身；成数的标准差平方就是$P(1-P)$。根据抽样平均误差与总体标准差平方之间的关系，抽样成数的平均误差计算公式如下。

重复抽样抽样成数的平均误差：

$$\mu_P = \sqrt{\frac{P(1-P)}{n}} \tag{7-17}$$

不重复抽样抽样成数的平均误差：

$$\mu_P = \sqrt{\frac{P(1-P)}{n}\left(1 - \frac{n}{N}\right)} \tag{7-18}$$

从上面计算抽样平均误差的转化公式里，无论是平均数的标准差 σ，还是交替标志的方差 $P(1-P)$，都是指全及总体而言的。但是在抽样调查的实践中，这两个指标一般都是未知的，因此通常可以采用以下几种方法解决。

1. 用估计的材料

例如，在农产量抽样调查中用农产量预计估产的材料，根据预计估产的材料计算出总体方差。

2. 用过去调查所得到的材料

可以用全面调查的材料，也可以用抽样调查的材料。如果有 n 个不同的总体方差的材料，则应该用数值较大的。

3. 用样本方差的材料代替总体方差

概率论的研究从理论上作了证明，样本方差可以相当接近于总体方差。这是实际工作中经常使用的一种方法，但它只能在调查之后才能计算。

4. 用小规模调查资料

如果既没有过去的材料，又需要在调查之前就估计出抽样误差，实在不得已时，可以在大规模调查之前，组织一次小规模的试验性调查。

（三）抽样平均误差计算实例

某灯泡厂对10 000个产品进行使用寿命检验，随机抽取2%样本进行测试，所得资料见表7-4。

表7-4　抽样产品使用寿命资料表

使用时间(小时)	抽样检查电灯泡数(个)
900以下	2
900～950	4
950～1 000	11
1 000～1 050	71
1 050～1 100	84
1 100～1 150	18
1 150～1 200	7
1 200以上	3
合计	200

按照质量规定，电灯泡使用寿命在1 000小时以上为合格品，可按以上资料计算抽样平均误差。

电灯泡平均使用时间 $\bar{x}=1\ 057$ 小时

电灯泡合格率 $P=91.5\%$

电灯泡平均使用时间标准差 $\sigma=53.63$ 小时

灯泡使用时间抽样平均误差：

重复抽样　$\mu_{\bar{x}}=\sqrt{\dfrac{\sigma^2}{n}}=\sqrt{\dfrac{53.63^2}{200}}=3.792\ 2$(小时)

不重复抽样　$\mu_{\bar{x}}=\sqrt{\dfrac{\sigma^2}{n}(1-\dfrac{n}{N})}$

$$=\sqrt{\frac{53.63^2}{200}\times(1-\frac{200}{10\ 000})}$$

$$=3.754\ 1(\text{小时})$$

灯泡合格率的抽样平均误差：

重复抽样　$\mu_P=\sqrt{\dfrac{P(1-P)}{n}}=\sqrt{\dfrac{0.915\times0.085}{200}}$

$$=0.019\ 72$$

不重复抽样　$\mu_P=\sqrt{\dfrac{P(1-P)}{n}(1-\dfrac{n}{N})}$

$$=\sqrt{\frac{0.915\times0.085}{200}\times(1-\frac{200}{10\ 000})}$$

$$=0.019\ 52=1.952\%$$

第四节　全及指标的推断

抽样调查的目的是用样本指标去推断总体指标，由于存在抽样平均误差，这种推断不可能是很精确的,问题在于对这个误差的大小要有一个科学的判断。在参数估计中,如果只得出一个估计值而不进一步对这个估计值的误差大小作出说明,那么这样的估计值便没有什么意义。但是一方面也要看到,要确切地指出某一个抽样指标究竟误差有多大,这也几乎是不可能的。因为抽样指标是随机变量的函数,它本身也是随机变量,而抽样误差又是抽样指标的函数,它本身还是随机变量。抽样误差是随着不同的样本而变化的,我们只能把抽样误差控制在一定的范围内,这就需要研究抽样极限误差问题。

一、抽样极限误差

由于未知的全及指标是一个确定的量,而抽样指标会随各个可能样本的不同而变动,它是围绕着全及指标上下随机出现的变量。它与全及指标可能产生正离差,也可能产生负离差,这样抽样指标与全及指标之间就有个误差范围的问题。抽样误差范围就是指变动的抽样指标与确定的全及指标之间离差的可能范围。它是根据概率理论,以一定的可靠程度保证抽样误差不超过某一给定的范围。统计上把这个给定的抽样误差范围叫做抽样极限误差,也称置信区间。

设 $\Delta_{\bar{x}}$ 与 Δ_p 分别表示抽样平均数与抽样成数的抽样极限误差,则有:

$$\Delta_{\bar{x}} = |\bar{x} - \bar{X}| \tag{7-19}$$

$$\Delta_p = |p - P| \tag{7-20}$$

将上面等式经过变换,可以得到下列不等式:

$$\bar{X} - \Delta_{\bar{x}} \leqslant \bar{x} \leqslant \bar{X} + \Delta_{\bar{x}}$$

$$P - \Delta_p \leqslant p \leqslant P + \Delta_p$$

以上不等式表示,抽样平均数 $\bar{x}$ 是以全及平均数 $\bar{X}$ 为中心,在 $\bar{X} \pm \Delta_{\bar{x}}$之间变动;抽样成数 p 是以全及成数 P 为中心,在 $P \pm \Delta_p$ 之间变动。抽样误差范围是以 $\bar{X}$ 或 P 为中心的两个 Δ 的距离。这是抽样误差范围的原意。但是,由于全及指标是个未知的数值,而抽样指标通过实测是可以求得的。因此,抽样误差范围的实际意义是要求被估计的全及指标 $\bar{X}$ 或 P,落在抽样指标一定范围内,即落在 $\bar{x} \pm \Delta_{\bar{x}}$或 $p \pm \Delta_p$ 的范围内。所以,将前面的不等式进行移项:

左边移项: $\bar{X} \leqslant \bar{x} + \Delta_{\bar{x}}$

右边移项: $\bar{x} - \Delta_{\bar{x}} \leqslant \bar{X}$

则 $$\bar{x} - \Delta_{\bar{x}} \leqslant \bar{X} \leqslant \bar{x} + \Delta_{\bar{x}}$$

同理,将不等式 $P - \Delta_p \leqslant p \leqslant P + \Delta_p$ 变换后可得:

$$p - \Delta_p \leqslant P \leqslant p + \Delta_p$$

所以,全及指标 $\bar{X}$、P 的范围估计(或称区间估计)可以按下列公式计算:

$$\bar{X} = \bar{x} \pm \Delta_{\bar{x}}$$

$$P = p \pm \Delta_p$$

二、可信程度

抽样平均误差μ表明了抽样估计的准确度。抽样误差范围即极限抽样误差Δ是表明抽样估计准确程度的范围。在给定的准确程度范围内的抽样估计,还要研究其估计的可靠程度,即可信程度。

例如,大学生的平均体重58 kg,抽样误差1 kg时,大学生的平均体重在57 kg到59 kg之间($\bar{x} \pm 1\mu_{\bar{x}}$)判断的可靠程度为0.682 7。如果将抽样误差扩大一倍,即2 kg,也就是说推断全体大学生平均体重在56 kg到60 kg的范围之内($\bar{x} \pm 2\mu_{\bar{x}}$),判断的可靠程度为0.954 5。如果抽样误差扩大到1 kg的3倍,那么大学生的平均体重在55 kg到61 kg的范围之内($\bar{x} \pm 3\mu_{\bar{x}}$),可靠程度为0.997 3,可信程度接近100%。

上例说明,抽样误差范围Δ与抽样平均误差μ的关系,即:Δ是用一定倍数的μ表示的抽样指标与全及指标之间的绝对离差。这里的倍数通常用t来表示。它是指以抽样平均误差μ为尺度来衡量的相对误差范围,在数理统计中叫做概率度。公式表示即:

$$\Delta_{\bar{x}} = |\bar{x} - \bar{X}| = t\mu_{\bar{x}}$$

$$\Delta_p = |p - P| = t\mu_p \tag{7-21}$$

$$t = \frac{\Delta_{\bar{x}}}{\mu_{\bar{x}}} = \frac{|\bar{x} - \bar{X}|}{\frac{\sigma}{\sqrt{n}}}$$

$$t = \frac{\Delta_p}{\mu_p} = \frac{|p - P|}{\sqrt{\frac{P(1-P)}{n}}} \tag{7-22}$$

这两个公式的意义在于,在一定μ的条件下,当概率度t越大,则抽样误差范围越大,可能样本落在误差范围内的概率越大,从而抽样估计的可信程度也就越高;反之,当t越小,则Δ越小,可能样本落在误差范围内的概率越小,从而抽样估计的可信程度也就越低。

怎样求得样本指标落在一定误差范围内的概率和确定抽样估计的可靠程度呢?数理统计证明,概率度和概率之间保持一定的函数关系,即概率是概率度的函数。用P表示概率,以说明抽样估计的可靠程度,其函数关系可表示为:

$$P = F(t)$$

在正态分布的情况下,从总体中随机抽取一个样本加以观察,则该样本抽样指标落在某一范围($\bar{x} - t\mu_{\bar{x}}, \bar{x} + t\mu_{\bar{x}}$)内的概率,是用占正态曲线面积的大小表示的。即

$$F(t) = P\{\bar{x} - t\mu_{\bar{x}} \leqslant \bar{X} \leqslant \bar{x} + t\mu_{\bar{x}}\}$$

$$= \frac{1}{\sqrt{2\pi}}\int_{-t}^{t} e^{-\frac{t^2}{2}} dt \tag{7-23}$$

正态分布曲线与横轴围成的面积等于1。用正态分布曲线说明抽样指标出现的概率,按上述积分公式计算,就是当以全及平均数$\bar{X}$为中心加减一个平均误差$\mu_{\bar{x}}$为范围时

所包括的面积为68.27%，表明落在此范围内的各个抽样指标占总体所有可能样本抽样指标的68.27%；或者说从总体中随机抽取一个样本的抽样指标落在这个范围内的概率为68.27%，而当以$\bar{x}\pm 2\mu_{\bar{x}}$为范围时所包括的曲线面积为95.45%，表明落在此范围的各个抽样指标占总体所有可能样本抽样指标的95.45%，或者说从总体中任取一个样本的抽样指标落在这个范围内的概率为95.45%，等等。由此可见，随着概率度t不断增大，概率P的数值也随着增大，并逐渐接近于1，使抽样推断达到完全可靠程度。正态分布及其曲线下的面积见图7-1。

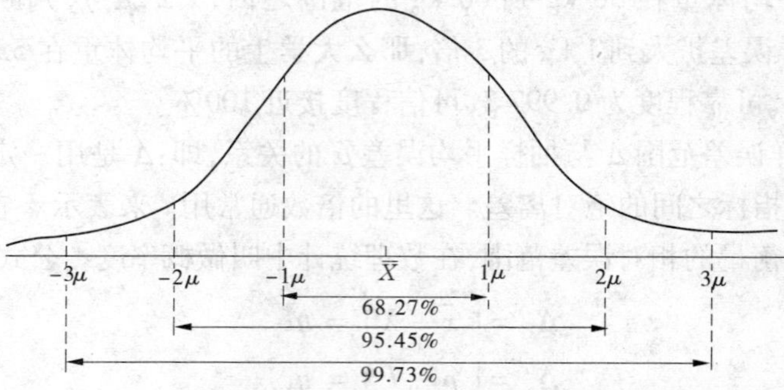

图7-1　正态分布及其曲线下的面积图

应用正态分布曲线，把概率度t和抽样误差范围Δ联系起来，便可得到抽样推断全及指标在一定范围内的概率保证程度。在统计抽样推断中，常用的概率度和抽样误差范围见表7-5。

表7-5　概率度与抽样误差范围

概率度 t	误差范围 Δ	概率 $F(t)$
0.5	0.50μ	0.382 9
1.00	1.00μ	0.682 7
1.50	1.50μ	0.866 4
1.96	1.96μ	0.950 0
2.00	2.00μ	0.954 5
3.00	3.00μ	0.997 3

在实际工作中，为计算方便起见，已按不同t值和相应的概率编制了专门的正态分布概率表（附录），以供查用。

仍以上述灯泡使用时间的检验为例，说明抽样推断方法。前面计算灯泡样本平均使用时间$\bar{x}$为1 057小时，合格率为91.5%，重复抽样下，灯泡的使用时间抽样平均误差$\mu_{\bar{x}}=3.792\ 2$小时，合格率的平均误差μ_p为1.972%。在不同概率保证下，平均数和成数的抽样极限误差为：

当$t=1$时，概率保证为68.27%

$$\Delta_{\bar{x}}=1\times 3.792\ 2=3.792\ 2（小时）$$

则 $$1\,053.21(\text{小时}) \leqslant \overline{X} \leqslant 1\,060.79(\text{小时})$$

$$\Delta_p = 1 \times 0.019\,72 = 1.972\%$$

则 $$89.53\% \leqslant P \leqslant 93.47\%$$

当 $t=2$ 时，概率保证为95.45%

$$\Delta_{\bar{x}} = 2 \times 3.792\,2 = 7.58(\text{小时})$$

则 $$1\,049.42(\text{小时}) \leqslant \overline{X} \leqslant 1\,064.58(\text{小时})$$

$$\Delta_p = 2 \times 0.019\,72 = 3.944\%$$

则 $$87.56\% \leqslant P \leqslant 95.44\%$$

当 $t=3$ 时，概率保证为99.73%

$$\Delta_{\bar{x}} = 3 \times 3.792\,2 = 11.38(\text{小时})$$

则 $$1\,045.62(\text{小时}) \leqslant \overline{X} \leqslant 1\,068.38(\text{小时})$$

$$\Delta_p = 3 \times 0.019\,72 = 5.916\%$$

则 $$85.58\% \leqslant P \leqslant 97.42\%$$

第五节　必要抽样数目的确定

根据大数定律，抽样单位数越多，抽样总体的代表性越大，抽样误差越小，抽样推断越可靠。然而，抽取单位数过多，就失去应用抽样调查的意义；抽取单位数过少，抽样误差太大，便降低抽样推断的价值。因此，根据抽样调查原理，在调查之前，要科学地确定必要抽样单位数；在抽样调查之后，要运用抽样资料科学地推算全及总体指标。

一、确定抽样数目的必要性和影响因素

怎样在调查前确定必要的抽样数目，这是在作抽样调查方案设计时必须首先考虑的一个重要问题。为了确定必要的抽样数目，需要知道抽样数目的多少，受什么因素的影响。影响抽样数目的因素有：

(1)总体中各单位之间标志变异的程度，即 σ^2 和 $P(1-P)$ 的大小。方差数值大，需要多抽一些；方差数值小，可以少抽一些。

(2)允许误差，即 Δ 的数值。允许误差大可以少抽些样本单位，允许误差小则要多抽一些。允许误差是调查之前规定的。根据调查对象的性质、调查的目的和调查力量的多少来规定允许误差。实际上，允许误差这个名称就是这样来的。就是说，在作推断的时候允许有多大范围的误差。

(3)把握程度，即概率度的数值。t 值大，要求把握程度高，则要多抽；t 值小，要求把握程度低，则可少抽。把握程度也是调查之前根据目的和要求规定的。

(4)抽样方法。在同样的条件下，重复抽样需要多抽一些，不重复抽样可以少抽一些。

此外，抽样数目的多少还和抽样样本单位的组织方式有关。

二、必要抽样数目的计算公式

（一）重复抽样的计算公式

1. 平均数的必要抽样数目

由于
$$\Delta_{\bar{x}} = t \cdot \sqrt{\frac{\sigma^2}{n}}$$

两边乘方得
$$\Delta_{\bar{x}}^{\ 2} = \frac{t^2 \cdot \sigma^2}{n}$$

移项得
$$n = \frac{t^2 \cdot \sigma^2}{\Delta_{\bar{x}}^{\ 2}} \tag{7-24}$$

例：在某城市组织家庭生活抽样调查，已知职工家庭平均每人每月生活费收入标准差（σ）为 111.5 元，要求把握程度为0.954 5，允许误差为 10 元，则需抽：

$$n = \frac{t^2\sigma^2}{\Delta_{\bar{x}}^{\ 2}} = \frac{2^2 \times 111.5^2}{10^2} = 497.29 \approx 498(\text{户})$$

就是说，按规定的要求，需要调查 498 户。

2. 成数的必要抽样数目

由于
$$\Delta_p = t \cdot \sqrt{\frac{P(1-P)}{n}}$$

两边乘方得
$$\Delta_p^{\ 2} = \frac{t^2 \cdot P(1-P)}{n}$$

移项得
$$n = \frac{t^2 \cdot P(1-P)}{\Delta_p^{\ 2}} \tag{7-25}$$

例：调查一批机械零件的合格品率。根据过去的资料，合格品率曾有过 99%、97%、95% 三种情况，现在要求允许误差不超过 10%，要求推断的把握程度为 95%，则需要抽查：

已知　$P(1-P) = 0.95 \times 0.05 = 0.047\,5$（取最大值），$\Delta_p = 0.01$，$t = 1.96$

所以

$$n = \frac{t^2 \cdot P(1-P)}{\Delta_p^{\ 2}} = \frac{1.96^2 \times 0.475}{0.01^2}$$

$$= 1\,824.76 = 1\,825$$

即需要抽查 1 825 个零件。

（二）不重复抽样的计算公式

1. 平均数的必要抽样数目

由于
$$\Delta_{\bar{x}} = t \cdot \sqrt{\frac{\sigma^2}{n}\left(1 - \frac{n}{N}\right)}$$

两边乘方得
$$\Delta_{\bar{x}}^{\ 2} = t^2\left(\frac{\sigma^2}{n} - \frac{\sigma^2 n}{Nn}\right)$$

通分得
$$\Delta_{\bar{x}}^{\ 2} = \frac{t^2 \cdot \sigma^2 \cdot N - t^2 \cdot \sigma^2 \cdot n}{Nn}$$

移项得 $$N \cdot n \cdot \Delta_{\bar{x}}^{2} = t^{2} \cdot \sigma^{2} \cdot N - t^{2} \cdot \sigma^{2} \cdot n$$

再移项得 $$N \cdot n \cdot \Delta_{\bar{x}}^{2} + t^{2} \cdot \sigma^{2} \cdot n = t^{2} \cdot \sigma^{2} \cdot N$$

$$n(N \cdot \Delta_{\bar{x}}^{2} + t^{2} \cdot \sigma^{2}) = t^{2} \cdot \sigma^{2} \cdot N$$

所以 $$n = \frac{t^{2} \cdot \sigma^{2} \cdot N}{N \cdot \Delta_{\bar{x}}^{2} + t^{2} \cdot \sigma^{2}} \tag{7-26}$$

2. 成数的必要抽样数目

由于 $$\Delta_{p} = t \cdot \sqrt{\frac{P(1-P)}{n}\left(1 - \frac{n}{N}\right)}$$

根据同样的推导过程,可得:

$$n = \frac{t^{2} \cdot P(1-P)N}{N\Delta_{p}^{2} + t^{2} \cdot P(1-P)} \tag{7-27}$$

不重复抽样的计算公式要复杂一些。在实际工作中,由于抽样比例$\frac{n}{N}$一般很小,在计算必要抽样数目时也可以不使用修正系数。就是说,虽然实行的是不重复抽样,但可以按照重复抽样的公式计算必要抽样数目。

第六节　抽样方案的设计

一、抽样方案设计的基本原则

如何科学地组织抽样调查是抽样推断中一个重要的问题,在抽样调查之前首先要有一个抽样方案的设计。抽样方案的设计和施工的蓝图一样是抽样调查的一个总体规划,应包括如何从总体中抽取样本,说明调查要取得哪些项目的资料,用什么方法去取得这些资料,要求资料的精确程度和确定必要的样本单位数目等。完整的抽样方案还应该包括一些必要的附件,如调查人员的培训计划、调查的问卷或调查表的设计、调查项目的编码以及汇总表的格式等。搞好抽样设计必须掌握两个基本原则。

(一)保证实现抽样随机性的原则

因为随机原则是概率抽样的基础,只有排除了人们有意识地抽选样本,保证每个样本都有一个已知的概率被抽中,才能应用概率论的原理对总体作出正确的判断。若不遵守随机原则或者虽然按随机原则抽选,但抽选后未按规定进行调查,破坏了随机性的原则就容易产生偏误。

在抽样中有一种常见的破坏随机原则现象,就是在按规定抽选样本后,有些单位看来似乎与总体的平均水平相差很远,便故意把它们抛弃或更换。例如,农产量调查中一些基层单位抽取地块时抽到一些丰产田或低产田,就故意把这些田块剔除而更换样本。实际上抽样调查的代表性是要以样本作为一个整体来代表,并不是要求每一单位均有代表性,这样做的结果就会人为地缩小样本方差,从而也无法正确计算抽样误差,给抽样的推断带来不好的后果。又如,在抽样调查中,有些单位由于地理位置比较偏僻,在抽样时把这样的单位排除在外,也就不符合随机原则而带来偏误。因而在抽样设计时一定要保证随机抽选，而且还应考虑到，由于种种原因中选单位未能取得资料而需要替补的方法。若不按随机原则临时更换也容易产生偏误。例如，在抽选住户进行调查时，若该住户不在就用邻居户代替。我们知道双职工住户不在家的机会较多，而有孩子、老人的住户在家机会较多，这样更换的结果就会使双职工住户的比重下降而产生偏误。因此，随机原则是抽样调查的一个重要原则。

（二）保证实现最大的抽样效果原则

抽样调查和其他工作一样，也有一个经济效益的问题，就是如何以较小的费用支出取得一定准确程度的数据。因为任何一项抽样调查都是在一定费用的限制条件下进行的，抽样方案设计应该力求调查费用最省。在通常情况下，提高精度的要求和节省费用的要求往往有矛盾，因为要求抽样误差愈小，就要增加抽样单位数目，相应地要增加调查费用。但实际工作中并非抽样误差最小的方案就是最好的方案，因为不同的调查项目对于精度的要求往往是不同的。

二、简单随机抽样

简单随机抽样又称纯随机抽样。它是对总体不作任何处理，不进行分类也不搞排队，而是从总体的全部单位中随机抽选样本单位。这可以有各种不同的具体做法。

（一）直接抽选法

从调查对象中直接抽选样本。如从仓库中存放的所有同类产品中随机指定若干箱产品进行质量检验，从粮食仓库中不同的地点取出若干粮食样本进行含杂量、含水量的检验等。

（二）抽签法

先给每个单位编上序号，将号码写在纸片上，掺和均匀后，从中抽选，抽到哪一个就调查哪个单位，直到抽够预先规定的数量为止。这种方法看起来简单易行，总体单位数目不多时也可以使用。

（三）随机数码表法

随机数码表见表 7-6。表上数字的出现及其排列也是随机形成的，从 0，1，2，…，9 共 10 个数字，大体上各占 1/10。而且由表上数字组成的多位数（两位数，三位数……）也有大体相同的出现机会。随机数码表有各种不同的形式，表 7-6 是其中的一种。使用随机数码表时也要遵守随机原则。

首先要将全及总体中所有的单位加以编号，根据编号的位数确定选用若干栏数字。然后从任意一栏、任意一行的数字开始数，可以向任何方向数过去，碰上属于编号范围内的数字号码就定下来作为样本单位。如果是不重复抽样，则碰上重复的数字时不要它，直到抽够预定的数量为止。

表 7-6 是从随机数码表中摘取一部分组成的表。下面举个简单例子说明抽选过程。

假如要从 30 个总体单位中抽取 5 个单位，首先要将总体单位按 1～30 编号。编号最多是两位数，因此从随机数字上取两列作为计算单位。假定从上列随机数字表中第 5、6 列开始数，即从 43 开始，顺次序向下数。第二个数字 24 在编号范围内，这算一个。下边的 62、85、56、77 超出了范围，全不用。17 是在编号范围之内的，因此 17 号作为样本单位，依次还可取出 12、07、28 作为样本单位。

表 7-6　随机数码表

03	47	43	73	86	36	96	47	36	61
97	74	24	67	62	42	81	14	57	20
16	76	62	27	66	56	50	26	71	07
12	56	85	99	26	96	96	68	27	31
55	59	56	35	64	38	54	82	46	22
16	22	77	94	39	49	54	43	54	82
84	42	17	53	31	57	24	55	06	88
63	01	63	78	59	16	95	55	67	19
33	21	12	34	29	78	64	56	07	82
57	60	86	32	44	09	47	27	96	54
18	18	07	92	45	44	17	16	58	09
26	62	38	97	75	84	16	07	44	99
23	42	40	64	74	82	97	77	77	81
52	36	28	19	95	50	92	26	11	97
37	85	94	35	12	83	39	50	08	30

这种办法虽要编号,但免除了做签和掺匀的工作,比较简单。如果总体单位数很多,只要把数字栏数放宽就可以了。例如从4 000个单位中抽选 50 个单位,则从随机数字表中任取 4 列数字作为计算单位顺序数下去,只要碰到4 000以内的数字号码就作为样本单位,超过4 000的不要,重复的不要,直到取够 50 个单位为止。

三、类型抽样

类型抽样又称分类抽样,它的特点是先对总体各单位按一定标志加以分类(层),然后再从各类(层)中按随机的原则抽取样本,由各类(层)内的样本组成一个总的样本。类型抽样的作用主要表现在以下几个方面:

(1)利用已知的信息提高抽样效率。前面曾经提到过抽样误差的大小主要取决于总体内部的差异大小和抽取的样本单位数这两个因素。而实际的抽样调查工作中,总体的差异是客观存在的,要使误差减少,就要增加样本单位数,这样就会使调查的人力和费用增加。为了解决这一矛盾,分类(层)抽样是一种理想的方法。如果人们事先对研究的客观总体有一定的了解,利用这种已知的信息,把总体中性质相同的单位,也即研究的标志值比较接近的单位归并一起形成若干类(层),这样各类(层)的差异就可以大大缩小,各类(层)能以较小的样本单位数达到预期精确度的要求。从整个样本来说,由于这些样本单位对各类(层)均有较高的代表性,而且由于分类(层)后抽取的样本单位在总体中分布得更均匀,大大地降低了出现极端数值(即所有的样本都是高的或所有的样本都是低的)的风险,所以这样构成的样本对总体也有较高的代表性。

(2)抽样的组织工作比较方便。因为分类(层)也可以按行政隶属和系统来划分,或按地理的区域来划分,这种分类(层)虽然并不一定能提高抽样效率,但常常给工作带来很大的方便。如果各个行政系统之间差别较大,行政系统内部的差别比较小,那么这种分类(层)可以收到既方便又能提高抽样效率的双重效果。

(3)掌握总体中各个子总体的情况。在总体中若干性质上相近单位的集合称做子总体。有时抽样调查不仅需要了解总体的有关信息,而且也要了解子总体的情况,这时可以按不同的子总体分类(层),分类(层)抽样就能满足这方面的需要。

对总体划分各个类型组之后,如何确定各组的抽样单位数,一般可有两种方法:一是根据抽样误差大小与标志差异程度、抽样单位数等的关系来确定,凡是标志差异大的组多抽一些,标志差异小的组可以少抽一些。这样确定各组应抽取的样本单位数,可以缩小抽样误差。这种方法称为类型适宜抽样。二是不考虑各组标志差异程度,而是根据统一的比例来确定各组要抽取的单位数。即通常用各类型组的单位数占全及总体单位数的比例,来确定各组抽取的样本单位数。这种方法称为类型比例抽样。

四、机械抽样

机械抽样又称等距抽样或系统抽样。它是对研究的总体按一定的顺序排列,每隔一定的间隔抽取一个或若干个单位,并把这些抽取的单位组成样本进行观察的一种抽样方法。

设总体有 N 个单位,现需要抽取一个容量为 n 的样本,其抽选方法是先将 N 个总体单位按一定顺序进行排列,令 $k=N/n$,k 称为抽样间隔或抽样距离,这样实际上把总体单位分成 n 段,每段中的 k 个单位,然后在 $1\sim k$ 中随机地抽取一个随机数,设为 i,则第 n 个单位为抽中单位以后每隔 k 个单位为一抽中单位,即第 $i+k, i+2k, \cdots, i+(n-1)k$,直到抽满 n 个单位为止。可用图示,见图 7-2。

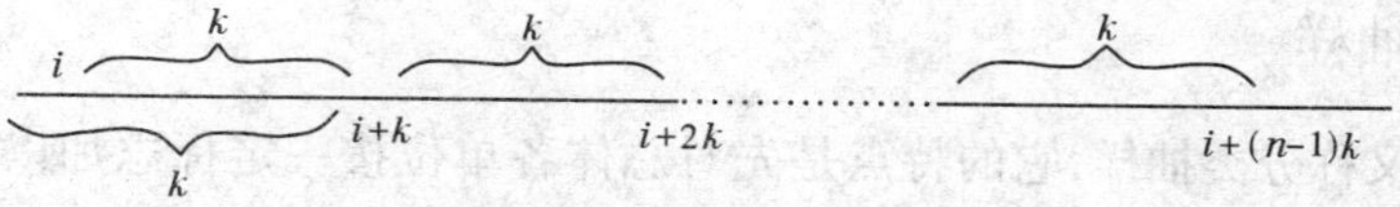

图 7-2 机械抽样示意图

机械抽样具有以下作用:

(1)简便易行。就简单随机抽样来说,在抽样之前需要对每一个单位加以编号,然后才能利用随机数码表等方法抽选样本,当总体单位很多时,编号与抽选也都比较麻烦。而等距抽样只要确定了抽样的间隔和起点,整个样本的所有单位也随之自然确定。它可以利用现成的各种排列,如某市的工业企业可以按照有关系统和部门的习惯顺序排列,抽样时就可以直接利用这些顺序进行等距抽样。这种抽样方法也便于推广为不熟悉抽样调查的人员所掌握,也适合某些基层现场的抽样调查。例如,在森林调查中,常常很难在林地中划分抽样单位,然后随机抽选,而机械抽样就比较方便。

(2)机械抽样的误差大小与总体单位的顺序有关,因此当对总体的结构有一定了解时,可利用已有的信息对总体进行排列后采用机械抽样,就能提高抽样效率。在一般情况下,等距抽样使样本单位在总体中散布比较均匀,其抽样平均误差要小于简单随机抽样。因此,这是大规模抽样调查中一种比较常用的抽样方法。

五、整群抽样

整群抽样是将总体划分为由总体单位所组成的若干群，然后以群为抽样单位，从总体中抽取若干个群作为样本，而对中选群内的所有单位进行全面调查的抽样方式。例如，若欲调查某个大学的学生身高，组成总体的基本单位是每个学生，但抽样单位可以是由学生组成的班或系等，对中选的班级或系的全部学生作为样本进行观察。

(1)当总体缺乏包括全部总体单位的抽样框，无法进行抽选时需要采用整群抽样。因为在抽样调查之前总需要有一个抽样框，它是包括所有总体单位的名单或地图，这样才能编上号码，利用随机数码表或其他方式抽取所需要的样本。然而，有时候总体很大且没有现成的名单，而要编制一个抽样框也十分费时费力，甚至是不可能的。

我们欲调查某市中学生近视眼学生比例有多大，就需要全市中学生的名单，然后顺序编号后才能进行抽选。显然这是一项十分繁重的工作。如果我们以中学为抽样单位，那么从该市教育局拿一张中学的名单，对中学进行抽样，对抽中学校所包括的学生全部进行调查，就要方便多了。

(2)比较方便和节约费用。有时即使具备必要的抽样框，但由于总体单位很多，分布很广，若采用简单随机抽样势必使样本的分布十分分散，调查时所需的人力和费用也比较大。在上例中，假如我们具有全市中学生名单，要从数十万中学生中抽取几百人或几千人调查，其抽样的过程也相当麻烦，抽中的样本单位可能遍布在全市的各个中学，调查起来也很费时、费力。若能抽取几个中学，对抽中学校的全部学生进行调查，这样样本单位比较集中，调查就方便很多，也可以大大节省费用。

整群抽样也有局限性，由于抽取的样本单位比较集中，在一个群内各单位之间的差异往往比较小，不同群之间则差异比较大。因此，在抽取同样多的基本单位数目时，整群抽样的抽样误差常常大于简单随机抽样。为了达到规定的精确度要求，就要多抽一些群。然而群抽得多了，就会大大增加抽取的基本单位数，这样又不符合整群抽样要节约人力、物力的目的，因此需要根据具体情况来确定是否采取整群抽样。

第七节　抽样调查中的 EXCEL 的应用

一、实验一：使用 EXCEL 中的概率分布函数进行参数估计

(一)问题与数据

某厂用某机床加工某种零件，假设零件长度服从正态分布。现从一批该种零件中随机抽取 10 件，测得其长度如下(单位：cm)：

6.1　5.7　6.5　6.0　6.3　5.8　6.3　6.1　5.9　6.4

以 95% 的可靠性程度估计该零件的长度。

(二)操作步骤(如图 7-3 所示)

(1)输入样本数据。

(2)绘制计算表。

(3)在计算表中用各种公式和函数计算。

E8 ▼ fx =TINV(1-E6,E7)

	A	C	D	E
1	样本数据		计算表	
2	6.1	中间计算	样本容量	10
3	5.7		样本均值	6.11
4	6.5		样本标准差	0.2643651
5	6		抽样误差	0.0835996
6	6.3		置信度	0.95
7	5.8		自由度	9
8	6.3		t临界值	2.2621572
9	6.1		误差落差	0.1891154
10	5.9	最终结果	估计下限	5.9208846
11	6.4		估计上限	6.2991154

图 7-3 区间估计

图 7-3 中 E 列各单元格由以下各公式计算:

样本容量	COUNT(A2 : A11)
样本均值	AVERAGE(A : A11)
样本标准差	STDEV(A2 : A11)
抽样误差	E4/SQRT(E2)
置信度	0.95
自由度	E2 - 1
t 临界值	TINV((1 - E6),E7)
误差落差	E8 * E5
估计下限	E3 - E9
估计上限	E3 + E9

二、实验二:CONFIDENCE(置信区间)函数

(一)问题与数据

某厂对一批产品的质量进行抽样检验,抽样数据和要求如下:采用重复抽样抽取样品 200 只,样本优质品率为 85%,试计算当把握程度为 90% 时优质品率的允许误差。

(二)操作步骤(如图 7-4 所示)

我们可以在 EXCEL 中分别:

Microsoft Excel - Book1

文件(F) 编辑(E) 视图(V) 插入(I) 格式(O) 工具(T) 数据(D) 窗口(W) 帮助(H)

B7 ▼ = =B2+B5

	A	B	C	D	E
1	样本容量n	200			
2	样本比率p	85%			
3	样本标准差 $\sqrt{p(p-1)}$	0.357071			
4	a	10%			
5	$z_{\alpha/2}\sqrt{\frac{p(1-p)}{n}}$	0.041531			
6	总体优质品率的90%置信区间下限	80.85%			
7	总体优质品率的90%置信区间上限	89.15%			

图 7-4 总体优质品率的区间估计

(1)在 B1 单元格中输入样本容量 200；

(2)在 B2 单元格中输入样本比率 85%；

(3)在 B3 单元格中输入计算样本比率的标准差公式“=SQRT(B2*(1-B))”；

(4)在 B4 单元格输入 a 为 10%；

(5)在 B5 单元格中输入表达式：“CONFIDENCE(B4,B3,B1)”，即得到等于 4.15%。CONFIDENCE 函数的应用如图 7-5 所示。

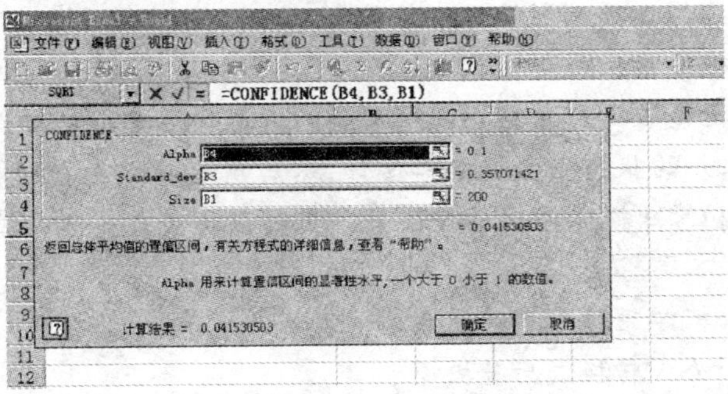

图 7-5　CONFIDENCE 函数应用

本章知识结构图如下：

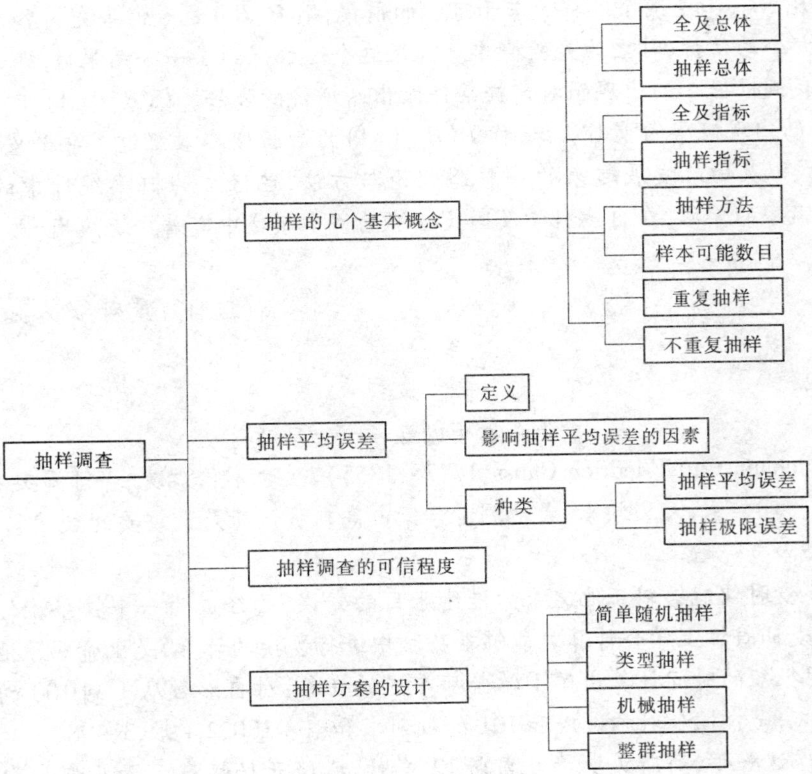

阅读材料 1

推断统计之父——贝叶斯

贝叶斯(Thomas Bayes)英国数学家,1702 年出生于伦敦,做过神甫。1742 年成为英国皇家学会会员。1763 年 4 月 7 日逝世。贝叶斯在数学方面主要研究概率论。他首先将归纳推理法用于概率论基础理论,并创立了贝叶斯统计理论,对于统计决策函数、统计推断、统计的估算等做出了贡献。1763 年发表了这方面的论著,对于现代概率论和数理统计都有很重要的作用。贝叶斯的另一著作《机会的学说概论》发表于 1758 年。贝叶斯所采用的许多术语被沿用至今。

贝叶斯决策理论是主观贝叶斯派归纳理论的重要组成部分。贝叶斯决策就是在不完全情报下,对部分未知的状态用主观概率估计,然后用贝叶斯公式对发生概率进行修正,最后再利用期望值和修正概率做出最优决策。贝叶斯决策理论方法是统计模型决策中的一个基本方法,其基本思想是:

(1)已知类条件概率密度参数表达式和先验概率。

(2)利用贝叶斯公式转换成后验概率。

(4)根据后验概率大小进行决策分类。

他对统计推理的主要贡献是使用了"逆概率"这个概念,并把它作为一种普遍的推理方法提出来。贝叶斯定理原本是概率论中的一个定理,这一定理可用一个数学公式来表达,这个公式就是著名的贝叶斯公式。贝叶斯公式是他在 1763 年提出来的。

假定 $B_1, B_2, \cdots$ 是某个过程的若干可能的前提,则 $P(B_i)$ 是人们事先对各前提条件出现可能性大小的估计,称之为先验概率。如果这个过程得到了一个结果 A,那么贝叶斯公式提供了我们根据 A 的出现而对前提条件做出新评价的方法。$P(B_i \mid A)$ 即是对以 A 为前提下 B_i 的出现概率的重新认识,称 $P(B_i \mid A)$ 为后验概率。经过多年的发展与完善,贝叶斯公式以及由此发展起来的一整套理论与方法,已经成为概率统计中的一个冠以"贝叶斯"名字的学派,在自然科学及国民经济的许多领域中有着广泛应用。

(选自百度网:名人知识库)

阅读材料 2

正态分布创立者——高斯

高斯(Johann Carl Friedrich Gauss,1777 ~ 1855),生于不伦瑞克,卒于哥廷根,德国著名数学家、物理学家、天文学家、大地测量学家。高斯被认为是最重要的数学家,并有数学王子的美誉。

高斯 3 岁时便能够纠正他父亲的借债账目的错误,已经成为一个轶事流传至今。他曾说,他在麦仙翁堆上学会计算。能够在头脑中进行复杂的计算,是上帝赐予他一生的天赋。高斯用很短的时间计算出了小学老师布置的任务:对自然数从 1 到 100 的求和。他所使用的方法是:对 50 对构造成和 101 的数列求和(1 + 100,2 + 99,3 + 98,…),同时得到结果:5050。这一年,高斯 9 岁。当高斯 12 岁时,已经开始怀疑元素几何学中的基础证明。当他 16 岁时,预测在欧氏几何之外必然会产生一门完全不同的几何学。他导出了二项式定理的一般形式，将其成功地运用在无穷级数，并发展了数学分析的理论。

高斯的老师 Bruettner 与其助手 Martin Bartels 很早就认识到了高斯在数学上异乎寻常的天赋，同时 Herzog Carl Wilhelm Ferdinand von Braunschweig 也对这个天才儿童留下了深刻印象。于是他们从高斯 14 岁起便资助其学习与生活。这也使高斯能够在 1792 ~ 1795 年在 Carolinum 学院（今天 Braunschweig 学院的前身）学习。

1792 年，15 岁的高斯进入 Carolinum 学院。在那里，高斯开始对高等数学作研究。独立发现了二项式定理的一般形式、数论上的“二次互反律”、质数分布定理及算术几何平均。

1795 年高斯进入哥廷根大学。1796 年，17 岁的高斯得到了一个数学史上极重要的结果，就是《正十七边形尺规作图之理论与方法》。18 岁的高斯发现了质数分布定理和最小二乘法。通过对足够多的测量数据的处理后，可以得到一个新的、概率性质的测量结果。在这些基础之上，高斯随后专注于曲面与曲线的计算，并成功得到高斯钟形曲线（正态分布曲线）。其函数被命名为标准正态分布（或高斯分布），并在概率计算中大量使用。在高斯 19 岁时，仅用尺规便构造出了 17 边形。并为流传了 2 000 年的欧氏几何提供了自古希腊时代以来的第一次重要补充。

高斯在他的建立在最小二乘法基础上的测量平差理论的帮助下，结算出天体的运行轨迹。并用这种方法，发现了谷神星的运行轨迹。谷神星于 1801 年由意大利天文学家皮亚齐发现，但他因病耽误了观测，失去了这颗小行星的轨迹。皮亚齐以希腊神话中“丰收女神”（Ceres）来命名它，即谷神星（Planetoiden Ceres），并将以前观测的位置发表出来，希望全球的天文学家一起寻找。高斯通过以前的三次观测数据，计算出了谷神星的运行轨迹。奥地利天文学家 Heinrich Olbers 在高斯的计算出的轨道上成功发现了这颗小行星。从此高斯名扬天下。高斯将这种方法著述在著作《天体运动论》中。

在 1818 年至 1826 年之间高斯主导了汉诺威公国的大地测量工作。通过他发明的以最小二乘法为基础的测量平差的方法和求解线性方程组的方法，显著地提高了测量的精度。出于对实际应用的兴趣，他发明了日光反射仪，可以将光束反射至大约 450 km 外的地方。高斯后来不止一次地为原先的设计作出改进，试制成功被广泛应用于大地测量的镜式六分仪。高斯亲自参加野外测量工作。他白天观测，夜晚计算。五六年间，经他亲自计算过的大地测量数据，超过 100 万次。当高斯领导的三角测量外场观测已走上正轨后，高斯就把主要精力转移到处理观测成果的计算上来，并写出了近 20 篇对现代大地测量学具有重大意义的论文。在这些论文中，推导了由椭圆面向圆球面投影时的公式，并作出了详细证明，这套理论在今天仍有应用价值。汉诺威公国的大地测量工作直到 1848 年才结束，这项大地测量史上的巨大工程，如果没有高斯在理论上的仔细推敲，在观测上力图合理精确，在数据处理上尽量周密细致的出色表现，就不能完成。在当时条件下布设这样大规模的大地控制网，精确地确定 2 578 个三角点的大地坐标，可以说是一项了不起的成就。

19 世纪 30 年代，高斯发明了磁强计，辞去了天文台的工作，而转向物理研究。他与韦伯（1804 ~ 1891 年）在电磁学的领域共同工作。他比韦伯年长 27 岁，以亦师亦友的身份进行合作。1833 年，通过受电磁影响的罗盘指针，他向韦伯发送了电报。这不仅仅是韦伯的实验室与天文台之间的第一个电话电报系统,也是世界首创。尽管线路才 8 千米长。1840 年他和韦伯画出了世界第一张地球磁场图,而且定出了地球磁南极和磁北极的位置,并于次年得到美国科学家的证实。

为纪念高斯,德国在 10 元马克纸币背面印有正态分布图。

(选自百度网:名人知识库)

习　题

一、填空题

1. 抽样调查是________________。

2. 抽样误差可事先________并加以________。

3. 抽样误差有________和________两种。

4. 对于简单随机重复抽样,欲使抽样平均误差缩小 2/3,则样本容量应增加________倍。

5. 若极限误差为 3 倍的抽样平均误差,则总体指标落在置信区间之外的可能性为________。

二、单项选择题

1. 抽样调查中应遵循的原则是(　　)。

①随机原则　②同质性原则
③可比性原则　④系统性原则

2. 重复抽样误差和不重复抽样误差相比(　　)。

①两者相等　②两者不等
③前者小于后者　④前者大于后者

3. 在抽样调查中,无法避免的误差是(　　)。

①登记性误差　②允许误差
③系统偏差　④抽样误差

4. 抽样估计中,要概率保证程度为 95% 则相应的概率度为(　　)。

①2　②3　③1.96　④1.8

5. 抽样估计的可靠性和精确度(　　)。

①是一致的　②是矛盾的
③成正比　④成反比

6. 样本是指(　　)。

①任何一个总体单位　②任何一个被抽中的调查单位
③由被抽中的调查单位所形成的总体④抽样单元

7. 为确定某地航空信件所占的比重,组织一次单位随机抽样,若要使抽样误差不超过 2% 的概率保证程度为 0.954 5,则至少应抽的信件数是(　　)。

①200　②2 000　③2 500　④3 000

三、多项选择题

1. 抽样调查的特点是(　　)。

①了解总体基本情况　　②以部分推断总体

③可以控制抽样误差　　④按随机原则抽样

2. 抽样调查适用于(　　)。

①具有破坏性的调查　　②产品的质量控制

③大规模总体和无限总体的调查　　④检查和补充全面调查资料的不足

3. 重复抽样与不重复抽样相比(　　)。

①都是随机抽样

②二者的可能样本数目不同

③二者都能使总体中每个单位被抽中的机会相等

④总体中每个单位进入同一样本的可能次数不等

4. 影响抽样平均误差的主要因素有(　　)。

①总体的变异程度　　②样本容量

③抽样方法　　④抽样组织形式

5. 极限误差是(　　)。

①衡量估计精确程度的尺度

②大于抽样平均误差的确定数值

③满足一定可靠程度性要求的最大抽样误差绝对值

④最大抽样误差

6. 影响必要样本容量的因素主要有(　　)。

①总体的标志变异程度　　②抽样方法

③样本容量　　④估计的可靠程度

四、判断题

1. 抽样误差的产生是由于破坏了随机性形成的。(　　)

2. 重复抽样误差一定大于不重复抽样误差。(　　)

3. 一个全及总体可能抽取很多个样本总体。(　　)

4. 抽样平均误差是样本平均数的标准差。(　　)

5. 成数的抽样误差一定小于0.5。(　　)

6. 必要抽样数目与概率保证程度成反比。(　　)

7. 某企业在调查产品质量时,有意将管理较差的某车间的产品不算在内。这种做法必将产生系统偏差。(　　)

8. 重复抽样的估计精度总是低于同等条件下不重复抽样的。(　　)

五、简答题

1. 为什么抽样调查是非全面调查中比较科学的调查方法?

2. 简述抽样极限误差和抽样误差、概率度之间的关系。

3. 常用的抽样组织形式有哪些? 有什么特点?

4. 如何理解区间估计?

5. 样本与总体有何区别和联系？

六、计算题

1. 某高校随机抽选千分之一的大学生进行抽样调查，测得他们的身高资料如下：

按身高分组(cm)	学生人数(人)
150～160	20
160～170	60
170～180	16
180 以上	4

试以 95.45% 的概率保证估计：

①该校全部大学生的平均身高范围；

②该校全部大学生身高在 170 cm 以上的人数范围。

2. 假定根据类型抽样求得下表数字，试用 95.45% 的概率估计总体平均数范围。

区域	抽取单位	标志平均数	标准差
甲	600	32	20
乙	300	36	30

3. 若对总体的 1 000 个单位进行 5% 的等距抽样，试问：

①要对总体划分为几个部分？

②每部分的单位数为多少？

③中选的样本单位的间隔距离是多少？

④若在第一部分抽到 2 号总体单位，那么其他中选的单位号码各是什么？

4. 某烟厂 24 小时连续生产，为掌握产品质量，在全月连续生产中，每隔 24 小时抽取 1 个小时的产品进行全面调查，一级品率为 80%，群间方差为 8%。要求计算抽样平均误差。

5. 某砖瓦厂对所生产的砖的质量进行抽样检查，要求概率保证程度为 68.27%，抽样误差范围不超过 1.5%，并知过去进行几次同样调查，产品的不合格率分别为 1.25%、1.83%、2%。试计算：

①必要的抽样单位数目；

②假定其他条件不变，现在要求抽样误差范围不超过 3%，即比原来的范围扩大一倍，则必要的抽样单位数是多少？

第八章 相关分析

教学目的和要求 通过本章的学习，要了解相关分析和回归分析的概念和作用；掌握相关系数的概念和计算；熟练掌握一元线性回归分析方法；了解曲线回归分析方法。

关键词 相关系数 相关分析 回归分析

引导案例

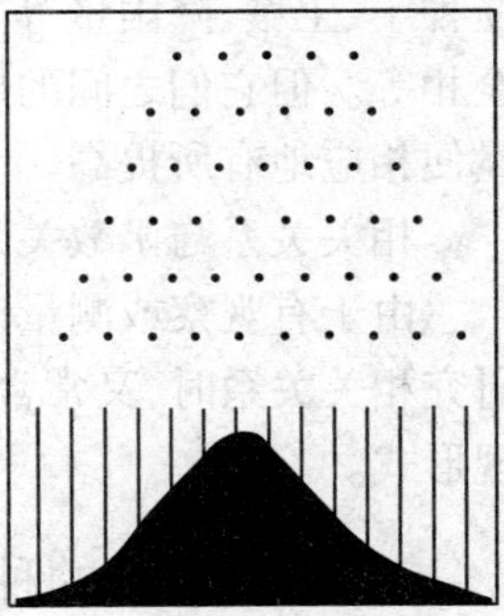

小知识：高尔顿钉板试验

图中每一个黑点表示钉在板上的一颗钉子，每排钉子等距排列，下一排的每个钉子恰在上一排两相邻钉子之间。假设有 n 排钉子，从入口中处放入小圆珠。由于钉板斜放，珠子在下落过程中碰到钉子后以1/2的概率滚向左边，也以1/2的概率滚向右边。如果 n 较大，可以看到许多珠子从入口中处滚到钉板底端的格子的情形如右图所示，堆成的曲线近似于正态分布。

第一节 相关分析的意义和任务

一、相关关系的概念

自然界和社会中的许多事物或现象，彼此之间都有机地相互联系着，相互依赖着，相互制约着。在社会经济领域中，一种现象的变化往往依存于其他现象的变化，所有各种现象之间的相互联系，都可以通过数量关系反映出来。

现象之间的相互联系可以区分为两种不同的类型。

（一）函数关系

函数关系反映着现象之间存在着严格的依存关系，在这种关系中，对于某一变量的每一个数值，都有另一个变量的确定的值与之相对应，并且这种关系可以用一个数学表达式反映出来。例如 $S=\pi R^2$，这里，圆的面积是随半径大小而变动的。自然界中，广泛存在着函数关系。

（二）相关关系

相关关系反映现象之间确实存在的、关系数值不固定的相互依存关系。理解相关关系要把握两个要点。

1. 相关关系是指现象之间确实存在数量上的相互依存关系

两个现象之间，一个现象发生数量上的变化，另一个现象也会相应地发生数量上的变化。例如，身体高的人一般讲也要重一点；劳动生产率提高相应地会使成本降低、利润增加等。

在具有相互依存关系的两个变量中，作为根据的变量叫做自变量，发生对应变化的变量叫做因变量。自变量一般用 x 代表，因变量用 y 代表。

2. 现象之间数量依存关系的具体关系值不是固定的

在相关关系中，对于某项标志的每一数值，可以有另外标志的若干个数值与之相适应，在这些数值之间表现出一定的波动性，但又总是围绕着它们的平均数并遵循一定的规律而变化。例如，每亩耕地的施肥量与亩产量之间存在着一定的依存关系。在一般条件下，施肥量适当增加，亩产量便相应地提高，但在亩产量的增长与施肥量增长的数值之间，并不存在严格的依存关系；因为对每亩耕地的产量来说，除了施肥量多少这一因素外，还受种子、土壤、降雨量等其他因素的影响，即使在施肥量相同的条件下，其亩产量也并不完全相等。但它们之间的确存在着一定的规律性，即在一定范围内，随施肥量的增加，亩产量便相应地有所提高。

相关关系与函数关系有区别，但是它们之间也有联系。

由于有观察或测量误差等原因，函数关系在实际中往往通过相关关系表现出来。在研究相关关系时，又常常要使用函数关系的形式来表现，以便找到相关关系的一般数量表现形式。

二、相关关系的种类

现象之间的相互关系是很复杂的，它们各以不同的方向、不同的程度相互作用着，并表现出不同的类型和形态。

（一）从相关关系涉及的因素多少来划分，可分为单相关和复相关

两个因素之间的相关关系叫做单相关，即研究时只涉及一个自变量和一个因变量。三个或三个以上因素的相关关系叫做复相关，即研究涉及两个或两个以上的自变量和因变量。

（二）从相关关系的表现形态来划分，可分为直线相关和曲线相关

相关关系是一种数量上不严格的相互依存关系。如果这种关系近似地表现为一条直线则称为直线相关。如果这种关系近似地表现为一条曲线则称为曲线相关。曲线相关也有不同的种类，如抛物线、指数曲线、双曲线等。

研究现象的相关关系，究竟取哪种形态，要对现象的性质作理论分析，并根据实际经验，才能求得较好的解决。

（三）从直线相关变化的方向来划分，有正相关和负相关

自变量（x）的数值增加，因变量（y）的数值也相应地增加，这叫做正相关。例如施肥量增加，亩产量也增加。自变量数值增加，因变量数值相应减少；或者自变量数值减少，因变量数值相应增加，这叫做负相关。例如产品生产越多，生产成本越低；商品价格降低，商品销售量增多。

（四）按相关的程度来划分，可分为完全相关、不完全相关和无相关

两种现象中一个现象的数量变化，随另一现象的数量变化所确定，这两种现象间的依存关系，就称为完全相关，如 $S=\pi R^2$，在这种情况下，相关关系就是函数关系。两种现象的数量各自独立，互不影响，称为无相关，如企业生产成本与工人年龄之间，一般是无相关的。两个现象之间的关系，介于完全相关与无相关之间，称为不完全相关。通常相关分析主要是不完全相关分析。

以上相关关系种类，如图 8-1 所示。

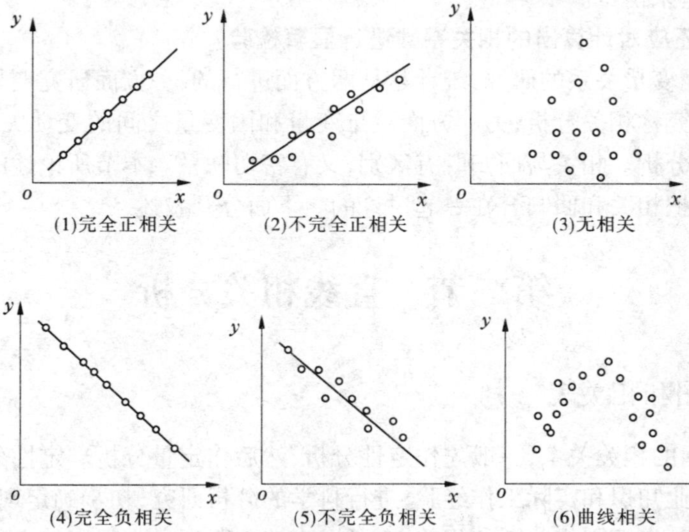

图 8-1　不同种类相关关系的图解

三、相关分析的主要内容

相关分析是用以分析社会经济现象间的依存关系，其目的就是从现象的复杂关系中消除非本质的偶然影响，从而找出现象间相互依存的形式和密切程度以及依存关系变动的规律性。这在实际工作中运用得非常广泛。相关分析的主要内容如下。

（一）确定现象之间有无关系，确定相关关系的表现形式

这是相关分析的出发点。有相互依存关系才能用相关方法进行分析，没有关系而当做有关系会使认识发生错误。关系表现为什么样的形式就需要使用什么样的方法，把曲线相关当做直线相关来进行分析，也会使认识发生偏差。

（二）确定相关关系的密切程度

相关分析的目的之一，就是从不严格的关系中判断其关系的密切程度。判断的主要方法，就是将自变量和因变量的数据资料编制成散布图或相关表，由此判断相关的密切程度，进而计算出相关系数。

（三）选择合适的数学模型

确定了现象间的相关关系及密切程度，就要选择合适的数学模型，对变量之间的联系给以近似的描述。

如果现象之间的关系表现为直线相关，则采用配合直线的方法；如果现象之间的关系表现为各种曲线，则用配合曲线的方法。使用这种方法能使我们找到现象之间相互依存关系的数量上的规律性。这是进行判断、推算、预测的根据。

（四）测定变量估计值的可靠程度

配合直线或配合曲线后，可反映现象间的变化关系，也就是说，自变量有变化时，因变

量有变化。根据这个数量关系,可测定因变量的估计值。把估计值与实际值对比,如果它们的差别小,说明估计得较准确;反之就不够准确。这种因变量估计值的准确程度,通常用估计标准误差来衡量。

(五)最后还应对计算出的相关系数进行显著检验

对现象之间变量关系的研究,统计是从两方面进行的:一方面研究变量之间关系的紧密程度,这种研究称相关分析;另一方面对自变量和因变量之间的变动关系,用数学方程式表达,称回归分析。相关与回归既有区别,又有密切联系。本节所论述的有关相关关系的种种问题,是把相关和回归合在一起讨论的。下面分开叙述。

第二节　直线相关分析

一、散布图和相关表

判断现象间的相关关系,一般先作定性分析,然后作定量分析。定性分析就是根据经济理论、有关专业知识和实际工作经验,进行科学的分析研究,初步确定现象间有无关系。如确有关系,进一步编制相关图和相关表,可以直接判断现象之间大致上呈现何种关系形式,以此计算相关系数,定量分析,反映相关关系的方向和程度。

(一)绘制散布图

例如,有8家企业生产某种产品,月产量和生产费用的资料如表8-1所示。散布图见图8-2。

表8-1　8家企业月产量和生产费用资料

企业编号	1	2	3	4	5	6	7	8
月产量 x(千t)	1.2	2.0	3.1	3.8	5.0	6.1	7.2	8.0
生产费用 y(万元)	62	86	80	110	115	132	135	160

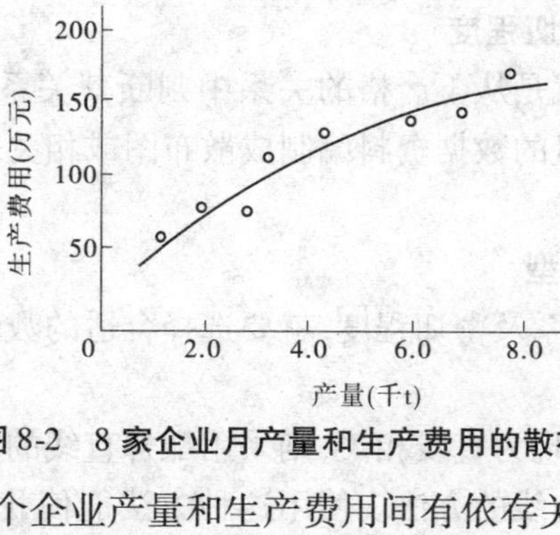

图8-2　8家企业月产量和生产费用的散布图

从图8-2可以看出,8个企业产量和生产费用间有依存关系,各个点虽不完全在一条直线上,但有形成一条直线的趋向。

(二)相关表

根据总体单位的原始资料还可以编制相关表(见表8-2)。

表 8-2　产品产量和生产费用相关表

序　号	产品产量 x(千 t)	生产费用 y(万元)
1	1.2	62
2	2.0	86
3	3.1	80
4	3.8	110
5	5.0	115
6	6.1	132
7	7.2	135
8	8.0	160
合　计	36.4	880

从表 8-2 可以看出,产品生产产量和生产费用之间关系虽然不十分严格,但有直线相关的趋势,而且大致可以看出关系比较密切。

如果和某个现象相关的因素不只一个,可以分别绘制许多相关图,从许多相关图的对比中,大致可以看出该现象与各个因素的密切程度,从中判断出哪个是主要因素,哪个是次要因素。

二、相关系数的测定与应用

相关图表对了解现象之间的相关关系是有用的,但这只是初步的判断,是相关分析的开始,为了说明现象之间相关关系的密切程度,可以计算相关系数。

根据相关表的资料,相关系数(r)的计算方法有两种,现具体介绍积差法。

积差法的计算公式为:

$$r = \frac{\sigma_{xy}^2}{\sigma_x \cdot \sigma_y} \tag{8-1}$$

式中,r 为相关系数;σ_{xy}^2 为自变量数列、因变量数列的协方差;σ_x 为自变量数列的标准差;σ_y 为因变量数列的标准差。

其中:

$$\sigma_{xy}^2 = \frac{\sum (x - \bar{x})(y - \bar{y})}{n} = \frac{1}{n}\sum (x - \bar{x})(y - \bar{y})$$

$$\sigma_x = \sqrt{\frac{\sum (x - \bar{x})^2}{n}} = \sqrt{\frac{1}{n}\sum (x - \bar{x})^2}$$

$$\sigma_y = \sqrt{\frac{\sum (y - \bar{y})^2}{n}} = \sqrt{\frac{1}{n}\sum (y - \bar{y})^2}$$

所以,相关系数也可写成:

$$r=\frac{\sigma_{xy}^2}{\sigma_x\cdot\sigma_y}=\frac{\sum(x-\bar{x})(y-\bar{y})}{\sqrt{\sum(x-\bar{x})^2}\cdot\sqrt{\sum(y-\bar{y})^2}}$$

现用表 8-2 的资料来说明相关系数的计算过程(见表 8-3)。

表 8-3　相关系数计算表

序号	产品产量(千 t) x	生产费用(万元) y	$(x-\bar{x})$	$(x-\bar{x})^2$	$(y-\bar{y})$	$(y-\bar{y})^2$	$(x-\bar{x})\cdot(y-\bar{y})$
1	1.2	62	-3.35	11.222 5	-48	2 304	160.8
2	2.0	86	-2.55	6.502 5	-24	576	61.2
3	3.1	80	-1.45	2.102 5	-30	900	43.5
4	3.8	110	-0.75	0.562 5	0	0	0
5	5.0	115	0.45	0.202 5	5	25	2.25
6	6.1	132	1.55	2.402 5	22	484	34.1
7	7.2	135	2.65	7.022 5	25	625	66.25
8	8.0	160	3.45	11.902 5	50	2 500	172.5
合计	36.4	880	—	41.92	—	7 414	540.6

根据计算表可得:

$$\bar{x}=\frac{\sum x}{n}=\frac{36.4}{8}=4.55(\text{千 t})$$

$$\bar{y}=\frac{\sum y}{n}=\frac{880}{8}=110(\text{万元})$$

$$r=\frac{\sum(x-\bar{x})(y-\bar{y})}{\sqrt{\sum(x-\bar{x})^2}\cdot\sqrt{\sum(y-\bar{y})^2}}=\frac{540.6}{\sqrt{41.92\times 7\,414}}$$

$$=0.969\,7$$

三、相关系数的密切程度

相关系数的数值有个范围,在 -1 和 +1 之间,即 $-1\leqslant r\leqslant 1$。计算结果带有负号表示负相关,带有正号表示正相关。

相关系数 r 的数值绝对值越接近于 1(+1 或 -1)表示相关关系越强,越接近于 0 表示相关关系越弱。

为了判断时有个标准,有人提出了相关关系密切程度的等级,相关系数在 0.3 以下算无相关,0.3 以上算有相关;0.3 ~0.5 是低度相关;0.5 ~0.8 是显著相关;0.8 以上是高度相关。

按照上述划分标准来进行判断,计算相关系数的原始根据要比较多,例如在 50 个以上。计算时根据的资料多,计算结果的可信度就高,如果资料太少,则计算结果的可信度就低,也就是说,判断有相关关系的起点值要相应提高,如以 0.4 或 0.5 为起点。

第三节　直线回归分析

一、回归分析的概念

为了说明变量之间的相关关系,可以用相关系数来加以反映。但是,相关系数仅能说明相关关系的方向和紧密程度,而不能说明变量之间的因果数量关系。当给自变量某一数值时,不能根据相关系数来估计或预测因变量可能发生的数值。回归分析就是对具有相关关系的变量之间数量变化的一般关系进行测定,确定一个相关的数学表达式,以便于进行估计或预测的统计方法。

相关关系是一种数量关系不严格的相互依存关系。现在根据这些数量关系不严格、不规则的资料找出现象的规则来,方法就是配合直线或配合曲线。一般用得较多的是配合直线,用一条直线来代表现象之间的一般数量关系。这条直线在数学上叫做回归直线,表现这条直线的数学公式称直线回归方程。

回归这个统计术语,最早采用者是英国遗传学家高尔登。他把这种统计分析方法应用于研究生物学的遗传问题,指出生物后代有回复或回归到其上代原有特性的倾向。高尔登的学生皮尔逊继续研究,把回归的概念和数学方法联系起来,把代表现象之间一般数量关系的直线或曲线称为回归直线或回归曲线。我们这里主要介绍简单直线回归方程。

二、简单直线回归方程

(一)简单直线回归分析的特点

(1)在两个变量之间,在进行回归分析时,必须根据研究目的,具体确定哪个是自变量,哪个是因变量。

(2)在两个现象互为根据的情况下,可以有两个回归方程——y 倚 x 回归方程和 x 倚 y 回归方程。这和用以说明两个变量之间关系密切程度和相关关系只能计算一个是不相同的。

(3)回归方程的主要作用在于给出自变量的数值来估计因变量的可能值。一个回归方程只能作一种推算。推算的结果表明变量之间的具体的变动关系。

(二)简单直线回归方程的确定

1. 基本方法

简单直线回归方程又称一元一次回归方程,其基本形式是:

y 倚 x 回归方程:$\hat{y}_c = a + bx$

x 倚 y 回归方程:$\hat{x}_c = c + dy$

a 和 c 是两条直线的截距，b 和 d 是两条直线的回归系数。a、b、c、d 都是待定参数。估计这些参数有不同的方法，统计中使用最多的是最小平方法，用这种方法求出的回归线是原资料的最合适线。就 y 倚 x 回归线来讲：

$$\sum (y - \hat{y}_c)^2 = 最小值 \tag{8-2}$$

这里讨论的最小平方法与"时间数列"一章中长期趋势测定的最小平方法是同一方法。实际上，长期趋势测定也是回归法的一种，就是把时间作为自变量，动态指标作为因变量计算的。因此，那里讲的有关公式，这里都适用，只要把时间变量的符号 t 改为自变量 x 或自变量 y 即可。两个标准方程式写成：

$$\begin{cases} \sum y = na + b\sum x \\ \sum xy = a\sum x + b\sum x^2 \end{cases}$$

从以上一对联立方程中解出 a 和 b：

$$b = \frac{n\sum xy - \sum x \cdot \sum y}{n\sum x^2 - (\sum x)^2}$$

$$a = \bar{y} - b\bar{x}$$

我们可以利用这两个公式算出 a 和 b，从而得出 y 倚 x 的回归方程 $\hat{y}_c = a + bx$。与此对应的 x 倚 y 回归方程的两个参数的公式是：

$$d = \frac{n\sum y \cdot x - \sum y \cdot \sum x}{n\sum y^2 - (\sum y)^2}$$

$$c = \bar{x} - d\bar{y}$$

得出的回归方程是 $\hat{x}_c = c + dy$

如果已用积差法计算了相关系数，有相应的资料，也可以用如下的方法求解：

$$b = \frac{\sum (x - \bar{x})(y - \bar{y})}{\sum (x - \bar{x})^2}$$

$$c = \bar{y} - b\bar{x}$$

2. 直线回归方程的计算

我们仍用表 8-2 的资料，得到表 8-4。根据表 8-4 计算：

$$\bar{x} = \frac{\sum x}{n} = \frac{36.4}{8} = 4.55(千\ t)$$

$$\bar{y} = \frac{\sum y}{n} = \frac{880}{8} = 110(万元)$$

$$b = \frac{n\sum xy - \sum x \cdot \sum y}{n\sum x^2 - (\sum x)^2} = \frac{8 \times 4\,544.6 - 36.4 \times 880}{8 \times 207.54 - 36.4^2} = 12.90$$

表 8-4　直线回归方程计算表

序　号	产品产量 x（千 t）	生产费用 y（万元）	x^2	xy	y_c	$(y-y_c)^2$
1	1.2	62	1.44	74.7	66.79	22.944 1
2	2.0	86	4.00	172	77.11	79.032 1
3	3.1	80	9.61	248	91.3	127.69
4	3.8	110	14.44	418	100.33	93.508 9
5	5.0	115	25.00	575	115.81	0.656 1
6	6.1	132	37.21	805.2	130	4
7	7.2	135	51.84	972	144.19	84.456 1
8	8.0	160	64.00	1 280	154.51	30.140 1
合　计	36.4	880	207.54	4 544.6	880	442.427 4

$$a = \bar{y} - b\bar{x} = 110 - 12.90 \times 4.55 = 51.31$$

把 b 和 a 值代入回归方程 $y_c = a + bx$，则：

$$y_c = 51.31 + 12.90x$$

把 x 各值代入上式，即可求得相应的 y_c 值，并可看出 $\sum y_c = \sum y = 880$；$\sum(y - y_c) = 0$；$\sum(y - y_c)^2 = 442.427\ 4$ 为最小值。在 y_c 各值中，任取两值相连，即得回归直线，见图 8-3。

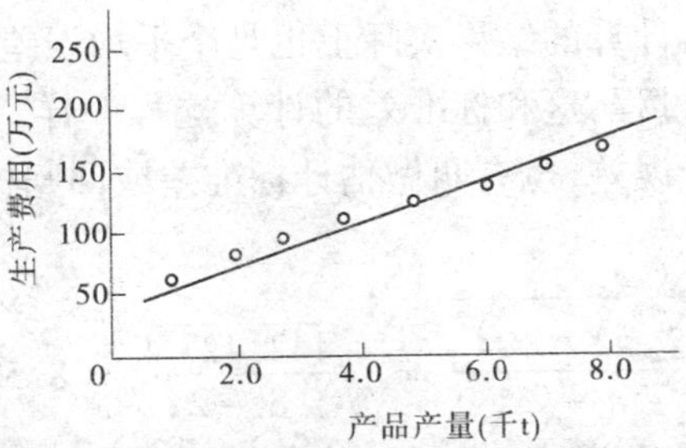

图 8-3　8 家企业产品产量和生产费用的直线回归方程图

第四节　估计标准误差

一、估计标准误差的概念

回归直线是在直线相关条件下，反映变量之间一般数量关系的平均线。根据直线回归方程，知道了自变量的数值，就可以推算出因变量的数值。但是，推算出来的因变量的数值并不是精确的数值，它是一个估计值，和实际值之间有差异。如表 8-4 所示，产品产量 3.1 千 t，生产费用实际值 80 万元、预测值为 91.3 万元，两者差 10.3 万元，即 $y - y_c = -10.3$ 万元。我们不仅用回归方程推算已有实际值的估计值，还要推算未知的值。这样就有了推算的数值与实际数值相差多大的问题。这直接关系到推算的准确性。从另一方面讲,这种差别大小也反映着回归直线的代表性大小。

估计标准误差就是用来说明回归方程推算结果的准确程度的统计分析指标,或者说是反映回归直线代表性大小的统计分析指标。

二、简单直线回归估计标准误差的测定

估计标准误差有两种计算方法。

(一)根据因变量实际值和估计值的离差计算

计算公式如下:

$$S_{yx} = \sqrt{\frac{\sum (y - y_c)^2}{n - 2}} \tag{8-3}$$

式中,S_{yx}为估计标准误差;y 为因变量数列的实际值;y_c 为根据回归方程推算出来的估计值;n 为因变量的项数。

估计标准误差和有两条回归直线一样,也可以计算两个。另一个估计标准误差可以用 S_{xy}表示。

$y - y_c$ 是因变量实际值和估计值的估计误差,如果将估计误差总和相加,结果是 $\sum (y - y_c) = 0$。

由于在 $\sum (y - y_c)^2 = \sum (y - a - bx)^2$ 中,参数 a 和 b 是由实际资料计算的,从而丧失了两个自由度。

从计算公式可以看出,计算的结果实际上也是个平均误差。但不是简单平均的,而是经过乘方、平均、再开方的过程,这和标准差的计算这程一样。它的作用是说明估计的准确程度,所以叫做估计标准误差,也有叫做估计标准差或回归标准差的。根据表 8-4 的资料可得:

$$S_{yx} = \sqrt{\frac{\sum (y - y_c)^2}{n - 2}} = \sqrt{\frac{442.427\,4}{8 - 2}} = 8.587(\text{万元})$$

从计算结果看,估计标准误差为 8.587 万元。这个数值越大,就表明估计值的代表性小,也就是相关点的离散程度大。这个数值越小则说明估计值的代表性大,也就是相关点的离散程度小。如果 $S_{yx} = 0$,就是 y 和 y_c 没有差异,从相关图上看,则表明所有的相关点全在 y_c 这条直线上,说明估计值完全准确。

(二)根据 a、b 两个参数值计算估计标准误差

上述计算估计标准误差方法是用平均误差来表现的。但是计算比较麻烦,需要计算出所有的估计值。如果已知直线回归方程的参数值,有一个比较简便的计算方法。计算公式如下:

$$S_{yx} = \sqrt{\frac{\sum y^2 - a\sum y - b(\sum xy)}{n - 2}} \tag{8-4}$$

根据表 8-2 资料,得:

$$\sum y^2 = 104\ 214 \qquad \sum y = 880$$

$$\sum xy = 4\ 544.6$$

$$a = 51.31 \qquad b = 12.90$$

代入公式(8-4)：

$$S_{yx} = \sqrt{\frac{104\ 214 - 51.31 \times 880 - 12.90 \times 4\ 544.6}{8-2}} = 8.5(\text{万元})$$

$$= 8.5(\text{万元})$$

三、相关系数和估计标准误差的关系

这两个指标在数量上具有如下关系：

$$r = \sqrt{\frac{{\sigma_y}^2 - {S_{yx}}^2}{{\sigma_y}^2}} = \sqrt{1 - \frac{{S_{yx}}^2}{\sigma_y^2}} \qquad (8\text{-}5)$$

仍用表8-2资料来验证。根据资料得：

$${\sigma_y}^2 = \frac{\sum (y - \bar{y})^2}{n} = \frac{7\ 414}{8} = 926.75$$

$${S_{yx}}^2 = 8.5^2 = 72.25$$

$$r = \sqrt{1 - \frac{72.25}{926.75}} \approx 0.96$$

计算结果，相关系数为0.96，与以前的结果基本相同，所差的0.01是由于计算过程中小数点取位多少不同所致。这也是相关系数的一种计算方法，但是这种计算方法一般并不使用，因为它要求先配合回归直线，解出直线回归方程，计算出估计标准误差，然后才能进行这种推算。而从认识的一般程序来讲，首先要知道现象间关系是否密切。如果关系不密切，回归直线价值不大，就不去进行下一步计算了。只有证明了相关关系比较密切，回归直线有实用价值，才去配合回归直线，用它来进行估计或预测，而且这样计算出的r，不能判明是正相关或负相关。

所以，实际工作中常常采用另一种推算方法，即根据相关系数r去推算估计标准误差S_{yx}，推算公式可以从上述关系公式推算出来。

由于

$$r = \sqrt{1 - \frac{S_{yx}^2}{\sigma_y^2}} \quad \text{即 } r^2 = 1 - \frac{S_{yx}^2}{\sigma_y^2}$$

$$S_{yx}^2 = \sigma_y^2(1 - r^2) \quad \text{即 } S_{yx} = \sigma_y \sqrt{(1 - r^2)}$$

仍用上例。

已知 $\sigma_y = \sqrt{\dfrac{\sum (y - \bar{y})^2}{n}} = \sqrt{\dfrac{7\ 414}{8}} = 30.44 \qquad r = 0.96$

则 $S_{yx} = 30.44 \times \sqrt{1 - 0.96^2} = 8.5(\text{万元})$

相关系数和估计标准误差在数值的大小上表现为相反的关系。

(一) r 值越大，S_{yx} 越小

r 值越大，说明相关程度越密切，这时 S_{yx} 越小，也就是说，相关点距离回归直线比较近。当 r 值大到 $r=\pm1$ 时，即完全相关时，则：

$S_{yx}=\sigma_y\cdot\sqrt{1-r^2}=\sigma_y\cdot0=0$，即估计标准误差等于 0。从相关图上看，就是说所有的相关点全在回归直线 y_c 上，这也就是完全相关。

(二) r 值越小，S_{yx} 越大

r 值越小，说明相关程度不密切，这时 S_{yx} 值越大。从相关图上看，也就是相关点距离回归直线比较远。当 r 值小到 $r=0$ 时，即不相关时，则 $S_{yx}=\sigma_y\cdot\sqrt{1-r^2}=\sigma_y\cdot\sqrt{1-0}=\sigma_y$，即估计标准误差等于 y 数列的标准差。这说明相关点与回归直线的距离和相关点与 y 数列的平均线的距离一样，也就是说，回归直线和 y 数列的平均线是同一条直线。在这种情况下，相关点的 x 值不管怎样变化，y_c 的值始终不变，永远等于 y 数列的平均值，这当然就是不相关了。

相关系数和估计标准误差可以从不同角度说明相关关系密切与否。由于相关系数表明关系程度比较明确，而且能直接辨别出是正相关或是负相关，所以一般情况下相关系数用得多。

第五节　相关与回归分析中的 EXCEL 的应用

在 EXCEL 数据分析宏中，EXCEL 专门提供了计算相关系数宏过程。利用此宏过程，可以计算多个变量之间的相关矩阵。

(一) 问题与数据

现以“某企业广告投入与销售额”的关系资料为例，见图 8-4。

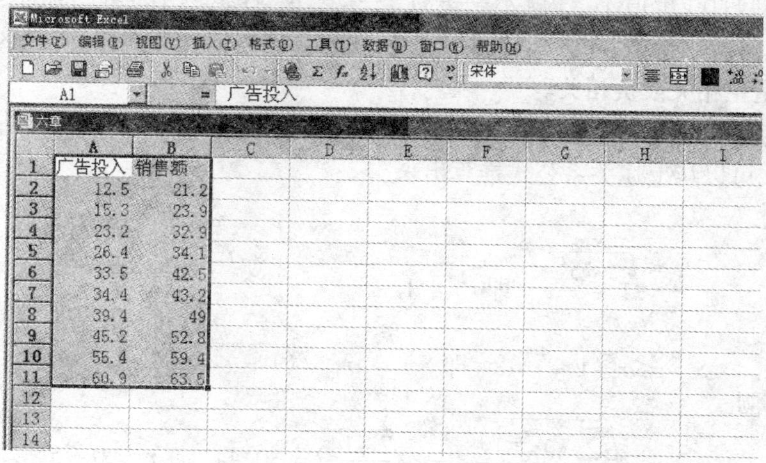

	A	B
1	广告投入	销售额
2	12.5	21.2
3	15.3	23.9
4	23.2	32.9
5	26.4	34.1
6	33.5	42.5
7	34.4	43.2
8	39.4	49
9	45.2	52.8
10	55.4	59.4
11	60.9	63.5

图 8-4　某企业广告投入与销售额

(二)操作步骤

利用相关系数宏计算相关系数矩阵的步骤如下：

(1)点击 EXCEL“工具”菜单,选择“数据分析”过程；

(2)在“数据分析”宏过程中,选择“相关系数”过程,如图 8-5 所示；

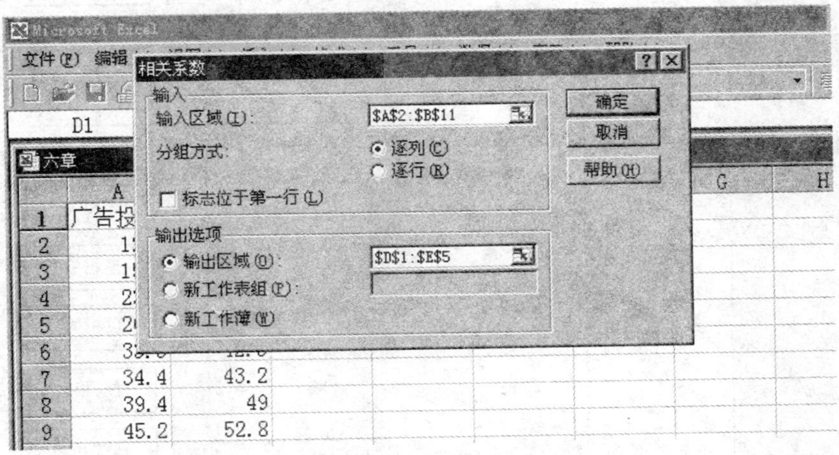

图 8-5　相关系数宏

(3)在“输入区域”中输入两个变量所在区域 A2: B11,数据以列排列,输出区域选择在同一工作表中的以 D1: E3区域里。计算结果如图 8-6 所示。

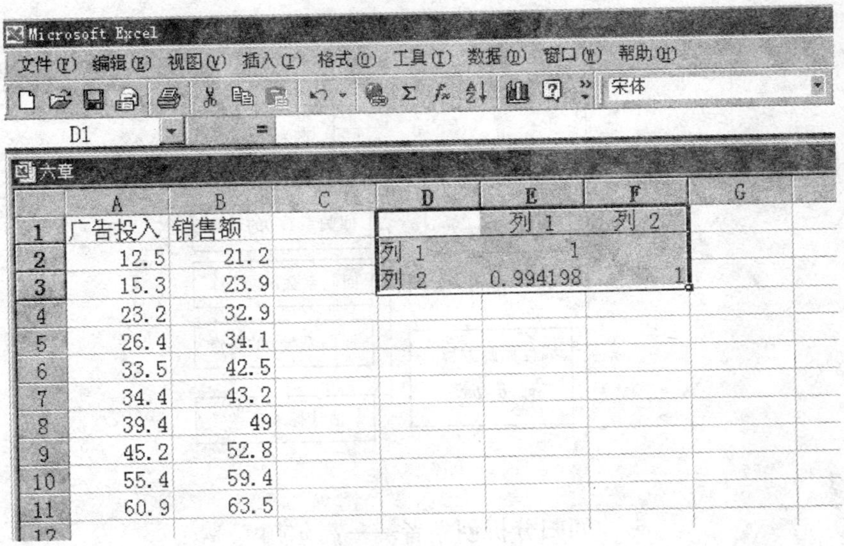

图 8-6　利用相关系数宏计算的相关系数矩阵

本章知识结构图如下：

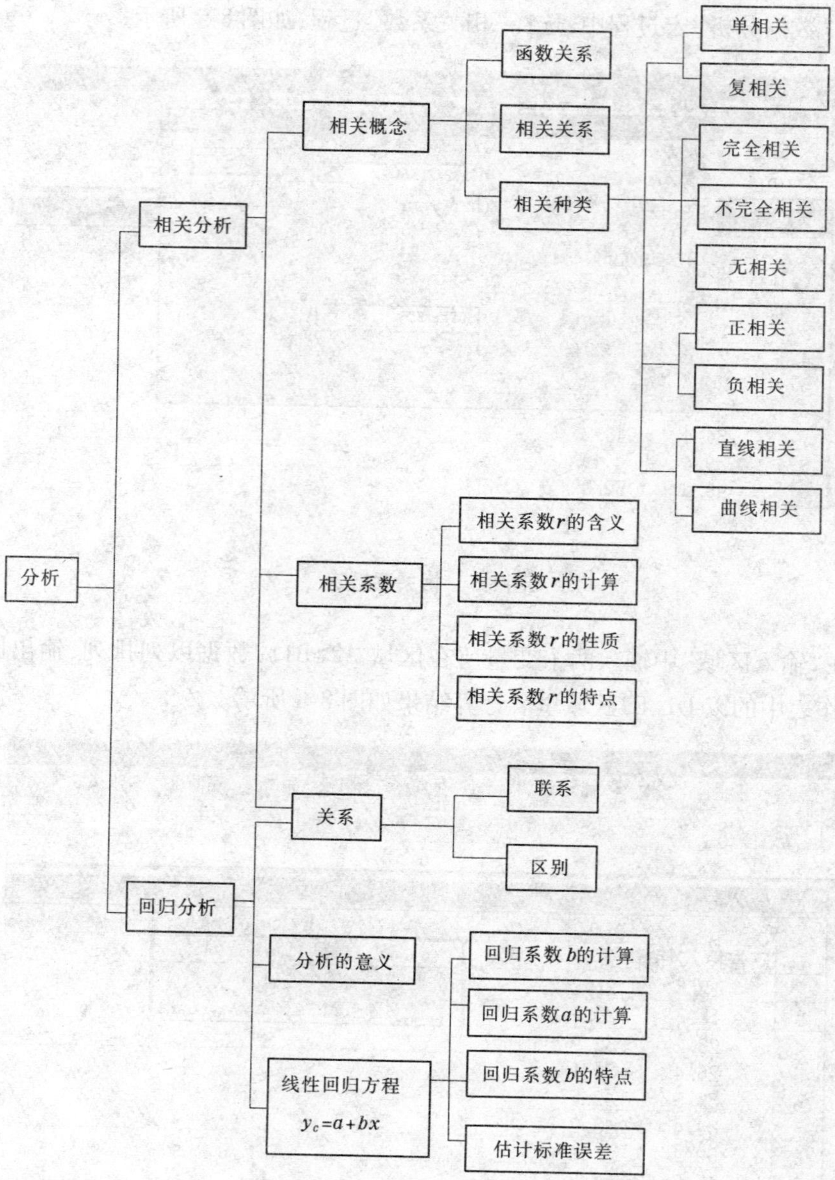

阅读材料1

回归分析创立者——高尔顿

弗朗西斯·高尔顿(Francis Galton,1822～1911年),英国探险家、优生学家、心理学家,差异心理学之父,也是心理测量学上生理计量法的创始人。他出生于英国伯明翰市斯帕克布洛附近的拉杰斯的一个贵族家庭,因急性支气管炎逝于英国萨里郡黑索米尔镇。

高尔顿的父亲是银行家,其母亲和达尔文的父亲是同父异母的兄妹,所以高尔顿是达尔文的表弟。他是家中9个孩子里最小的一个,比他大12岁的姐姐阿黛尔是幼年高尔顿的启蒙老师,他从小就聪颖过人,出生12个月后,他便能认识所有的大写字母,18个月后则能辨别大写和小写两种字母。在他咿呀学语的时候就能背诵拉丁文。到了两岁半左右,高尔顿已能阅读《蛛网捕蝇》之类的儿童读物。3岁时他学会签名,4岁时他能写诗,5岁时已能背诵并理解苏格兰叙事诗《马米翁》,6岁时,他已精熟荷马史诗中的《伊利亚特》和《奥德赛》,7岁能欣赏莎士比亚名著,对博物学产生兴趣,并按自己的方法对昆虫、矿物标本进行分类。8岁时他被送进寄宿学校正式接受教育,行为突然变坏,常与同学打斗,频遭学校惩戒。15岁时,他的父亲希望他学医,因此安排他随一家英国医学机构到欧洲大陆作巡回医疗活动,回来之后在伯明翰市立伦敦国王学院学习医学、生理学、植物学和化学,并且成绩优秀。但不久,他的兴趣就转移到数学和自然哲学上,于是1840年他考入剑桥大学三一学院,也就是牛顿的母校,希望学到更多的数学知识,但成绩并不理想。1843年他患上了神经衰弱,而在此时他父亲也生病了,1844年获得剑桥大学学士学位后曾继续研习医学,但不久后父亲病逝。

父亲逝世后,他也辍学而完全停止了医学研究,从此未再继续求学。他继承了巨额遗产而变得十分富有,因此从未担任大学教授或其他专门职业,但爱好发明,多才多艺,学术兴趣超过同年代的许多学者,包括人类学、地理学、数学、力学、气象学、心理学和统计学等。他热衷于旅行与探险,先后到欧洲、埃及和中东旅行,回国后接受一位骨相学友人建议,在1846~1850年参加了皇家地理学会去非洲的旅行,从事气象学和地理学的研究。回来后,他完成了一份非洲地图,并于1853年出版了《南非探险记》,基于此被政府任命为军中地理教师并当选为皇家地理学会会员,同年他和巴特勒露(Louisa Butler)结婚,但他们一生都未生育。1855年出版了《旅行的艺术》描述如何与非洲的野人和野兽相处的故事,1856年当选为皇家学会会员。1859年表兄达尔文出版了《物种起源》引起了他对人类遗传的兴趣。1884年,他创设了人类测量实验室,1901年与其弟子皮尔逊(Karl Pearson)创办了《生物统计学杂志》,1904年捐赠基金在伦敦创办优生学实验室。

高尔顿的贡献主要在以下方面:

(1)他率先研究个体差异。他在伦敦南肯辛顿博物馆他的人类测量实验室内,利用仪器作人类学测量及心理学测量。测量项目有身高、体重、肺活量、拉力和握力、扣击的速率、听力、视力、色觉等,以研究能力的个体差异。又用问答法研究意象的个体差异。要求被试先确定一件事,如早餐的情境,然后被试回忆心目中出现餐桌上实物的意象,即食物的鲜明度、确定度等。对答案整理后,他发现被试的意象有很大的个体差异:有的人以肌肉运动觉意象为主,有的人以听觉意象为主,有的人以视觉意象为主。

(2)最为人所知的是他发现了人类有指纹,他不仅对身体上的特征有兴趣,也认为这个时代的智力是与上个时代的智力是相关的,是经由遗传而来的。他强调遗传是形成个体差异的原因。他通过谱系调查,论证遗传因素与个体差异的关系。他是第一个明确提出普通能力和特殊能力主张的人。他在调查1768~1868年这100年间英国的首相、将军、文学家和科学家共977名获得智力成熟的人的家谱后发现,其中有89个父亲、129个儿子、114个兄弟,共332名杰出人士。而在一般老百姓中4 000人才产生一名杰出人士。因此,断言“普通能力”是遗传的。在调查30家有艺术能力的家庭中,他发现这些家庭中的子女也有艺术能力的占 64%；而 150 家无艺术能力的家庭，其子女中只有 21% 有艺术能力，因此断言艺术能力——"特殊能力"也是遗传的。他发现，遗传亲属关系程度的降低，杰出亲属的比例也显著地下降。他还用 80 对双生子的资料，以双生子比其他亲兄弟、亲姐妹在心理特点上更为相像的事例，证明人的心理完全是遗传的。由此也使他第一个注意到同卵双生和异卵双生在估计遗传和环境因素在人的变异方面的相对作用的方法论的重要性。高尔顿根据遗传与个体差异的关系倡导善择配偶，改良人种，并在 1883 年《人类才能及其发展的研究》一书中首创"优生学"这一术语。

(3)心理学研究之量化，始自高尔顿。他发明了许多感官和运动的测试，并以数量代表所测得的心理特质之差异。他认为人的所有特质，不管是物质的还是精神的，最终都可以定量叙述，这是实现人类科学的必要条件，故最先应用统计法处理心理学研究资料，重视数据的平均数与高中差数。他收集了大量资料证明人的心理特质在人口中的分布如同身高、体重那样符合正态分布曲线。高尔顿是生物统计学派的奠基人，他的表哥达尔文的巨著《物种起源》问世以后，触动他用统计方法研究智力遗传进化问题，第一次将概率统计原理等数学方法用于生物科学，明确提出"生物统计学"的名词。现在统计学上的"相关"和"回归"的概念也是高尔顿第一次使用的。他在论及遗传对个体差异的影响时，为相关系数的概念作了初步提示。1870 年，他研究了"居间亲"和其成年子女的身高关系，发现居间亲和其子女的身高有正相关，即父母的身材较高，其子女的身材也有较高的趋势。反之，父母的身材较低，其子女也有较矮的趋势。同时发现子女的身高常与其父母略有差别，而呈现"回中"趋势，即离开其父母的身高数，而回到一般人身高的平均数，发现了回归到平均(平凡)(regression toward the means (mediocity))的现象。我们把 regression 翻译成回归，后来成为非常重要的统计分析方法之一。这就是统计学上最初出现"回归"时的含义。高尔顿揭示了统计方法在生物学研究中是有用的，引进了回归直线、相关系数的概念，创始了回归分析。开创了生物统计学研究的先河。他于 1889 年在《自然遗传》中，应用百分位数法和四分位偏差法代替离差度量。在现在的随机过程中有以他的姓氏命名的高尔顿—沃森过程(简称 G—W 过程)。

由于他在多个领域所作出的巨大成就，使其得到世界公认并获得许多奖励与荣誉，1909 年受爵士封号。

(选自百度网：名人知识库)

阅读材料 2

现代统计科学的创立者——皮尔逊

卡尔·皮尔逊(Karl Prarson，1857 ~ 1936)，英国生物学家和统计学家，旧数理学派和描述统计学派的代表人物，现代统计科学的创立者。

卡尔·皮尔逊从儿童时代起，就有着广阔的兴趣范围，非凡的知识活力，善于独立思考，不轻易相信权威，重视数据和事实。他的主要成就和贡献是在统计学方面。他开始把数学运用于遗传和进化的随机过程，首创次数分布表与次数分布图，提出一系列次数曲线；推导出卡方分布，提出卡方检验，用以检验观察值与期望值之间的差异显著性；发展了回归和相关理论；为大样本理论奠定了基础。皮尔逊的科学道路，是从数学研究开始的，继之以哲学和法律学，进而研究生物学与遗传学，集大成于统计学。

在19世纪90年代以前，统计理论和方法的发展是很不完善的，统计资料的收集、整理和分析都受到很多限制。皮尔逊在生物学家高尔顿(Francis Galton,1822～1911)和韦尔顿(Weldon,1860～1906)的影响下，从90年代初开始进军生物统计学。他认为生物现象缺乏定量研究是不行的，决心要使进化论在一般定性叙述的基础之上，进一步进行数量描述和定量分析。他不断运用统计方法对生物学、遗传学、优生学作出新的贡献。同时，他在先辈们善于赌博机遇的概率论研究的基础上，导入了许多新的概念，把生物统计方法提炼成为一般处理统计资料的通用方法，发展了统计方法论，把概率论与统计学两者熔为一炉。他被公认是“旧派理学派和描述统计学派的代表人物”，并被誉为“现代统计科学的创立者”。

他在统计学方面的主要贡献是：

(1)导出一般化的次数曲线体系。在皮尔逊之前，人们普遍认为，几乎所有社会现象都是接近于正态分布的。如果所得到的统计资料呈非正态分布则往往怀疑统计资料的不够或有偏差；而不重视非正态分布的研究，甚至对个别提出非正态分布理论的人加以压抑。皮尔逊认为，正态分布只是一种分布形态，他在高尔顿优生学统计方法的启示下，在1894年发表了《关于不对称曲线的剖析》，1895年发表了《同类资料的偏斜变异》等论文，得到包括正态分布、矩形分布、J型分布、U型分布等13种曲线及其方程式。他的这一成果，打破了以往次数分布曲线的“唯正态”观念，推进了次数分布曲线理论的发展和应用，为大样本理论奠定了基础。

(2)提出卡方($\chi2$)检验。皮尔逊认为，不管理论分布造得如何好，它与实际分布之间总存在着或多或少的差异。这些差异是由于观察次数不充分、随机误差太大引进的，还是由于所选配的理论分布本身就与实际分布有实质性差异？还需要用一种方法来检验。1900年，皮尔逊发表了一个著名的统计量，称之为卡方($\chi2$)，用来检验实际值的分布数列与理论数列是否在合理范围内相符合，即用以测定观察值与期望值之间的差异显著性。“卡方检验法”提出后得到了广泛的应用，在现代统计理论中占有重要地位。

(3)发展了相关和回归理论。皮尔逊推广了高尔顿的相关结论和方法，推导出人们称之为“皮尔逊积动差”的公式和两个其他相当的分工，给出了简单的计算：说明对三个变量的一般相关理论，并且赋予多重回归方程系数以零阶相关系数的名称。他意识到只有通过回归才能回答韦尔顿提出的关于出现相关器官的选择问题，意识到要测定复回归系数值，广泛收集所有变量的基本平均数、标准差和相关的数据。他提出了净相关、复相关、总相关、相关比等概念，发明了计算复相关和净相关的方法及相关系数的公式。

(4)重视个体变异性的数量表现和变异数据的处理。皮尔逊认为，在各个个体之间真正变异性的概念，与在估算一个单值方面的误差之间的机遇变异有着很大的差别。对这个观念的强调，是他对生命了解的真正贡献之一。他在1894年那篇关于不对称次数曲线的论文中，提出了“标准差”及其符号σ。他最先了解到变异是统计里的重要本质。他描述分布函数的四个参数是平均数、标准差、对称与峰度(分高狭峰与低阔峰两种)。

(5)推导出统计学上的概差。皮尔逊推导出他称之为“频率常数”的概差，并编制了各种概差计算表。这是他自己认为的最重要贡献之一。这些概差对于先前缺乏度量的大多数统计资料的抽样变异性,标志着很大的进展。

(6)皮尔逊还发明了一种用于二项分布的器械装置。他对算术平均数、众数、中位数之间的关系进行了深入的研究。他发现,在完全对称分布的资料中,算术平均数、众数和中位数三者是重合在一起的,而当资料的分布不对称时,算术平均数、众数和中位数三点是分开的。如果这种不对称的程度不严重,则三点可构成一固定关系。他还提出其他一些重要统计理论和方法,如统计假设所预计的结果、随机移动、组间相关、四分相关以及力矩方法的应用等。

(7)1900 年他还发明了适合度检定,来检定人类头盖骨的容量分布,这是最古老的统计检定。他曾经丢铜板 24 000 次,结果正面出现 12 012 次!发现了随机(或几率)现象,就是铜板正面出现的几率是 0.500 5,他的耐力真是惊人。

1914 年第一次世界大战开始后,皮尔逊的研究转向用统计来处理和完成大量与战争有关的特殊计算工作,为反法西斯战争服务。在这期间,他编辑发行了一些计算用表,以便利统计人员。战争结束后,他又立即回到各种统计理论方面的研究。1921 ~ 1933 年,他在伦敦大学学院应用统计系讲授 17、18 世纪统计学史。1936 年 4 月 27 日在英格兰萨里郡的科尔德哈伯去世。

皮尔逊的这些成就和贡献,受到了统计学家们的推崇,使整个一代的西方的统计学家在他的影响下成长起来。皮尔逊于 1896 年被选为皇家学会会员,他还被选为"高尔顿优生学教授",是爱丁堡皇家学会的名誉会员、巴黎人类学会和原苏联人类学会的会员。

皮尔逊的主要著作有:《科学入门》、《关于相关变异体系、离差体系与随机抽样》、《17、18 世纪的统计学史与变化的知识、科学和宗教思想的背景对照》等。

(选自百度网:名人知识库)

习　题

一、填空题

1. 现象之间的相互联系可分为__________、__________。

2. 完全相关的关系即__________关系,其相关系数为__________。

3. 相关系数的绝对值在__________和__________这个闭区间内变化;其绝对值越趋近于__________,两个变量之间的相关程度越高;越趋近于__________,两个变量之间的相关程度越低。

4. 进行简单直线回归分析时,要求__________是随机的,__________不是随机的,是给定的数值。

5. 若利润额(万元)对销售额(万元)的回归方程 $\hat{y} = 31.6 + 0.18x$,则表明销售额每增加 1 万元,利润额平均增加__________万元。

二、单项选择题

1. 确定回归方程时,对相关的两个变量要求(　　)。

①都是随机变量　　　　②都不是随机变量

③只需因变量是随机变量

④只需自变量是随机变量

2. 用最小平方法配合的趋势线,必须满足的一个基本条件是(　　)。

① $\sum(y-y_c)^2$ = 最小值　　② $\sum(y-y_c)$ = 最小值

③ $\sum(y-y_c)^2$ = 最大值　　④ $\sum(y-y_c)$ = 最大值

3. 合理施肥量与农作物亩产量之间的关系是(　　)。

①函数关系　　②单向因果关系

③互为因果关系　　④严格的依存关系

4. 相关关系是指变量之间(　　)。

①严格的关系　　②不严格的关系

③任意两个变量之间的关系

④有内在关系的但不严格的数量依存关系

5. 在用一个回归方程进行估计推算时(　　)。

①只能用因变量推算自变量

②只能用自变量推算因变量

③既可用因变量推算自变量,也可用自变量推算因变量

④不需考虑因变量和自变量问题

三、多项选择题

1. 下述关系中存在负相关关系的是(　　)。

①在合理限度内,农业中施肥量和平均亩产量之间的关系

②工业企业中生产用固定资产平均价值和产品总产量之间的关系

③单位产品成本和单位产品原材料消耗量之间的关系

④商业企业的劳动效率和流通费率之间的关系

⑤工业产品产量和单位产品成本之间的关系

2. 简单直线回归方程中的回归系数 b 可以表示(　　)。

①两个变量之间的变动数量关系

②两个变量的相关方向

③两个变量之间的计量单位

④两个变量之间的密切程度

⑤两个变量中自变量增减一个单位,则因变量平均增减多少

四、判断题

1. 计算相关系数时,首先要确定自变量和因变量。(　　)

2. 若直线回归方程 $\hat{y}=-8+2x$,则变量 x 与 $\hat{y}$ 之间属于正相关。(　　)

3. 当回归系数大于零时,则正相关,当回归系数小于零时,则负相关。(　　)

4. 一种回归线只能作一种推算,不能反过来进行另一种推算。(　　)

5. 回归系数的绝对值小于1。(　　)

五、问答题

1. 相关关系与函数关系有何异同?

2. 相关分析与回归分析有何异同?

3. 相关系数与回归系数有何联系?

4. 什么是估计标准误差? 它有哪些作用?

六、计算题

1. 某汽车厂要分析汽车货物量与汽车拥有量之间的关系,选择部分地区进行调查,资料如下表。

年　份	汽车货运量 x(亿 t/km)	汽车拥有量 y(万辆)
1998	4.1	0.27
1999	4.5	0.31
2000	5.6	0.35
2001	6.0	0.40
2002	6.4	0.52
2003	6.8	0.55
2004	7.5	0.58
2005	8.5	0.60
2006	9.8	0.65
2007	11.0	0.73

要求:

①根据资料作散布图;

②求相关系数;

③求简单线性回归方程。

2. 某市电子工业公司有 15 个所属企业,其中 14 个企业 2007 年的设备能力和劳动生产率统计数据如下表。

企业编号	设备能力 x(kW/h)	劳动生产率 y(万元/人)
1	2.8	0.67
2	2.8	0.69
3	3.0	0.72
4	2.9	0.73
5	3.4	0.84
6	3.9	0.88
7	4.0	0.91
8	4.8	0.98
9	4.9	1.06
10	5.2	1.07
11	5.4	1.11
12	5.5	1.18
13	6.2	1.21
14	7.0	1.24

要求:

①绘出散布图,并且建立直线回归方程;

②计算估计标准误差;

③当某一企业的年设备能力达到 8.0 kW/h,试预测其劳动生产率。

参 考 文 献

[1] 黄良文. 统计学原理[M]. 北京:中国统计出版社,2000.
[2] 魏建国. 统计学[M]. 武汉:武汉理工大学出版社,2006.
[3] 龚有容. 统计学[M]. 北京:机械工业出版社,2006.
[4] 韩兆洲. EXCEL 整理实验[oL]. 暨南大学,Google 网.
[5] 统计教研组. EXCEL 整理实验[oL]. 成都信息工程学院,Google 网.
[6] 统计教研组. 统计学原理、统计实验[oL]. 河北农业大学统计学网站,百度网.
[7] 统计教研组. 统计学[oL]. 浙江大学统计学网站,百度网.